"新格局·新经济·新金融"文库

低碳金融：
可再生能源产业融资机制与创新研究

黄珺仪　著

中国财经出版传媒集团
中国财政经济出版社

图书在版编目（CIP）数据

低碳金融：可再生能源产业融资机制与创新研究／黄珺仪著．－－北京：中国财政经济出版社，2019.4

（"新格局·新经济·新金融"文库）

ISBN 978-7-5095-8924-3

Ⅰ.①低… Ⅱ.①黄… Ⅲ.①二氧化碳－排污交易－金融市场－研究－中国 Ⅳ.①F832.2②X511

中国版本图书馆 CIP 数据核字（2019）第 052243 号

责任编辑：贾延平　　　　责任印制：刘春年
封面设计：孙俪铭　　　　责任校对：徐艳丽

中国财政经济出版社 出版

URL: http://www.cfeph.cn
E-mail: cfeph@cfemg.cn

（版权所有　翻印必究）

社址：北京市海淀区阜成路甲 28 号　邮政编码：100142
营销中心电话：010-88191537
北京财经印刷厂印装　各地新华书店经销
710×1000 毫米　16 开　18.5 印张　258 000 字
2020 年 6 月第 1 版　2020 年 6 月北京第 1 次印刷
定价：62.00 元
ISBN 978-7-5095-8924-3
（图书出现印装问题，本社负责调换）
本社质量投诉电话：010-88190744
打击盗版举报热线：010-88191661　QQ：2242791300

2017年度国家自然科学基金政策研究重点支持项目"中国能源监管体系与监管政策研究"（71742001）

2017年度辽宁省教育厅科学研究青年项目"东北地区可再生能源产业激励政策研究"（项目编号：ldxy2017010）

2018年度辽宁省教育科学"十三五"规划立项课题"辽宁省高等教育与区域经济发展互动关系研究"（项目编号：JG18DB209）

2017年度辽宁省教育厅科学研究重点项目"鸭绿江流域产业开发与布局优化研究"（项目编号：ldxy2017001）

前言

　　面对能源短缺、能源转换及利用效率低下等全球范围的能源问题，世界各国能源利用的焦点都已经逐渐转移到提高能源效率和发展可再生能源上面来。美国、德国以及英国等众多欧美国家已经将发展可再生能源提高到国家能源战略发展的高度，大力提倡使用清洁能源。此外，风能、太阳能等可再生能源在这些欧美国家的能源利用使用结构中所占的比例也逐年上升，并在总体能源使用结构中占有较大比例。发展可再生能源也必然会是包括中国在内的大多数发展中国家能源领域的未来发展趋势。在这样的一个大的形势背景下，各个领域的学者们都已经纷纷投入对可再生能源的应用领域中，并且已经在制度实施、政策设定上取得了突破性的进展。从20世纪90年代初，美国、英国等欧美国家就已经开始实施可再生能源配额制和绿证交易政策。1997年，随着《京都议定书》的签订，包括碳排放权交易政策在内的三项碳排放减排机制被提出。

　　在推动实施绿证交易政策和碳排放权交易政策方面，欧美国家始终走在世界前列，拥有一系列完整成熟的交易规则。绿证交易制和碳排放权交易制实施以来，欧美国家的可再生能源和碳交易量、成交额逐渐上升，制度实施的效果显著。随着全球可持续发展理念的提出，世界各国逐步推进可再生能源建设，以提高能源使用效率。近几年，全球各国均面对能源短缺、能源利用效率低问题，中国同样面临严峻的节能减排要求，大力发展可再生能源势在必行。

为了减少二氧化碳排放，减缓全球的温室效应，1992年，联合国在联合国气候大会上提出了《联合国气候变化框架公约》，以此为基础开启全球范围内的气候治理行动。该公约下有四大原则：平等、预防性、效率和可持续发展，并将缔约国分为两大类：发达国家和发展中国家。随后，1997年，在日本召开的第三次缔约方大会又通过了公约的第一个附加协议，即《京都议定书》。在议定书下，又提出了三大机制，主要包含针对发达国家的联合履约机制和国际排放机制，以及针对发展中国家的清洁发展机制。这三种机制应用更加灵活，为共同承担排放责任提供了市场机制，同时，也极大地促进了碳排放权交易的发展。中国作为二氧化碳排放大国，虽然没有强制性的减排任务，但应在"共同但有区别"的原则下为减排做出贡献。2009年，中国在哥本哈根国际气候会议上向世界承诺，到2020年实现中国单位GDP的二氧化碳排放比2005年下降40%~45%的温室气体减排目标。在最新的"十三五"规划中，国家也将加快产业调整、努力构建环境友好型和资源节约型社会相关政策以及细则的出台，这些都极大地促进了中国碳排放权交易市场的建设，最终推动企业在交易机制下合理制订减排计划，引导减排技术创新，实现中国产业结构的优化升级。"十三五"期间，为了消除电力行业发电、上网和市场消纳三大主要障碍，中国电力市场不仅实行碳排放权交易制，还将在实施碳排放权交易机制的同时，推出可再生能源绿证交易政策，以促进可再生能源电力产业的不断发展，减少碳排放，改善能源环境问题。

对于电力行业来说，可再生能源配额制促进其能源结构的变革，碳排放权交易制度促进其能源技术的变革，绿证交易与碳交易都将通过市场机制的作用对电力市场产生双重影响。因此，在绿证交易和碳交易共同实施的情况下，存在一些理论上和实践上必须回答的问题：可再生能源配额制中绿证交易的运行机理是怎样的（绿证均衡价格）电力市场中碳排放权交易市场的运作机理如何，绿证交易与碳交易（为满足环境目标和碳减排目标而实行）之间又有什么关系。基于以上原因，根据发达国家研究节能减排政策效果的先进经验，结合中国电力行业的特点，对中国绿证交易及碳交易等政策的相关性进行研究具有重要的理论价值和现实意义。

在推行碳排放权交易机制、首度施行可再生能源绿证交易政策对中国能源发展具有重要意义的同时，我们也会面对一些理论上和实践上必须回答的问题：在碳排放权交易机制和可再生能源绿证交易政策同时实施的情况下，两个制度之间相互影响的关系如何，碳排放权交易机制和可再生能源绿证交易政策同时实施下的绿证和碳排放权证书价格、电力价格、电力供给如何变化等。因此，借鉴一些发达国家关于碳交易和绿证交易的相关制度实施经验，结合中国当前电力行业的特点，研究碳交易与绿证交易在中国电力市场中的交互作用以及经济绩效，对中国发展低碳经济具有重要的现实意义和政策指导价值。

本书的章节安排如下：

第1章是可再生能源电力产业绿证交易和碳交易政策的理论基础。可再生能源电力产业的正外部性、自然垄断性是研究可再生能源电力产业绿证交易政策的理论基础，外部性理论、庇古税、科斯定理和环境金融理论是碳交易政策的理论基础。

第2章是可再生能源电力产业绿证交易和碳交易政策的引入背景。本章首先分析了引入绿证交易和碳交易政策的环境背景；其次分析了引入绿证交易和碳交易政策的产业背景；最后分析了绿证交易和碳交易政策引入的政策背景。

第3章是可再生能源电力产业现行电价补贴政策存在的主要问

题。本章首先分析可再生能源电力产业现行的主要价格政策，即电价补贴政策的含义和最优补贴额的确定模型，分析了典型国家的电价补贴政策，然后分析了电价补贴政策的运行机制、绩效、主要问题及政策建议。

第4章是可再生能源电力产业绿证交易政策的基础：配额制政策。本章首先分析了可再生能源电力产业配额制政策的含义和理论模型，并分析了典型国家的配额制政策，然后分析了配额制政策的运行机制、绩效、主要问题及政策建议。

第5章是可再生能源电力产业绿证交易政策。本章首先分析了可再生能源电力产业绿证交易政策的含义和理论模型，并分析了典型国家的绿证交易政策，然后分析了绿证交易政策的运行机制、绩效、主要问题及政策建议。

第6章是可再生能源电力产业碳交易政策。本章首先分析可再生能源电力产业碳交易政策的含义和理论模型，并分析了典型国家的碳交易政策，然后分析了碳交易政策的运行机制、绩效、主要问题及政策建议。

第7章是可再生能源电力产业绿证交易、碳交易等政策的关联性分析。首先分析了可再生能源电力产业配额制政策和电价补贴政策的关联性，其次分析了可再生能源电力产业绿证交易政策和电价补贴政策的关联性，分析了可再生能源电力产业绿证交易政策和碳交易政策的关联性，最后分析了中国可再生能源电力产业交叉性政策仍面临的诸多不确定性。

本书是以下项目的研究成果：2017年度国家自然科学基金政策研究重点支持项目"中国能源监管体系与监管政策研究"（项目编号：71742001）；2017年度辽宁省教育厅科学研究青年项目"东北地区可再生能源产业激励政策研究"（项目编号：ldxy2017010）；

2018年度辽宁省教育科学"十三五"规划立项课题"辽宁省高等教育与区域经济发展互动关系研究"（项目编号：JG18DB209）；2017年度辽宁省教育厅科学研究重点项目"鸭绿江流域产业开发与布局优化研究"（项目编号：ldxy2017001）；2017年度辽东学院校青年项目"辽宁资源枯竭型城市可持续发展问题的研究"（2017QN015）。

  本书的完成首先要感谢的是辽东学院的梁峰教授对我的帮助和指导，本书的选题就是在辽东学院梁峰教授的指导下完成的。在本书的写作过程中，梁峰教授经常指导我并给我提出了宝贵意见。其次我要感谢的是我的博士生导师王俊豪教授，感谢他对我的帮助和学术上的引领，还要感谢辽东学院的王亚丰教授对我的帮助。感谢我的父母一直以来对我的教育、培养、关怀、照顾和呵护，感谢他们给予我不断探求知识的动力。

  最后，对所有关心过我和帮助过我的人表示由衷的感谢！

黄珺仪

2019年12月于丹东

目录
Contents

第1章 可再生能源电力产业绿证交易和碳交易政策的理论基础 1
1.1 中国可再生能源产业绿证交易政策的理论基础 3
1.2 碳交易的经济学理论基础 15

第2章 可再生能源电力产业绿证交易和碳交易政策的引入背景 21
2.1 引入绿证交易和碳交易政策的环境背景 23
2.2 引入绿证交易和碳交易政策的产业背景 30
2.3 绿证交易和碳交易政策引入的政策背景 38

第3章 可再生能源电力产业现行电价补贴政策存在的主要问题 55
3.1 可再生能源电力产业现行的主要价格政策 57
3.2 可再生能源电力产业现行主要价格政策的最优补贴额确定模型 58
3.3 典型国家的可再生能源电价补贴政策 59
3.4 可再生能源电力产业现行主要价格政策的运行机制 62
3.5 可再生能源电力产业现行主要价格政策的绩效研究 64
3.6 可再生能源电力产业现行主要价格政策存在的主要问题 77
3.7 对中国可再生能源电力产业现行主要价格政策的完善 85
3.8 促进现行主要价格政策与绿证交易政策和碳交易政策搭配使用 91

第 4 章 可再生能源电力产业绿证交易政策的基础：配额制政策 ········ 95
4.1 可再生能源电力产业配额制政策的含义 ············· 97
4.2 可再生能源电力产业配额制政策理论模型 ··········· 98
4.3 典型国家的可再生能源电力产业配额制政策 ·········· 99
4.4 可再生能源电力产业配额制政策的运行机制 ········· 103
4.5 可再生能源电力产业配额制政策的绩效研究 ········· 107
4.6 中国可再生能源电力产业配额制政策存在的主要问题 ····· 110
4.7 实施可再生能源电力产业配额制的建议 ············ 112

第 5 章 可再生能源电力产业绿证交易政策 ················ 121
5.1 绿证交易政策的含义 ····················· 123
5.2 可再生能源绿证价格的确定模型 ··············· 123
5.3 典型国家的可再生能源电力产业绿证交易政策 ········ 130
5.4 可再生能源电力产业绿证交易政策的运行机制 ········ 137
5.5 可再生能源电力产业绿证交易政策的绩效研究 ········ 140
5.6 中国绿证交易政策存在的主要问题 ·············· 149
5.7 对中国绿证交易政策的完善 ················· 150

第 6 章 可再生能源电力产业碳交易政策 ················· 153
6.1 碳交易政策含义 ······················· 155
6.2 碳交易价格的确定模型 ··················· 157
6.3 典型国家的碳交易政策 ··················· 162
6.4 碳交易政策的运行机制 ··················· 178
6.5 碳交易政策的绩效研究 ··················· 198
6.6 碳交易政策存在的主要问题 ················· 204
6.7 对中国碳金融政策的完善 ·················· 216

第7章 可再生能源电力产业绿证交易、碳交易等政策的关联性分析 … 245
  7.1 可再生能源电力产业配额制政策和电价补贴政策的关联性 …… 247
  7.2 可再生能源电力产业绿证交易政策和电价补贴政策的关联性 … 251
  7.3 可再生能源电力产业绿证交易政策和碳交易政策的关联性 …… 260
  7.4 中国可再生能源电力产业交叉性政策仍面临诸多不确定性 …… 272

参考文献 ……………………………………………………………… 278

| 第1章 |

可再生能源电力产业绿证交易
和碳交易政策的理论基础

作为节能减排的重要工具和手段，绿证交易和碳交易政策已经越来越为各国所重视。研究绿证交易和碳交易市场对于维护各国经济持续健康发展具有重要的现实意义，有利于提高各国应对气候变化的能力，维护全球生态气候和资源环境的安全。本章深入探讨绿证交易和碳交易市场的理论基础。在西方发达国家制定法律法规的过程中，引入经济学的理论和方法一直都是比较普遍的。特别是近年来，从经济学相关理论视角研究相关问题得到重视，尤其是在环境保护领域，经济学的理论和方法已成为应对全球气候变化的重要手段。

1.1 中国可再生能源产业绿证交易政策的理论基础

可再生能源大规模开发和利用的重点是技术的进步，促进可再生能源发展的关键是上网电价的确定问题。可再生能源电力产业是一个处于产业发展初期的产业，由于可再生能源的成本高于传统常规能源的成本，可再生能源不能和常规能源之间直接竞价，不同技术种类的可再生能源之间同样也有区别，需要对电价规制以保证和促进可再生能源的生存和发展。可再生能源的电价规制本质上是典型的价格规制问题。中国可再生能源电力产业电价规制的理论基础是可再生能源的正外部性和可再生能源电力产业的自然垄断性。

1.1.1 可再生能源电力产业的正外部性

根据萨缪尔森的定义，外部性是指那些生产或消费对其他团体强征了不可补偿的成本或给予了无须补偿的收益的情形。而兰德尔给外部性的定义，是当一个行动的某些效益或成本不在决策者的考虑范围内的时候，所产生的一些低效率现象；也就是某些效益被给予，或某些成本被强加给没有参加这一决策的人。这两种定义表面不同，但实质上是一样的。即外部性是某个经济主体对另一个经济主体产生一种外部影响，而这种外部影响又不能通过市场价格进行买卖。

外部性可分为正外部性和负外部性两类。正外部性指的是某个经济主体对另外的主体产生了好的影响，而没有也无法向后者收取费用；反之就是负外部性。可再生能源的电力价格并没有考虑电力生产的全部实际成本，由于没有考虑使用常规能源的污染成本，也没有将可再生能源的环保收益考虑在内，可再生能源的发电企业对别的经济主体带来的好处没有相应的回报，就形成了正外部性。

（1）可再生能源电力产业正外部性的成因

可再生能源电力产业的正外部性来源于其成本和收益的不对称性，而其不对称又源于中国可再生能源电力产业自身具有的特点。

第一，中国可再生能源电力产业的生命周期。由于中国的可再生能源发电还处于产品生命周期的初期，其生产成本高于常规能源发电；同时由于可再生能源技术还不完全成熟，如果没有技术革新的广泛传播以及产业的规模性，这些可再生能源技术就没有竞争力。因此，从理论上说政府的规制就是正当的。为了保证可再生能源发电的发展，需要政府的价格规制政策进行干预。

产业生命周期一般可以分四个阶段：初创期、成长期、成熟期和衰退期，如表1-1所示。

表1-1　　　　　　　产业生命周期各阶段的主要市场特征

市场阶段	初创期	成长期	成熟期	衰退期
市场需求	狭小	快速增长	缓慢增长或停滞	缩小
竞争者	少数	数目增加	许多对手	数目减少
顾客数量	创新的顾客	市场大众	市场大众	延迟的买者
现金流量	负的	适度的	高的	低的
利润情况	高风险、低收益	高风险、高收益	低风险、收益降低	高风险、低收益

初创期：这一时期的市场增长率较高，需求增长较快，技术变动较大，

产业中的企业主要致力于开辟新用户、占领市场,但此时技术上有很大的不确定性,在产品、市场、服务等策略上有很大的余地,对产业特点、产业竞争状况、用户特点等方面的信息掌握不多,企业进入壁垒较低。

成长期:这一时期的市场增长率很高,需求高速增长,技术渐趋定型,产业特点、产业竞争状况及用户特点已比较明朗,企业进入壁垒提高,产品品种及竞争者数量增多。

成熟期:这一时期的市场增长率不高,需求增长率不高,技术上已经成熟,产业特点、产业竞争状况及用户特点非常清楚和稳定,买方市场形成,产业盈利能力下降,新产品和产品的新用途开发更为困难,产业进入壁垒很高。

衰退期:这一时期的市场增长率下降,需求下降,产品品种及竞争者数目减少。

中国的可再生能源电力产业从总体上处于产业生命周期的初创期和成长期,见图 1-1。在可再生能源电力产业中,水电和风电比其他能源发展要快,相对成熟。生物质能发电中农林生物质发电技术和太阳能发电技术已进入初级的产业化阶段,但成本仍然较高。生物质能以及海洋能发电和地热能发电和太阳能光伏发电刚刚开始进入初创期,基本上是处于初创期,技术还

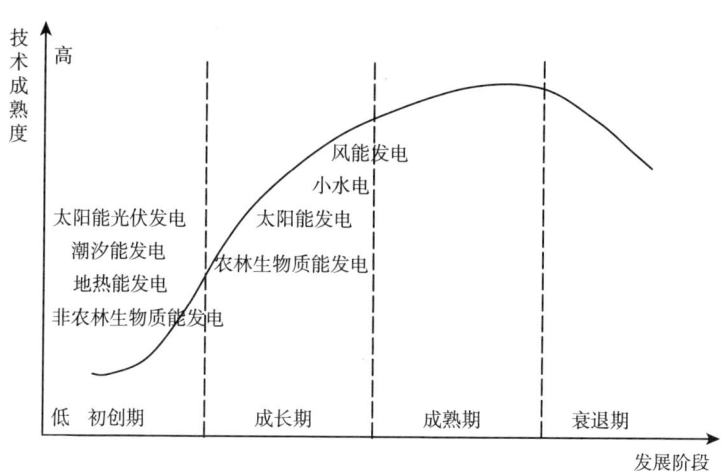

图 1-1 中国可再生能源电力产业所处的产业生命周期

处于研发和改进阶段，市场化程度还很低。而传统常规能源发电的技术已经相当成熟，因此可再生能源的成本要高于传统常规能源，需要政府通过电力价格规制政策对可再生能源电力产业进行干预和支持。

第二，可再生能源电力产业可以获得节能减排的额外收益。当人类社会进入了大规模的工业化时期，世界上绝大多数国家为了追求本国经济的快速增长，大规模利用和开发现有能源，尤其是传统的常规能源，而伴随着物质产品的丰富，人类的传统常规能源在逐渐枯竭，并且随之带来一系列的生态环境的问题，这些都会影响各国经济的长远发展。

党的十七大报告再次强调要加强能源资源节约和生态环境保护，并提出：加强能源资源节约和环境保护，增强可持续发展能力，坚持节约资源和保护环境的基本国策，关系人民群众切身利益和中华民族生存发展。中国为了人类的整体利益，有责任并且有义务采取必要性的政策和措施，以减少温室气体的排放。从能源长期发展的战略性角度来看，中国同样必须采取有利于社会、经济与环境能源供应与消费的政策和措施。《中国应对气候变化国家方案》中承诺将大力发展可再生能源，用作应对气候变化、减少温室气体排放的重要政策措施。

环境好比双刃剑，既可以促进经济的快速发展，起到基础性条件的作用，也可以成为经济进一步发展的障碍和阻力。目前环境的污染已经严重威胁到人类的健康，并且从长远来看必然影响和制约各国和全球经济和社会长远发展。中国作为一个经济快速增长的发展中国家，在经济发展的同时，环境问题也成为制约中国经济增长和发展的瓶颈。因此，中国加强环境保护，开发和利用新能源，尤其是环境污染小的可再生能源就尤为重要。中国在 2006 年开始实行《可再生能源法》等一系列的政策措施，都可以体现出中国对环境保护的重视程度。

表 1-2　　　　　　　　　不同发电方式碳排放情况比较

发电方式	CO_2 排放量（t/MWh）
煤（中国）	1.2
煤（发达国家）	0.999

续表

发电方式	CO_2排放量（t/MWh）
石油	0.942
天然气	0.439
水电	0
核电	0
可再生能源	0

资料来源：美国国家环境暴露研究实验室［National Exposure Research Laboratory (NERL)］，该实验室是美国研究环境问题的三大国家级实验室之一。

从表1-2可以看出，相对来说水电、核电和可再生能源基本都不产生二氧化碳，对环境的保护作用是非常明显的。可再生能源电力产业，在电力生产过程中温室气体等污染环境的物质排放率几乎为零，对环境基本没有不良影响。每生产1兆瓦时可再生能源电力，就意味减少1兆瓦时火电生产过程中的CO_2、SO_2等污染物的排放。因此，可再生能源电力的生产行为存在着正的外部性。可再生能源的开发和利用比传统常规能源更能起到保护环境的作用，减少二氧化碳、二氧化硫等废气和废水的排放，可以在提供电力的同时，带来额外的环境收益，而该收益是整个社会获得的，使得可再生能源的社会收益大于可再生能源的企业收益。

当发电企业向市场提供的可再生能源电力增多时，对环境保护的贡献也增大，全社会从可再生能源发电企业的生产中获得的收益增多，但是所有的收益都来自可再生能源发电企业提供，单纯依靠市场的自发力量不能够弥补这些企业的成本，这会进一步加深市场的失灵。

第三，可再生能源电力产业能够获得保障能源安全的额外收益。可再生能源不仅能够保护环境，而且还能够保障能源的可持续开发和利用。而中国能源短缺的问题日益突出，中国人均占有的能源量低于世界平均水平。目前中国过于依赖煤炭的能源结构，给能源安全供应带来很多问题；并且随着中国经济的快速增长，对能源的需求也随之不断增加，而国内能源的相对匮乏，使得中国对国外能源的依存程度越来越高。如果国外的政治或者经济形势发生了变化，中国的能源安全就将受到严重威胁。所以为了保障中国的能源安全,大力发展可再生能源就十分必要。可再生能源发电的外部收益不仅来自于对当地以及全球环境的保护,还来自促进能源利用的多样化,以保障一个国家的能源安全。中国积极发展水电、风能、太阳能、生物质能等可再生能源和新能源,不断提高可再生能源等清洁能源在中国一次能源消费中的比重,已经成为中国能源结构优化的一个突破口。

通过在电力产业大规模利用和开发可再生能源替代传统的常规能源,带来中国经济和社会可持续发展的额外收益。该收益同环境收益一样,都是可再生能源电力产业额外的社会性收益。

(2) 可再生能源电力产业正外部性的理论分析

可再生能源发电企业的成本和收益具有明显的正外部性。可再生能源有公共品的性质,有利于环境保护,可以提供清洁的空气以及保护气候的稳定。其特性和其他的公共品特性一样具有非排他性和非竞争性,所以私人部门不愿意为任何人都可以无偿获得的产品投资,这就降低了对可再生能源的投资热情和产量。同时,可再生能源发电企业的技术研究与开发以及资源的勘探和生产,都具有明显的成本和收益不对等的特点,也具有明显的正外部性。可再生能源发电的技术研发需要大量的成本投入,但技术具有外溢性,他人的模仿和使用,使得技术开发者很难完全收回成本,也会影响可再生能源供给的积极性。

可再生能源不仅仅是普通能源,而是对社会具有额外的贡献,比如保护环境和保证能源安全。可再生能源的额外贡献就是经济学上的正外部性,它本质上是一种市场失灵。政府补贴是解决正外部性、将外部性内部化一个办法;政府创造市场并引发自愿交易是另一种正在兴起的解决办法。

第一,可再生能源最优产量的决定。用 Q 代表可再生能源的产量,$D(P)$ 为可再生能源电力的需求函数,$PB(Q)$ 为可再生能源企业获得的私人收益,$EB(Q)$ 可再生能源的环境收益,$SB(Q)$ 为可再生能源的社会收益,$C(Q)$ 可再生能源的生产成本,$SW(Q)$ 生产数量为 Q 的可再生能源的社会福利,其中:

$$SB(Q) = PB(Q) + EB(Q) \quad (1-1)$$
$$SW(Q) = PB(Q) + EB(Q) - C(Q) \quad (1-2)$$

图 1-2 中，Q^* 为最优的产出水平，P_c^* 为最优的消费者接受的价格水平，S^* 为补贴，MEB 代表了最优的补贴，注意 $S^* = MEB(Q^*)$，$P_p^* = (P_c^* + S^*)$ 为最优的生产者接受的价格水平，Q^c 为竞争性的产量，P^c 为竞争性的价格。

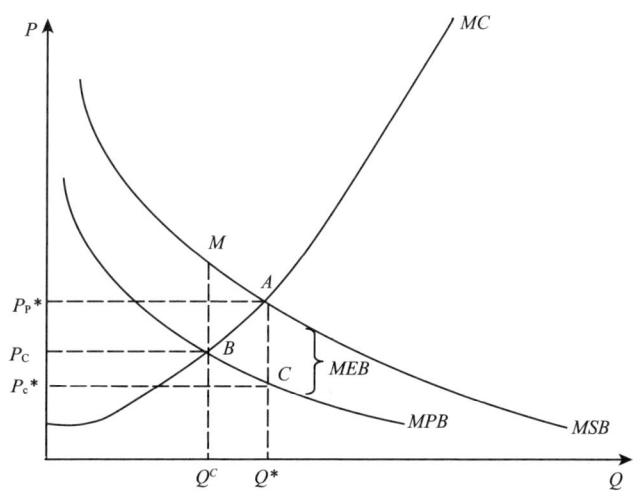

图 1-2 可再生能源电力产业的正外部性

当可再生能源存在正的外部效应时，就存在边际外在收益 $MEB = MSB - MPB$。可再生能源企业在价格 $P_c = MC = MPB$ 的 Q^c 产量处生产，获得的收益最大。而社会收益最大的产出处于 $MC = MSB$ 的位置，即产量 Q^*。由于正外部性的存在，使得可再生能源的供给不足，差额为 $Q^* - Q^c$（见图 1-2）。如果没有政府的干预，单纯依靠市场机制，可再生能源的正外部性引起的供给不足的问题就无法解决。同时，由于可再生能源的成本较高导致价格较高，使其在与传统常规能源的竞争中将处于不利地位。在这种情况下，可再生能源供给和需求不足的状况将导致可再生能源的发展受到限制。但是依靠市场自身是没有办法解决这个问题的，即单纯依靠市场外部性难以内部化。所以解决可再生能源外部性内部化的问题，政府的电价规制就非常必要，政府通过各种电价规制政策对可再生能源的电力产业进行补贴，将全社会获得的额外收益内部化。

为了使得可再生能源社会福利最大化，即：

$$MaxSW(Q) = Max[PB(Q) + EB(Q) - C(Q)] \qquad (1-3)$$

一阶条件为：$PB(Q) + EB(Q) - C(Q) = 0$，即 $MPB + MEB = MC$，因此社会最优决策为 Q^* 使得 $MSB(Q^*) = MC(Q^*)$，此时对可再生能源的社会最优补贴额度为 $MEB(Q^*)$。

第二，可再生能源补贴带来的净社会福利的度量。图 1-2 中对可再生能源的补贴为 S^*，消费者获得的社会福利为 $P_c^* P^c BC$，生产者获得的社会福利为 $ABP^c P_p^*$，可再生能源生产带来的环境收益为 $MBCA$，对可再生能源的补贴的成本为 $P_c^* CAP_p^*$，可再生能源补贴的净社会福利 $P_c^* P^c BC + ABP^c P_p^* + MBCA - P_c^* CAP_p^* = BAM$。

1.1.2 可再生能源电力产业的自然垄断性

对可再生能源的电价规制除了解决正外部性问题外，可再生能源发电企业本身也带有自然垄断的特性，如果对其价格只是通过补贴支持，而对其可能形成的垄断高价不规制的话，也会形成高额的垄断利润，造成无效率和社会福利的损失。

（1）电力产业的自然垄断性

自然垄断主要指的是一些生产具有弱可加性的领域，即单个企业生产给定数量的多种产品的总成本小于多个企业生产该产品组合时的总成本，不是由人为的限制而是由技术因素或独特的经济原因而形成的垄断或寡头垄断。电力等部门由于具有规模经济性、范围经济性等技术经济特征，属于典型的自然垄断部门。电力产业在发电领域是弱自然垄断性，而电网则是强自然垄断性。电力产业除了具有比较典型的自然垄断性之外，还具有行政垄断性。

目前行政垄断已经成为中国经济发展的制度性瓶颈。行政垄断无疑也是一种腐败。电力产业是自然垄断和行政垄断的结合,见图 1-3。

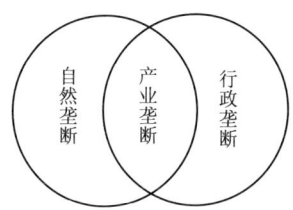

图 1-3 电力产业的垄断实质

电力产业垄断实质是自然垄断和行政垄断的结合。电力产业自身兼具自然垄断和行政垄断的双重垄断特性。根据曼昆的研究,垄断可以分为三种类型:市场垄断、自然垄断和行政垄断。而自然垄断与行政垄断结合而成最差的垄断——产业垄断。产业垄断,即公用企业和其他依法具有独占地位的经营者实施的强制交易或限制竞争行为,这种垄断在铁路、电力、电信、航空和邮政等服务性领域广泛存在。

与市场垄断和自然垄断不同的是,行政垄断是政府通过法律、行政法规或规定的形式取得并维持着产业的垄断地位。行政垄断定义为:"政府为保护本部门或本地区所属企业的利益,通过法律、行政法规或规定的形式,维护这些企业的市场垄断地位,阻止竞争市场形成的行为。"行政垄断是一种政府主动的行为,为了保护其原来所属企业的既得利益而主动"创租"。由于它是通过国家法律、行政法规和规定的形式取得垄断权力的,因此也常称为法定垄断。

自然垄断与行政垄断交织在了一起,自然垄断成为行政垄断的根由,自然垄断借助行政垄断而变成了法定垄断,非自然垄断环节也实行了垄断,形成纵向一体化的态势,由此形成了独具中国特色的产业垄断。而这样形成的垄断是最坏的垄断,和其他垄断不一样,要让已经获得既得利益的部门制裁自身的行政垄断几乎不可能,而且目前没有第三方的力量能够限制它[①]。

---

① 张维迎. 产权、政府与信誉 [M]. 北京:生活·读书·新知三联书店,2003:115-121.

近年来，尽管中国在自然垄断企业改革方面采取了若干项重大举措，在发电领域等弱自然垄断环节引入了竞争，但自然垄断部门国企运营的行政性垄断色彩还是比较浓厚。大型国有企业，依靠国家的法律建立了在能源、通信、电力等基础性领域的垄断地位，2007年8月通过的《反垄断法》，进一步以国家基本法律的形式肯定了国有企业在这些领域的垄断性地位。《反垄断法》第七条规定："国有经济占控制地位的关系国民经济命脉和国家安全的产业以及依法实行专营专卖的产业，国家对其经营者的合法经营活动予以保护，并对经营者的经营行为及其商品和服务的价格依法实施监管和调控，维护消费者利益，促进技术进步。"

（2）中国电力产业存在双重垄断加价

中国电力产业改革的总体思路是：在发电、输电、配电、售电四个环节进行纵向分离，在各个环节引入竞争，提高运行效率。但是电力产业改革的纵向分离不是简单的分离，重点在于纵向分离后引入竞争。如果不引入竞争那么这种简单纵向分离的后果更严重。简单的纵向分离的收益只是使电力企业变得更小。

如果电力产业在简单纵向分离后在各个环节还是独家垄断，那么每个环节的垄断企业都是按照 $MC = MR$ 来定价，即按 $\frac{P-MC}{MC} = -\frac{1}{e}$（其中，$MC$ 是企业的边际成本，e 是企业的需求价格弹性）的模式进行定价。我们假设发电的成本是 C_0，那么发电企业卖给输电环节的电力价格（即输电企业的成本）就是 $\frac{C_0}{1+\frac{1}{e}}$。因此，产生了双重加价问题。随着销售环节的不断增加，最终的消费者消费价格会高出成本许多，价格产生了更大的扭曲。这是因为输配电环节依然是垄断环节，电力产业实施简单纵向分离后，输配电提高价格的动力更大，电力价格有很大上涨压力。

目前，中国电力产业在发电领域是区域性寡头垄断，而在供电领域则是纵向一体化的区域性完全垄断。所以在输配电领域是按照 $MC = MR$ 来定价的，而在发电环节则不是完全按照边际规则来定价。在中国，由于电力公司的产品差异化几乎为零，因而在发电环节存在激烈竞争。

(3) 可再生能源电力产业的弱自然垄断性

可再生能源电力产业具有初始投资大、发电资源和用电消费地域性的特点，这些特点使得可再生能源具有自然垄断的特征。尤其随着可再生能源的技术进步，其生产成本逐渐下降，开始具有一定程度的自然垄断性的特征。

首先，可再生能源具有明显的规模经济特性。可再生能源电力产业初始投资大，固定成本高，发电量必须达到一定的规模才能弥补巨大的固定成本。其次，可再生能源发电具有明显的范围经济特性。可再生能源的发电资源具有明显的地域特点，这些发电资源不能像是常规化石能源那样可以远距离运输，即使个别能源，比如生物质能资源可以远距离运输，运输的成本也是非常高，并且一般来说由于电力的传输成本很高，电力只能就近消费。可再生能源电力产业的规模经济和范围经济特点共同决定了其具有明显的自然垄断特征，在一定区域内，通常建立一家规模比较大的可再生能源发电企业比建立几家规模大的发电企业要经济。

正是由于可再生能源电力产业具有以上几个特征，政府有必要对可再生能源电力产业进行规制，本部分主要从价格规制的角度进行分析。为了分析方便，假设边际成本为直线 MC。

如图1-4所示，P^1、Q^1分别为单个可再生能源发电企业的垄断价格和垄断产量，即使可再生能源电力产业不具有电网企业的强自然垄断性，而只具有弱的自然垄断性，但只有带有垄断性质的企业，才能够按照利润最大化的准则，来决定合适的产量和价格。从理论上说，按照边际成本制定价格在经济上是最有效率的。如果对带有垄断性的可再生能源发电企业不加规制，所制定垄断高价高于边际成本，而生产出的产量 Q^1 小于按照边际成本定价时对应的产量水平 Q^3，此时就会造成社会福利的巨大损失，为哈伯格三角形（MER）和塔洛克四边形（P^1MEP^3）。

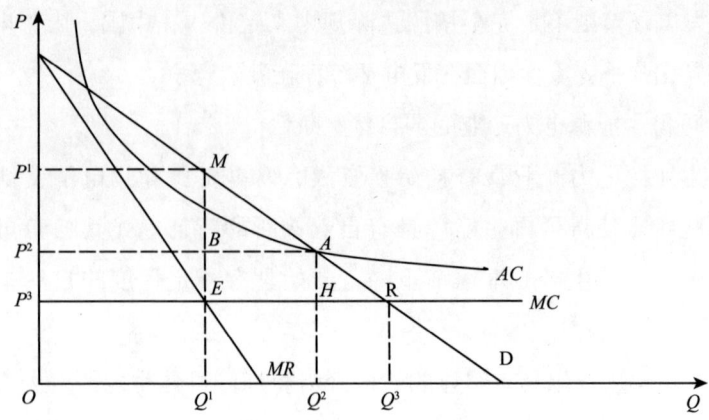

图 1-4 单个可再生能源发电企业的政府零规制与规制的定价模型

塔洛克四边形的部分表示垄断形成的利润。垄断的程度越高,发电企业就越有能力根据自身的边际成本和边际收益相等的原则决定利润最大化的产量,获得高额的垄断利润。企业之间为了获得或者保住自己原有的垄断地位,有可能从事寻租的活动,正常情况下寻租的花费不会超过垄断利润。可见,垄断的行为造成社会福利的损失很大,有必要对这些发电企业的电价进行规制。通常可以遵循电价等于平均成本的原则,或者令电价等于边际成本的原则。

(4) 可再生能源电力产业的信息不对称性

可再生能源电力产业作为弱自然垄断的产业,具有信息不对称的特点,政府规制机关很难获得可再生能源发电的实际开发、生产等实际成本,而且可再生能源电力产业与传统常规能源产业相比,其信息不对称性的特征更加明显,所以更需要政府进行规制。

正是由于可再生能源发电企业同时具有正外部性和自然垄断产业的特性,所以需要对其进行规制,在保证其外部性内部化的同时防止其制定过高的价格。在对可再生能源的价格规制方面,在对其通过各种电价规制政策进行补贴的同时,也要引入竞争来降低生产成本和价格,提高生产效率,防止由于电力产业的自然垄断性和信息不对称性所带来的垄断高价。

1.2　碳交易的经济学理论基础

温室气体的排放本身不具备价值的。21世纪以来,随着人类的发展,人们对于能源消耗日益增加,能源枯竭的压力不断增加,由此带来的全球气温升高等环境问题日益严重。因此,各国采取限制污染物排放、征收排放税、公开拍卖排放权等方式控制污染物的排放。2005年生效的《京都议定书》,将全球限制温室气体排放纳入强制管理,至此温室气体排放在全球范围有了需求主体,内需具有了交易的价值。在经济学理论中,需求是产生交易的直接原因,因此可以说对温室气体排放的限制是碳交易市场形成和发展的源泉。在传统的古典经济学理论体系中,市场需求是交易产生的直接原因,作为交易的载体,产品在市场交易的过程,既是其价值实现的过程,也是生产者获得产品收益的过程。人类在从事生产活动的过程中,一方面要处理好人与人之间的关系,另一方面也要处理好人与自然之间的关系,后者正是环境问题产生的根源所在。伴随着人类经济社会的不断发展,人类对资源环境的利用程度也在不断加大,特别是工业革命以来,人类与资源环境的关系日趋紧张,资源枯竭、环境恶化的现实使人类不得不思考如何进行有效的环境治理,以使人类实现可持续发展,这也是清洁发展机制和碳交易市场产生、形成和发展的源泉。

总体而言,碳交易市场的理论基础,主要包括四个方面:一是外部性理论;二是庇古税;三是科斯定理;四是环境金融理论。其中,外部性理论对碳交易市场形成根源进行阐述,庇古税和科斯定理则是人类解决污染问题的两种方式的理论基础,同时科斯定理指出了可以通过市场的方式解决外部性问题,也是碳交易市场形成的基础。

1.2.1　外部性理论

作为环境经济学学科建立的理论基础,福利经济学中的部分理论为环境问题的解决提供了理论支撑，其中最重要的当属外部性理论。外部性理论，一方面剖析了市场经济中资源无法实现高效配置的根源，另一方面又提出了解决这些资源低效配置的手段和方法。所谓外部性，指的是经济个体的经济行为对第三方造成了额外成本或收益的一种经济现象，这种额外成本或收益往往无法在市场价格上得到体现。一般而言，外部理论包括正外部效应和负外部效应，是指一个经济主体在进行经济活动过程中，对其他经济主体的"福利"产生的影响。如果影响是有利的，则成为正外部效应；如果影响是有害的则称为负外部效应。因为这种影响没有被计算在经济活动的成本或价格中，因此如果这种影响是有利的，则使这种经济活动的生产成本大于社会成本，从而使得企业自己选择的产量小于社会最优产量。相反，如果这种影响是有害的，则使这种经济活动的生产成本小于社会成本，使得企业自己选择的产量大于社会最优产量。

在环境经济领域，前者是指当经济个体采取节能减排的种种努力，如技术上的创新，并取得成效后，这一努力所带来的成果将被其他经济个体无偿分享；反之，后者则是指经济个体的生产运营活动给生态环境造成了负面影响，但是排污者并不需要为此而承担额外的损失。也就是说，如果排污者能够从其排污行为中获得收益，而不需要支付相应的环境治理费用，同时将这些环境治理费用转移到其他经济个体身上，这就是负外部性。以温室气体排放为例，温室气体排放引起全球气候变暖，对其他人产生不好的影响，这就称为负外部效应。因为企业排放温室气体的成本并没有计算在企业的生产成本中，导致企业实际生产成本小于社会成本，使企业自己选择的生产量大于社会最有产量。与此相反，可再生能源产业发展过程中，其带来的节能减排效果因为没有计入企业的价格中，导致企业实际收入小于社会收入，从而使企业自己选择的生产量小于社会最有产量。庇古税与科斯定理分别从两个方面提出了解决外部性问题的方案。

1.2.2 庇古税

作为典型的公共物品，大气、水源、土壤等环境资源的产权很难进行有效界定，往往会面临被滥用的情形。特别是随着经济社会的不断发展，滥用环境资源的现象层出不穷。为了缓解这一现象，减少企业排污行为中的负外部性，英国经济学家庇古提出了"庇古税"这一概念，其核心在于由政府主管部门或机构给产生负外部性的企业确定一个科学、合理的成本，并以此为依据，进行征税。"庇古税"的出发点在于根据排污者对环境造成的不同污染程度来征税，以此约束企业滥用环境资源的行为。"庇古税"为人类社会解决环境负外部性问题提供了一个很好的思路，是通过征税和补贴的形式以纠正外部性问题。

但是由于过于理想化，庇古税在实践中也存在着不少问题，突出表现为：难以确定最优排污量的水平；征收过程中无法对企业的边际外部成本和边际收益进行准确核算，导致难以确定征税标准。如何确定征税或补贴的价格？以温室气体排放为例，如果征税价格过高，则会使温室气体排放企业实际成本高于社会成本，从而引起企业自己选择的生产量小于社会最优产量。理论上讲，庇古税虽然在一定程度上解决的是外部性问题，但是实际操作中因为无法衡量企业经济活动对他人带来影响的价格，在实施过程中实际效果并不理想。

尽管如此，在目前全球应对气候变化的过程中，"庇古税"的基本思想仍然发挥着重要作用，欧盟排放交易体系通过拍卖分配减排配额，并对未完成或超额排放温室气体的经济个体给予处罚的措施，体现的就是"庇古税"的基本思想。

1.2.3 科斯定理

1937年，科斯在《企业的性质》一书中首次提出了"交易成本"的概念，并在1960年发表的《社会成本问题》一文中对"交易成本"的概念做出了富有创新的解析。科斯定理认为，在产权明晰的市场中，如果交易成本为零，企业之间可以通过相互竞争实现资源的优化配置，以此解决外部性问题，实现社会效益的最大化。可以认为，在交易成本为零、产权明晰、自由竞争的市场中，无论公共资源如何分配，最终都会实现资源的最优配置。科斯认为，所有市场交易的达成，均离不开对供求双方供给和需求信息的搜寻、合约的商讨、讨价还价、拟定和协商，以及履约阶段对合约的监督，在这一系列环节中产生的费用便称为"交易成本"。在现实的市场经济环境中，任何市场交易都将或多或少地产生交易成本，即不存在交易成为零的情况，企业要想减少成本上的投入，就需要采取各种有效措施来降低交易成本。

科斯虽然准确地指出了交易成本的存在，但是却没有对其进行详细的类型划分。奥立弗·威廉姆森在科斯研究成果的基础上，对交易成本进行了深入细致的区分。他认为，交易成本可划分为事前成本和事后成本两种类型。其中，事前成本是指在市场交易初期起草合同、谈判以及市场交易过程中确保合同执行的各项成本；事后成本则是指在市场交易过程中对已拟定的合同进行调整、讨价还价以及交易执行过程中的管理、组织和操作成本等。

此外，科斯还进一步指出：第一，如果市场的交易成本为零，则不论初始产权采取何种形式进行分配，经济个体之间的谈判都会实现效益最大化的结果，即帕雷托最优，这就是科斯第一定律；第二，如果市场的交易成本真实存在且不为零，那么不同的初始产权分配形式将导致不同的资源配置效率；第三，与第二点的假设相同，当交易成本不为零时，由于不同产权的界定分配将导致不同的资源配置效率，因此，确立明晰的产权制度将成为资源优化配置的重要前提。第二、第三点即是科斯第二定律的核心内容。在具体的研究手段层面上，交易成本理论认为，与产权相关的法律法规能够发挥降低交易成本的作用，而经济个体对市场规则的理性经纪人选择将推动法律法规体系的成熟，这为证明法律法规的必要性提供了一个新的切入点。因此，交易成本理论才得以成为论证法律法规存在合理性的基石之一。

现阶段，如何通过世界各国的合作来使全球更好地应对气候恶化的趋势，已成为各国普遍关心的焦点问题之一。以温室气体排放为例，如果把温室气体排放看作是一种产权明晰的权利，则在交易成本为零的市场机制中，无论碳排放权最初如何分配，最终都会实现碳排放权的最优配置。科斯定理提出了解决外部性问题的最有效方法，也是构成碳交易市场的理论基础。由此可以得出，碳交易市场实现温室企业排放权有效配置的三个条件：明确温室气体排放权的权利归属，做到产权明晰；建立自由竞争的市场，减少行政干预；降低交易成本。有的学者试着从交易成本理论的角度出发，对《京都议定书》的出台进行剖析，根据交易成本理论，市场经济中的个体会自动选择最有效的国际法律法规来降低节能减排的交易事前成本和事后成本，并推动国际法律法规结构上的调整，这也是近年来全球应对气候变化合作行动会不断调整、修正的主要原因，《京都议定书》的签订正是各国为了降低应对气候变化的交易成本而采取的理性选择。

1.2.4 环境金融理论

环境金融理论是对传统金融理论的创新和延伸，也给传统金融业提供了新的发展思路和途径。一方面，环境金融理论将低碳经济理论与传统金融业进行融合，在为金融业注入增长活力的同时，也为人类社会低碳可持续发展提供动力；另一方面，环境金融也对金融业本身提出了更高的要求，即在实现自身增长的同时，还需要满足低碳经济背景下对金融业低碳产品的旺盛需求。近年来，有关环境金融尤其是碳金融相关理论和方法的研究不断完善，内容也日渐丰富。

（1）气候经济学

作为传统经济理论的边缘分支，气候经济学最初在 2005 年由德国的德黑姆·施瓦茨于《气候经济学》一书中提出。德黑姆·施瓦茨认为，气候经济学是一门研究气候对经济领域的作用机制，同时讨论如何实现气象资讯经济价值的学科。可以说，气候经济学为全球应对气候变化提供了经济学视角。由于温室气体的存在形态有别于传统的商品，其减排和改善具有明显的非竞争性和非排他性。一般来讲，环境经济学可囊括到气候经济学的理论体系中，特别是其中的排污权理论，更是现阶段所有污染物排放权交易的理论基石。排污权理论认为，所有经济主体都拥有排放一定污染物的权力，但是排放污染物的数量都有一定的上限,若超过上限,则需要购买相应额度的污染物排放权以抵消自身排放;反之,当经济个体不仅没有超过上限且还有一定的污染物排放权利剩余时,则可以售出相应额度的污染物排放权,并获得一定的经济收益。

(2) 环境金融学

环境金融学是一个新兴的理论领域,提出的时间虽不长,但却很好地适应了时代发展的需要。作为环境经济学的有机组成部分,环境金融学集中关注如何借助多元化的金融工具手段来实现环境的可持续发展问题。一方面,它对金融业自身环保意识的培育提出了更高的要求;另一方面,它更侧重于解决人类生存、发展和生产过程中出现的一系列污染性问题以及金融产品服务作用的发挥。总体而言,环境金融为环境和金融之间提供了联系的纽带,将日益严峻的全球气候变化、环境污染问题和经济发展问题联系了起来。从本质上来讲,碳金融的理论基础实际上是环境金融学,碳金融既是环境金融的一个分支,也是环境金融学位适应时代发展需要而产生的一项重大理论创新。碳金融理论是金融学和温室气体排放问题融合的结晶,既体现了环境金融的基本观点,也在此基础上实现了理论和实践上的创新。

(3) 企业社会责任理论

亚当·斯密著名的"看不见的手"理论是企业社会责任理论的源泉。目前学术界普遍认为,企业社会责任这一概念最早由美国学者谢尔顿于 1924 年在《管理哲学》一书中首次提出。与传统企业追求利润最大化的观点不同,企业社会责任理论更为关注人和环境的价值实现过程,即在企业的日常生产运营过程中,必须突破只追求经济利润的单一目标,还要考虑员工发展前景、消费者满意度、环境友好以及社会可持续发展等多重目标,进而实现企业与员工、消费者、环境和社会的共同发展。企业社会责任为碳金融的产生发展提供了推动力,一方面,企业的自愿性减排行动是其在获得利润的同时,履行环境责任的体现;另一方面,自愿性减排交易的产生同时也给金融机构带来了商机。从某种程度上来讲,金融机构涉足碳金融业务,既能为企业履行其社会责任提供渠道和平台,又是金融机构适应未来日益复杂竞争环境的现实需求。

第2章

可再生能源电力产业绿证交易和碳交易政策的引入背景

2.1 引入绿证交易和碳交易政策的环境背景

低碳经济是当今时代发展的主旋律之一,已经获得越来越多认可,成为国家支持的首要技术路线。近期国家发布多项绿色低碳相关产业政策,如节能环保产业发展具体方案、气体排放控制计划、发展绿色工业等在内的一系列节能产业扶持政策,切实推动建筑节能、工业节能、输配电节能等多个市场,提升中国低碳经济发展的活力。向更长远的目标看,2020年乃至更长的时间,"低碳"将成为中国经济发展的新动力,也将是引领产业体系和消费模式重构的新风向标。

2.1.1 碳排放情况

碳在自然界是循环的,它以多种形态广泛存在于大气、矿物和生物之中,从稀缺昂贵的钻石到储量巨大的煤炭,可以说,碳与人类生活密不可分。碳作为一种非金属元素,在给地球和人类带来生命活力和巨大发展动能的同时,也产生了巨量的温室效应气体,从而给地球和人类带来危害和灾难。人类毫无节制地消耗和使用碳资源所产生的各种温室效应气体已经远远超出了人类的想象,成为危害全球生态环境和气候的巨大难题。随着工业和经济的不断增长,全球能源消耗的体量不断提升,随之而来的是不断增加的温室气体排放量。近年来,世界各地极端天气比如高温、干旱、灾难性降水频发。世界气象组织认为,虽然很难将近年出现的极端天气简单归因于人类活动导致的气候变化,但从长期看,全球极端高温和降水增多这一趋势,无疑是气候变化的结果。大气中温室气体浓度的升高是导致全球气候变暖的主要原因,而二氧化碳是排放量最多的温室气体。碳排放给地球环境带来巨大影响。由此，减少碳排放成为21世纪人类面临的最为艰巨的任务之一。

据不完全统计，中国目前仅火力发电年消耗超过煤18亿吨，占煤炭总消费量的47%，每年产生二氧化碳气体超过47亿吨。而全国的燃煤供热供暖工业锅炉近48万台，各种窑炉约13万台，年耗煤约7.5亿吨。火力发电和工业锅炉两项的碳排放总量占排放总量的87%以上，成为严重的大气污染物排放源。根据国际能源署公布的数据，2014~2016年全球二氧化碳年均排放量约为320亿吨，温室效应贡献量高达65%。随着中国经济的快速发展，能源消耗量居高不下，二氧化碳排放总量始终保持在高位。根据有关计算，2016年全国二氧化碳排放总量已超过100亿吨，其中因化石能源的生产与利用产生的二氧化碳排放量已接近80亿吨。二氧化碳排放总量的增加，将成为制约中国经济快速健康发展的因素之一。

为了在全球范围内更好地应对气候环境变化，2016年11月，具有里程碑意义的全球气候协议《巴黎协定》正式生效，涉及近200个国家，不少国家提出了更高的温室气体减排目标。要兑现这些减排目标，各国除了使用行政手段，也在不断探索市场化路径。《巴黎协定》为2020年后全球应对气候变化行动做出安排，其核心内容：一是将全球平均气温升幅控制在工业化前水平2℃之内，并为把升温控制在1.5℃之内而努力；二是尽快实现温室气体排放达峰；三是加强气候行动国际合作，实现全球应对气候变化长期目标。其中，碳排放交易和绿证交易政策都被认为是较为可行的市场化手段。在这一领域，欧洲和中国都是积极的探索者，并开展了密切合作。受益于全球各国的共同努力，我们可以看到如下数据成果：自2009年以来，全球碳排放增长的速率不断放缓，2014~2016年三年全球碳排放量几乎持平，而同期全球经济增速分别为3.57%、3.40%、3.21%，碳排放涨幅显著低于经济增速。2016年全球碳排放量为334亿吨，同比增长0.38%，较2009年增长了10.86%。

18世纪瓦特依据煤炭燃烧产生巨大热量和动能发明工业蒸汽机并带来了

蒸汽革命，可仅仅过了过了两个多世纪，这一推动世界产业变革的引擎所产生的副产品却使地球难以承受。因为，工业锅炉每燃烧一吨标准煤就产生 2.6 吨二氧化碳、8.5 公斤二氧化硫和 7.4 公斤氮氧化物。来自 15 个国家、57 家研究机构的 76 位科学家撰写的《2017 全球碳预算报告》指出，到 2017 年底，全球化石燃料及工业二氧化碳年排放总量将达到 370 亿吨左右，预计将比上年增长 2%。中国、美国、欧盟、印度仍是世界碳排放量最大的四个国家和地区，例如，中国、美国、欧盟、印度位列 2016 年全球碳排放量前三，分别占到 27%、16%、10%、7%，如图 2-1 所示。

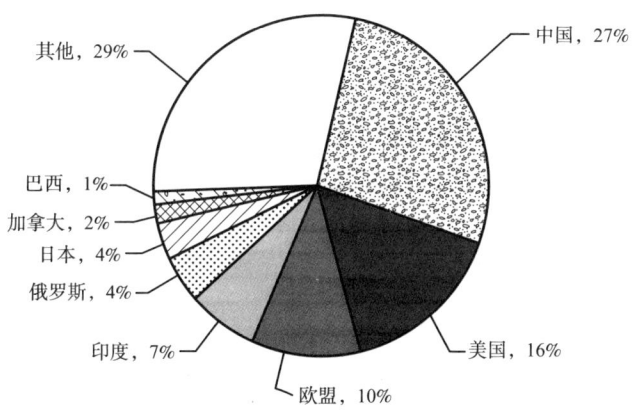

图 2-1 2016 年全球碳排放地域分布

中国碳排放总量全球最多，节能减排既是可持续发展的内生需求，也是在国际上体现大国责任的必然选择。中国提出的节能减排目标主要遵循在 2009 年哥本哈根大会前的承诺，前后具有一致性和连贯性。在 2005 年基础上，至 2030 年实现单位 GDP 二氧化碳排放下降 60%~65%，二氧化碳排放达到峰值并力争提前，非化石能源占一次能源消费比重达 20%，森林蓄积量增加 45 亿立方米。自 2005 年以来，中国二氧化碳排放量增长显著放缓，2016 年排放总量 91.23 亿吨，同比减少 0.45%，2013~2016 年排放量稳中有降，平均每年下降 0.35%（如图 2-2 所示）。2016 年中国正式加入《巴黎气候变化协定》后，对国际社会做出了庄严承诺，并严格遵守协定的制度安排和减排目标。中国正以务实的行动遏制温室效应的持续恶化,成为全球生态文明建设的重要参与者、贡献者和引领者。

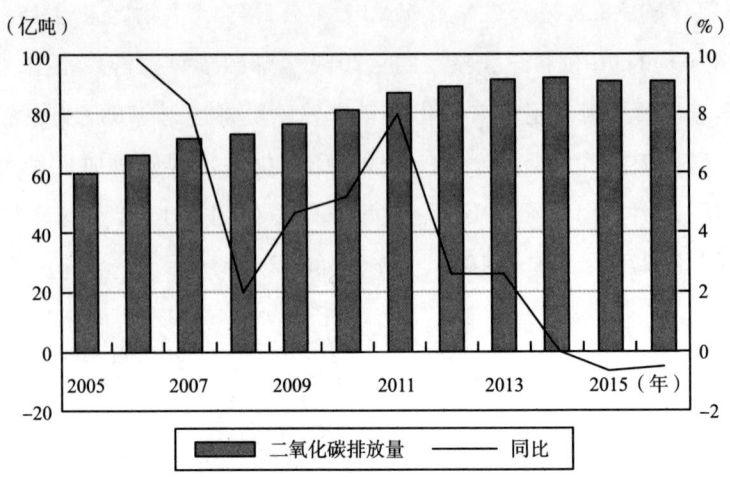

图 2-2 2005~2016 年中国二氧化碳排放总量统计

"十三五"规划中中国制定了单位 GDP 碳排放量再降 18% 的目标,这也意味着:到 2020 年中国单位 GDP 二氧化碳排放量较 2005 年将下降 50%,超过原先对国际社会承诺的 40%~45% 目标。中国的单位 GDP 碳排放显著减少,2016 年为 1.23 吨/万元,同比降低 7.75%,2013~2016 年年均下降 7.47%(如图 2-3 所示)。

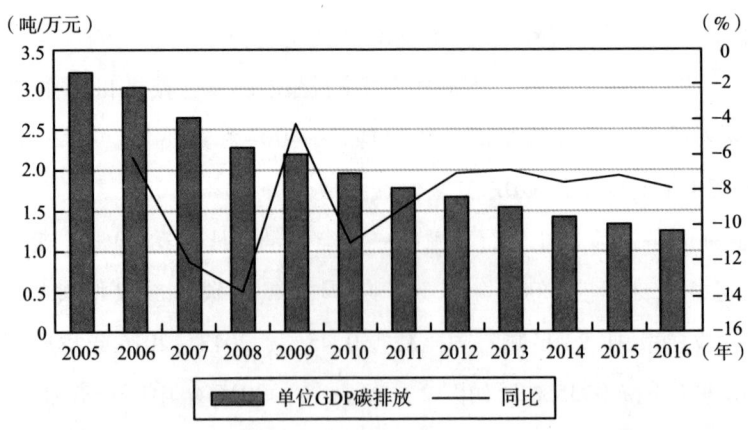

图 2-3 2005~2016 年中国单位 GDP 二氧化碳排放量统计

随着世界经济的增长，煤炭、石油、天然气等化石能源的大量使用与排放，造成温室气体过度排放的问题，对生态环境造成日趋严重的危害，经济与生态环境的协调、可持续发展已成为世界经济发展的重要议题。中国向《联合国气候变化框架公约》秘书处正式递交的应对气候变化国家自主贡献文件中提出并确定了自主行动目标：到2030年左右碳排放达到峰值且将努力早日达峰；单位国内生产总值碳排放强度比2005年下降60%~65%，非化石能源占一次能源消费比重达到20%左右。中国在应对全球气候变化问题上向国际社会做出了庄重承诺。中国在"十三五"规划中首次将"绿色"纳入经济发展理念，在党的十九大报告中更是强调"加快建立绿色生产和消费的法律制度和政策导向，建立健全绿色低碳循环发展的经济体系"。

2.1.2 碳减排的情况

可持续发展是人们的共同愿望，但是工业化城市化的进程加剧了全球气候的恶化，造成全球气候升高，控制碳排放成为人们的共识。现在西方发达国家利用市场机制减少碳排放，把企业的外部成本内在化，是一个可取的方法。我们可以学习它们的经验促使企业的减排，建立符合中国国情的碳交易市场势在必行。

（1）碳减排是未来社会的大势所趋

从经济社会角度来看，低碳经济发展是坚定不移要推进的方向，是核心导向。低碳经济是能源转型、经济社会转型的基本方向之一，也是满足人们对基本生活质量的诉求、减缓气候变化、国家和全球可持续发展的保障。低碳经济不仅是全球共同的发展方向，也是各国竞相争夺的战略制高点。但是低碳转型确实不容易，难在对高碳发展路径的惯性依赖，所以需要观念的转变，更需要政策的导向。根据世界银行的原始数据，选了几个体量比较大、与中国有可比性的国家，不管是加拿大还是欧洲一些国家，在发展初期（爬坡阶段），随着人均GDP的提高，人均能耗是上升的，但是人均GDP到了2

万美元时，人均能耗就不再提高了。这个数据告诉我们，人均 GDP 可以继续提高，但是人均能耗不再上升，这一点对中国是非常重要启示。发达国家有两类：第一类是高碳型；第二类是相对低碳型。国家应对气候变化战略研究和国际合作中心、国家发展和改革委员会能源研究所等建模分析表明，到 2030 年，在实施碳定价（63 元/吨）的情况下，碳排放将比常规情景减少了 27.49%。国内的实践表明，低碳可以走向现代化，不一定都非要高碳，珠三角产业结构调整比较早，能源结构调整也比较早，基本上没有重度雾霾。广东省从 2000 年到 2007 年，GDP 提高了 8 倍，而 PM2.5 降到了每立方米 34，现在北京改善后已经是每立方米 59 的样子，这就说明低碳可以发展，经济跟环境可以双赢，珠三角已经证明了这一点。

（2）国际上很国发达国家建立了碳交易市场，中国刚刚建立

"碳交易"以二氧化碳减排为直接目的，同时能够促进企业的技术进步，促进企业的管理改进，促进能源结构的转型，促进社会节能、节电，提高能效，碳价预计会上升，交易覆盖面会逐步全面。为减少温室气体排放，构建绿色低碳循环经济，2013 年，北京、天津、上海、重庆、深圳、广东、湖北七省市就开展了碳交易试点，七个区域碳排放交易市场已试点多年。筹备建立全国统一的碳交易市场的方案也于 2017 年 11 月已报请国务院批准，并在 2017 年 12 月 19 日启动了全国碳排放交易体系。中国作为全球第一大经济体，为担负起大国责任，亦发布了《"十三五"控制温室气体排放工作方案》，到 2020 年力争建成制度完善、交易活跃、监管严格、公开透明的全国碳排放权交易市场。建设全国碳排放权交易市场是贯彻党的十九大精神，落实党中央、国务院的重大决策部署，践行创新、协调、绿色、开放、共享的新发展理念的重大举措，是利用市场机制控制和减少温室气体排放的一项重大创新实践，对中国生态文明建设和实现绿色低碳发展将起到积极推动作用。

未来中国碳市场的交易量将在 30 亿吨/年～40 亿吨/年，现货交易额最高有望达到 80 亿元/年，实现碳期货交易后，全国碳市场规模最高或将高达 4 000 亿元，成为中国仅次于证券交易、国债之外第三大大宗商品交易市场。

全国统一碳市场的资本想象空间已经打开。有学者曾预测，届时将覆盖1万家企业、年约40亿吨至45亿吨的碳排放。到2020年，如果衍生品市场建立起来，碳市场规模有望达到500亿元甚至千亿元级别。2016年4月27日，全国首个碳排放权现货远期交易产品在武汉推出，当日成交量达680余万吨，成交额1.5亿元。全国统一碳市场开启后，配额总量将是七个试点2014年度配额总量的4倍，按现有的价格和换手率（约3%）估算，全国统一碳市场配额现货交易规模将达40亿元。衍生品市场交易规模大概是现货规模的50倍，以此推算国内碳交易衍生品市场规模有望达2 000亿元。

碳市场的发展将增加传统产业碳排放成本，促使其不断通过技术进步和节能投资降低碳排放，同时鼓励支持节能环保产业、清洁生产产业、清洁能源产业发展，增强其竞争优势，引导相关行业企业转型升级，构建清洁低碳、安全高效的生态文明体系。但应该注意到现在国际上碳排放配额、价格等由西方发达国家决定，中国全国性的碳交易市场刚刚建立，不利于争取碳交易的主动权。如中国尚不能及时掌握碳市场的交易动态，在合作中将处于不利地位。除了碳交易之外，像配额制、绿证交易政策等将促进可再生能源的发展。金融领域一些新的技术，比如说区块链、智能合约等的出现将会促进发展。能源电气化、智能化、数字化、低碳化是必然趋势，分布式、储能、微网将建设灵活的电力系统，电力交易将在新的交互型模式、联网模式下提供服务。对新能源补贴将向补贴用户、整合区域电网的方向转变，能源的运行维护和服务将更加便捷和进步，能源行业与5G网络的深度融合，将为能源的转型升级提供新型而强有力的技术手段。低碳转型是我们要坚持和鼓励的方向。

（3）发达国家征收碳关税促使中国碳减排

"碳关税"是指主权国家或地区对高耗能产品进口征收的二氧化碳排放特别关税。如，美国众议院通过的《美国清洁能源安全法案》规定，美国有权对来自不实施碳减排限额国家的进口产品征收碳关税。该法案从2020年开始实施。西方发达国家认为，自己实施强制性的温室气体减排政策，而发展中国家没有这样的义务，必然会增加本企业的生产成本，进而影响相关产业的国际竞争力，因此，通过征收碳关税，可以促进"公平贸易"。对于少数发达国家提出要征收碳关税，包括中国在内的许多发展中国家明确表示反对。这是因为征收碳关税实际上违反了国际社会在过去达成的有关减少碳排放的基本原则，也违背了 WTO 的基本原则，尤其是有损于广大发展中国家的利益。但是从长远来看，碳减排是必然趋势。建设中国碳交易市场可加快淘汰高能耗、高污染的落后产能，减少高碳产品受"碳关税"和"碳税"的冲击。

2.2 引入绿证交易和碳交易政策的产业背景

最深刻的时代背景是新一轮能源革命的来临。在第一次能源革命中，煤炭代替了薪柴，使大英帝国称霸全球；在第二次能源革命中，油气代替了煤炭，美国成为新的世界霸主。现在，新的一次能源革命已经到来，在这次历史潮流所造就的机遇面前，欧美各国通过大力发展可再生能源，进一步推进能源结构调整，抢占全球新一轮发展先机。例如 2015 年，丹麦风电发电量占比达到了 42.1%，德国可再生能源发电量占比也已经达到了 32.5%。与此同时，丹麦提出到 2050 年全部摆脱对化石能源的依赖；德国则提出到 2050 年可再生能源消费量占终端能源消费总量的比例达到 60%，可再生能源发电占总发电量比例达到 80% 的目标。

2.2.1 中国电源结构的现状和存在的问题

中国的传统能源发电稳定增长，新能源发电快速增长。在电力体制改革不断深化，煤改电、煤改气、大力发展清洁能源发电和加快分布式发电建设等各项政策的推动下，在坚持生态环境保护优先、坚持发展非煤能源发电与煤电清洁高效有序利用并举、坚持节能减排的发展原则下，电力发展呈现出以火电、水电等传统能源发电为基础，以核电、风电、太阳能发电为代表的新型能源发电快速发展的态势。

（1）火电增长较平稳，所占比重逐年下降

2017年，火力发电量46 627亿千瓦时，比上年增长5.1%，增速慢于清洁能源发电增长速度；与2012年相比，火力发电量增加7 699亿千瓦时，年均增长3.7%。2012年以来火电占全部发电量比重逐步下降，2017年为71.8%，比2012年下降6.3个百分点（如图2-4所示）。

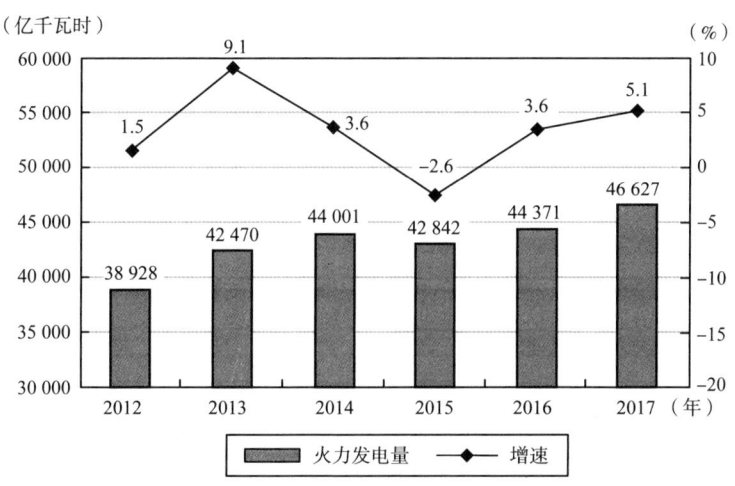

图2-4　2012~2017年度火力发电量情况

分地区看，山东、江苏、内蒙古、广东火力发电量分列前四位，分别为4 914亿千瓦时、4 530亿千瓦时、3 750亿千瓦时、3 329亿千瓦时；火电比重在90%以上的地区有天津、上海、北京、山东、安徽、河南、江苏、山西8个地区，其中北京基本为燃气发电，天津、上海燃气发电量占火电比重在1/6左右，其余地区多为燃煤发电，电源结构有待进一步优化。

（2）水电发电量略有增长

2017年，水力发电量11 898亿千瓦时，比上年增长0.5%；与2012年相比，水力发电量增加3 177亿千瓦时，年均增长6.4%。2017年水电增速放缓主要是受降水量大幅下降、来水差影响。2016年平均降水量730毫米，为历史最多；2017年仅为641毫米（如图2-5所示）。

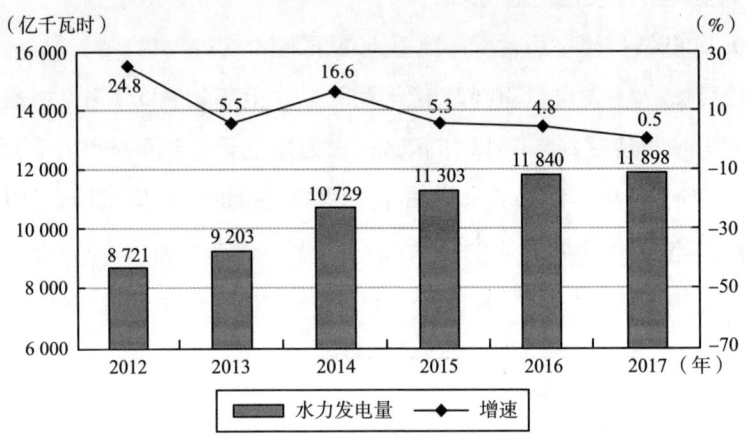

图2-5 2012~2017年度水力发电量情况

分地区看，四川、云南、湖北水力发电量分列前三位，均超过1 000亿千瓦时，分别为3 041亿千瓦时、2 493亿千瓦时、1 499亿千瓦时，比上年分别增长6.6%、9.4%和6.3%，这三个地区约占全国水力发电量的六成。这主要得益于积极推进大型水电基地开发政策的实施，特别是金沙江中下游、雅砻江、大渡河等水电基地建设工作的不断推进。

（3）核电增长较快

中国核电技术快速发展，特别是"华龙1号"的自主研制成功，标志着中国完成核电技术的自主创新，中国核电迈向国际市场，进入新的阶段。2017年，核能发电量2 481亿千瓦时，比上年增长16.3%；与2012年相比，核能发电量增加1 507亿千瓦时，年均增长20.6%。

分地区看，核电生产集中在东南沿海的浙江、福建和广东，这三个地区占全国核能发电量的3/4。

（4）风电快速增长

2017年，风力发电量为2 950亿千瓦时，比2016年增长24.4%，已成为中国第三大类型电源。风电的快速发展，是建立在产业技术水平显著提高、行业管理逐步完善，以及相关补贴政策出台落实的基础之上，得益于加快开发中东部和南方地区陆上风能资源、有序推进"三北"地区风电就地消纳利用的建设布局。

分地区看，内蒙古是中国最重要的风电基地，2017年其风力发电量为551亿千瓦时，接近全国的1/5。此外，风力发电量超过200亿千瓦时的地区还有新疆和河北，分别为289亿千瓦时、258亿千瓦时；上海、四川风力发电量比上年增长超过100%，分别增长148.3%、111.2%。

(5) 太阳能发电高速增长

2017年，太阳能发电量为967亿千瓦时，比2016年增长57.1%。太阳能发电的高速发展，是基于中国光伏发电技术进步迅速、成本和价格不断下降，以及光伏设备制造产业化不断发展的基础之上，并得益于光伏产业政策体系的建立，发展环境不断优化。特别是分布式光伏、"光伏+"应用和光伏扶贫的大力推广，极大地推动了太阳能发电的发展。

分地区看，太阳能发电最多的三个地区是内蒙古、青海、新疆，分别为114亿千瓦时、113亿千瓦时和110亿千瓦时；增速超过100%的地区有14个，其中天津、湖南、贵州的增速超过400%。

(6) 中国电源结构存在的问题

截至2017年底，全国火电装机110 604万千瓦、水电34 119万千瓦、核电3 582万千瓦、风电16 367万千瓦、太阳能发电13 025万千瓦。以上数据均体现出中国近几年来在降低碳排放方面工作卓有成效。中国能源结构调整具有很大潜力。首先是，高耗能产业占比不应该持续扩张。比如，煤电行业整体在低效运行，2015年全国煤电厂运行时数4 300，2016年为4 100，2017年为4 200，我们现在是70%的运用效率。节能提效是节能减排之首。国际能源署估计，2050年节能提效对温室效应气体减排贡献38%，中国也进行了很多的努力。21世纪前15年，中国能源强度下降了30%，主要耗能行业的能效提高了19%，但是到现在我国单位GDP能耗仍然偏高。2016年的数据，我国现在能源强度是全球平均水平的1.55倍。在中国电力装机容量和发电量不断增长的同时，也反映出当前电源结构存在的问题：

①过度依赖煤电，2017年火电装机容量占比仍然超过了62%，火电在中国电源结构中仍然处于绝对主导地位。火电虽然布局灵活，一次性投资小，但会造成环境污染和温室效应，而且煤炭资源是不可再生资源，目前中国的煤炭储备量使用年限仅为50年左右，不能实现可持续发展。

②水电和小水电的潜力远未得到充分利用，2017年水电装机容量占比仅为19%，虽然中国已经开始大力发展风能、太阳能、生物质能等可再生能源，2017年中国风电和太阳能发电装机容量占比分别为9%和8%。由于中国的风电基地位置偏僻，当地的电网结构薄弱，吸纳能力差，运输成本高，出现了风电无法消纳而弃风的情况。太阳能光伏发电缺乏核心技术，原件需要进口，生物质能原料收集和储存过程复杂，因此发电成本居高不下。

③核电发展相对滞后，2017年核电装机容量占比为2%。这种不合理的电源结构不仅不利于电力行业长期可持续性地发展，而且造成了严重的环境污染问题。因此，面对绿色经济和低碳发展的要求，优化电源结构迫在眉睫，国家需要在提升可再生能源发电比重的同时降低煤电的比例。

除了电力行业，还有很多行业需要降低煤耗，提高可再生能源的利用比例。产业应抑制不合理需求，比如说奢侈性的消费及浪费，要发展战略性新兴产业和第三产业、现代服务业这些既利于节能又有能力提升的产业。还有一个是技术节能，比如工业方面，每千瓦时供应煤耗就是一个很好的例子。我们每千瓦时供电消耗的煤炭大概是310克，但是如果把所有的电力厂都改造成每千瓦时用煤270多克，就节省很多。另外，建筑节能潜力很大，主要是采暖、照明等。在绿色出行方面，提倡小排量电动车、化解堵车都有很大的潜力，传统能源车淘汰倒计时开始，智慧交通将带来深刻的变化。智慧能源互联网方面，能源网络和信息技术、大数据技术的深度融合，智能电网、分布式低碳能源网络优化结合，并且与储能技术结合，可大幅度提升能效。能源结构低碳化是必然的进步方向，在煤炭的高效利用方面，要做清洁高效的改造，散装煤应该被替代而不是减少。国家已经公布，逐步降低煤耗总量占比。高质量、高比例发展非化石能源是长期努力的方向。到2050年，可再生能源的增加对温室气体减排可以贡献32%，如果再加上核能的贡献，非化石能源贡献可以大于40%，非化石能源的经济性、技术能力、制造业能力技术都在进步当中。分布式、微网、新能源业态将创造智慧能源新的路径。济南推出了全省首条高速光伏公路，车辆畅通无阻，路面下面的光伏组件发电。高质量、高比例发展非化石能源是中国乃至全球能源转型的方向，是各国竞相争占的战略制高点。非化石能源比例到2025年应达到15%，到2030年达到20%，到2050年达到50%以上。

（7）弃电和补贴问题严重困扰可再生能源电力产业发展

虽然中国近几年的风电和太阳能发电取得了很大发展，2016年11月8日，由中国社会科学院－中国气象局气候变化经济学模拟联合实验室组织编写、社会科学文献出版社出版的《气候变化绿皮书：应对气候变化报告（2016）》在京发布。该报告指出，"十二五"期间，中国风能和太阳能快速发展。"十三五"期间，在经济调整转型、能源需求放缓的背景下，风能和太阳能发展将面临更大的挑战：并网不足导致弃风、弃光现象严重；缺乏有效机制保障可再生能源的环境效益；电力需求下降，财政资金不足，可再生能源全额保障性收购和补贴政策无法落实到位，资金缺口增大。近年来，中国弃风、弃光问题严重，电力补贴延迟发放已成常态，严重影响了企业盈利能力，部分企业甚至陷入了亏损的境地，极大打击了社会资本进入新能源投资领域的信心。

第一，弃风、弃光问题严峻。在可再生能源发展取得巨大成就的同时，风电、光电消纳难、弃风和弃光电量逐年增加的问题日益凸显。根据国家能源局发布的数据，2015年全国弃风电量高达339亿千瓦时，同比增加213亿千瓦时；而2016年上半年的累计弃风、弃光量已相当于2015年全年的弃风、弃光量。在弃风、弃光问题加剧的同时，中国近十年的风电年利用小时数屡创新低，远低于世界主要国家和全球平均水平。2015年中国的风电年利用小时数只达到世界的66%、美国的49%、德国的65%和印度的77%，其中，

"三北"地区平均弃风率逼近 40%，内蒙古弃风率为 35%，甘肃为 48%，吉林为 53%，宁夏为 35%，新疆为 49%。全国弃光限电约 19 亿千瓦时，主要发生在甘肃、新疆和宁夏，其中，甘肃弃光限电 8.4 亿千瓦时，弃光率为 39%；新疆（含兵团）弃光限电 7.6 亿千瓦时，弃光率为 52%；宁夏弃光限电 2.1 亿千瓦时，弃光率为 20%。这种情况给可再生能源发电企业带来了严重的经济损失，打击了投资者们继续投资可再生能源基础建设项目的积极性，产业的可持续发展形势堪忧。从 2020 年中国非化石能源在一次能源中占 15% 的目标来看，届时光伏和风力发电的装机量达 1 亿千瓦和 2 亿千瓦之上。消纳和并网问题如果不能得到有效解决或者缓解，将成为可再生能源电力发展的绊脚石。

可再生能源消纳问题出现的原因是多方面的，不仅有基础设施和技术方面的原因，也有政策体制的因素，还有发展战略、经济激励、运行管理、电力体制、价格机制、利益分配等问题。

主要有如下原因：一是可再生能源与传统常规能源的发展规划不配套、不衔接，阻碍了可再生能源的消纳。从近阶段的形势可知，可再生能源与其他常规能源发展规划的数量控制以及国家建设布局与电网规划衔接方面存在问题，可再生能源的飞速发展与电网基础设施建设滞后的矛盾是弃风、弃光问题产生的直接原因。近年来，虽然中国可再生能源的发电量增长迅速，但是还没有做好适应可再生能源大规模、快速发展的准备。在战略、规划统筹方面，没有根据能源发展远景做好各种能源发电规模及设施建设的规划，仍按照传统能源为核心、火电为基点的套路进行安排和设计，造成与可再生能源电力专项规划的发展思路脱节，导致各跑各的道、各唱各的调。伴随着可再生能源电力装机及发电量在电力市场的比例不断增加，电网与电源之间的冲突日益明显，变成了不同能源发电争相并网的通路之争。一些地方变相降低风电上网电价，风电、光伏企业要报零电价才可获得上网电量，甚至有的地方政府要求风电企业拿出部分收入补偿当地火电企业，侵害可再生能源企业的合法利益。

二是电网智能化水平有待提高，风电、光电的输配通道不够顺畅。由于太阳能、风能发电具有间歇性和波动性，在油、水、气电力资源比较少的区域，调峰调频能力整体较差，加上目前储能材料及技术跟不上可再生能源的快速发展，仅仅依靠火电机组的有功调节速度较慢，很难适应风电、光伏发电电力的瞬间变化，可再生能源电力的大规模消纳需求给电网功率预测、运行调配、并网控制等带来巨大压力。可再生能源发电的功率预测难、发电的计划性能较差，也给电网实时监控和计划安排带来不利影响。当前的电网运行控制技术远不能满足风电、光电大量连接入电网的条件，随着近年风电、光电等可再生能源的快速且大规模发展，电网安全运行的稳定性问题已逐渐显露。

三是可再生能源市场体系建设比较滞后，风电、光电的市场消纳渠道不够通畅。虽然中国《可再生能源法》等法规已明确包括强制上网制度、分类电价制度等，但规章制度的执行力度欠佳，现实中尚未有行之有效的机制配套，导致法规出台的象征性意义比较大，而实效性不足，还不能解决可再生能源发展的实质性问题。现有可再生能源的法规政策等还存在一些不尽完善之处，主要是新能源的项目规划、审批、资金安排及价格机制等缺少全局的协调策略，国家项目规划和决策缺乏清晰度，对能源垄断行业的"责、权、义"没有相关明确规定，缺少第三方评估监管的市场机制，缺少产品的检测认证体系，缺乏法律监督、实施情况考核奖惩等。

第二，现有电价补贴模式难以维系。中国可再生能源电价补贴的来源主要是可再生能源电价附加。随着可再生能源规模的不断扩大，补贴的资金缺口越来越大，可再生能源电价附加不断上调。截至2016年底，可再生能源电价附加共上调5次，由最初的0.1分/千瓦时提升至现在的1.9分/千瓦时。但是目前中国经济增长的下行压力较大，电价上涨将极大地影响常规企业的竞争力，短期内继续上调将面临较大阻力。

当前经济下行，工业企业、实体经济强烈呼吁降低电能成本。国务院也出台相关意见和要求，"三去一降一补"，降成本当中最重要的一项内容就是降电价。然而，在补贴缺口快速扩大的形势下，又需要大幅度提高可再生能源电价附加。这"一降一提"本身就形成了很尖锐的矛盾。提高可再生能源电价附加面临着不小的瓶颈和压力。现在一些典型的化石能源消费企业,如燃煤发电企业,包括大规模的自配电厂,其自发自用的电量,拒绝缴纳可再生能源电价附加。如何进行处罚,如何追究其法律责任,这个目前在《可再生能源法》里面尚找不到明确规定。

2.3 绿证交易和碳交易政策引入的政策背景

2.3.1 国际公约的政策背景

(1) 联合国气候变化框架公约

基于全球多数科学家和政府承认温室气体已经并将持续对地球环境和人类活动产生不利影响,1992年6月4日在巴西里约热内卢举行的联合国环境与发展会议上通过了《联合国气候变化框架公约》(UNFCCC),成为世界上第一个为全面控制二氧化碳等温室气体排放,以应对全球气候变暖给人类经济和社会带来不利影响的国际公约,自此各国开始重视并着手开展节能减排(即减少二氧化碳排放或碳排放)的战略计划。

(2)《京都议定书》

《京都议定书》(Kyoto Protocol)是《联合国气候变化框架公约》的补充条款,于1997年12月在日本京都由联合国气候变化框架公约参加国三次会议制定,2005年正式生效。《京都议定书》要求发达国家碳排放在2008~2012年间总体上要比1990年水平平均减少5.2%,其中,欧盟削减8%,美国削减7%,日本削减6%,加拿大削减6%,东欧各国削减5%~8%。新西兰、俄罗斯和乌克兰可将排放量稳定在1990年水平上。同时,允许爱尔兰、澳大利亚和挪威的排放量比1990年分别增加10%、8%和1%,而发展中国家可以不承担减排责任。

《京都议定书》建立旨在促进世界国家减排的 3 个灵活合作机制：清洁发展机制（CDM）、联合履行机制（JI）、国际排放贸易机制（ET）。其中，清洁发展机制（CDM）是现存唯一可以得到国际公认的碳交易机制。随着《京都议定书》三大履约机制中清洁发展机制（CDM）的发展，伴随形成了自愿减排市场 VCM（Voluntary Carbon Market）。自愿减排市场中交易的碳资产被称为 VER（Voluntary Emission Reduction，即"自愿减排量"）。部分 VER 项目的产生是由于某些原因，如外资企业在国内投资的减排项目、减排量产生在清洁发展机制注册前等，无法按照清洁发展机制项目的要求进行开发，转而申报 VER 项目。相比清洁发展机制项目而言，VER 项目的减排量交易价格较低，然而由于减少了部分审批环节，开发周期也相对较短。对项目业主而言，自愿减排市场为因种种原因无法进入"清洁发展机制"开发的碳减排项目提供了开发和销售的途径；对买家而言，自愿碳减排市场为其自身实现"碳中和"（以减排抵消生产经营活动中产生的碳排放）提供了更多方便且经济的途径。

（3）《巴黎气候变化协定》

2015 年 12 月 12 日，在《联合国气候变化框架公约》背景下，在《京都议定书》《哥本哈根协议》（该协议于哥本哈根世界气候大会中达成，为无约束力协议）之后，世界各国在巴黎气候变化大会上通过了《巴黎气候变化协定》，承诺按照各自能力和自愿原则进行国家自主贡献下的温室气体减排。

《巴黎气候变化协定》明确提出了全球应对气候变化的长期目标，包括：将全球平均气温较工业化之前水平的升高幅度控制在 2℃ 以内，并力争限制在 1.5℃ 以内；至 2030 年全球年碳排放量控制在 400 亿吨，2080 年实现"净零排放"；号召各国在 2020 年前通报 2050 年低碳排放发展长期战略。根据"海外网"新闻报道，截至 2017 年 7 月已有 187 个《联合国气候变化框架公约》成员国提交了关于减少碳排放的国家自主贡献目标，相当于覆盖了全球

96%的温室气体排放量,其中部分成员国的国家自主贡献预案如表2-1所示。

表2-1　《巴黎气候变化协定》部分缔约国关于减少温室气体排放的国家自主贡献预案

国家或地区	国家自主贡献预案
欧盟	在1990年基础上,至2030年减少不低于40%的温室气体排放量,并提议全球到2050年温室气体减排量在2010年基础上至少60%
中国	在2005年基础上,至2030年实现单位GDP二氧化碳排放下降60%~65%,二氧化碳排放达到峰值并力争提前,非化石能源占一次能源消费比重达到20%,森林蓄积量增加45亿立方米
美国	在2005年基础上,至2025年实现减少26%~28%的温室气体排放量,力争上限,并通过国际碳排放交易市场来实现2025年目标
日本	在2013年基础上,至2030年温室气体排放量降低26%
印度	在2005年基础上,至2030年单位GDP碳排放降低33%~35%,非化石能源累计装机容量达40%,到2022年增加1.75十亿瓦特的再生能源生产力
巴西	在2005年基础上,至2025年实现减少37%的温室气体排放量,至2020年实现减少43%的温室气体排放量
尼日利亚	在2015年基础上,至2030年单位GDP的二氧化碳排放量降低44%,至0.873千克,人均碳排放降低41%,至2吨

2016年11月4日,《巴黎气候变化协定》正式生效。该协定设立了透明度标准和定期回顾机制,以促进条约有效执行。透明度标准相关的安排包括国家信息通报、两年期报告/更新报告、国际评审评估和国际协商分析;定期回顾机制包括2023年进行第一次全球总结,并在此后每5年进行定期的全球总结和分析。同时,该协定也约定了"棘齿锁定"的机制,各国可以在现有减排承诺的基础上随时提高目标,但不可降低,以此保障减排进程"只进不退"。虽然,美国在2017年6月1日宣布退出《巴黎气候变化协定》,然而,在2017年G20峰会上其他19国表示将仍然继续确保推进既定的减排承诺,并且据《环球时报》报道:2017年12月5日,51座北美城市共同签署《芝加哥气候宪章》,宣布继续坚守《巴黎气候变化协定》的减排目标,其中参

与签署的美国城市约36座。

2.3.2 国内可再生能源政策背景

单一电价补贴模式将逐步转向交叉性政策。中国的可再生能源政策面临着重大调整，一定时期内，将由单一电价补贴为主的政策逐步转向交叉性政策。

（1）电价补贴呈下降趋势

固定电价制度，是指政府明确规定可再生能源电力的上网电价，强制要求电力公司必须全额收购可再生能源发电，同时对与化石燃料发电差额的部分实施补贴的一种可再生能源激励性政策。截至2015年底，世界上包括中国在内，共有110个国家、州或省实施了固定电价制度。然而，随着补贴规模的不断扩大，以及发电成本的下降，下调可再生能源补贴电价已成为多个国家在可再生能源发展到一定程度后的普遍选择。一些国家甚至完全取消了该项政策，如挪威、西班牙、瑞典、韩国、南非、巴西等，德国也表示将争取在2018年之后取消固定的上网电价补贴。

事实上，中国的可再生能源电价补贴也经历了一定的下调过程，如表2-2所示。可以看出，下调的时间间隔不断缩短、下调的幅度不断加大。在2015年底国家发展和改革委员会发布的《关于完善陆上风电光伏发电上网

表2-2　　　　中国历次陆上风电标杆电价的变化情况　　　　单位：元/千瓦时

政策发布时间 项目适用时间 资源区	2009年 2009年8月1日	2015年 2015年1月1日	2016年 2016年1月1日	2017年 2018年1月1日	2018年 2018年1月1日
Ⅰ类	0.51	0.49	0.47	0.44	0.40
Ⅱ类	0.54	0.52	0.50	0.47	0.45
Ⅲ类	0.58	0.56	0.54	0.51	0.49
Ⅳ类	0.61	0.61	0.60	0.58	0.57

注：项目适用时间指适用于在该时间之后核准的项目。

标杆电价政策的通知（发改价格〔2015〕3044 号）》中更是明确表示，中国将"实行陆上风电、光伏发电（光伏电站）上网标杆电价随发展规模逐步降低的价格政策。"而仅仅时隔一年之后，国家发展和改革委员会于 2016 年底再次发布通知，下调光伏发电和陆上风电标杆上网电价（发改价格〔2016〕2729 号），可见中国可再生能源电价补贴下调的紧迫性。

在积极的政策支持下，中国的可再生能源行业近年来获得快速发展，项目大量上马，发电成本显著下降，装机规模不断扩大，并连续多年位居全球第一。但随之而来的是弃风、弃光现象愈演愈烈，电价补贴缺口越来越大等问题，这些严重制约着中国可再生能源行业的发展。在此背景下，中国可再生能源政策必将做出阶段性调整。从 2015 年开始，最明显的就是下调电价补贴，同时引入碳交易政策、配额制和绿证交易政策等。

（2）碳交易市场被寄予厚望

碳排放权交易政策是利用市场手段实现温室气体减排的工具之一，其本质是政府在总量控制的前提下将排放权以配额方式发放给各企业，减排成本高的企业可通过购买其他企业富余配额或核证自愿减排量的方式，以最低成本完成减排目标。联合国开发计划署发布了《中国碳市场研究报告2017》。由《中国碳市场研究报告2017》可知，全球碳交易市场还在逐步扩大，到 2020 年，交易总额有望达到 3.5 万亿美元，这个交易规模将超过石油市场占据第一大能源交易地位，其中中国将在全球碳排放交易中占据鳌头。而中国碳市场的全面启动将更广泛地发挥碳金融对于控制温室气体排放、推动能源转型的积极作用。2011 年，国家发展和改革委员会发布《关于开展碳排放权交易试点工作的通知》，正式批准上海、北京、广东、深圳、天津、湖北、重庆七省市开展碳交易试点工作，并于 2013 年正式启动试点。这些试点地区的重点排放单位每年应向所在地的省级碳交易主管部门提交不少于其上年度经确认排放量的排放配额，履行上年度的配额清缴义务。与此同时，排放单位可按照有关规定，使用国家核证自愿减排量（CCER）来抵消其部分经确认的碳排放量。2013~2014 年，北京、天津、上海、重庆、湖北、广东和深圳七省市碳排放权交易试点陆续开市。2015年12月，中国明确提出计划于2017年启动全国碳排放交易体系，第一阶段将涵盖石化、化工、建材、钢铁、有色、造纸、电力、航空等重点排放企业。根据要求，纳入碳交易体系的单位包括重点排放行业在2013～2015年任意一年的综合能源消费总量达到1万吨标准煤以上的企业法人单位或独立核算企业单位。对于超过5万千瓦装机的燃煤发电企业而言，年能源消耗量都大于1万吨标准煤，就将会被纳入交易体系中。

历经数年，上述省市的碳排放权交易试点的碳市场总体平稳运行，碳市场中价格、交易量、配额发放以及 CCER 项目（全称 Chinese Certified Emission Reduction，即中国核证减排量项目）的使用等，依然存在棘手的问题试点省（市）普遍存在不同地区的交易规则不一致、推广难度较大，以及企业履约率低、市场活跃度差等问题，而全国市场的启动，则面临着更多的挑战。更多的是来自全国各地的水面光伏电站、风电场、生物质发电这样的发电项目。它们的共同特点是通过利用某种技术，减少了温室气体的排放。这样的减排项目经过第三方核证机构核证出具体的减排量并最终被国家发展和改革委员会获批之后，将成为可盈利的项目，进入碳排放权交易市场中进行交易。在全国的七个试点地区中，2016年碳市场成交均价从37.3元/吨（北京市）到11.7元/吨（上海市）不等，成交量相差较大。从业人员表示，不同试点地区是相对独立的，很难对此进行比较，但一些地区成交量较小、价格较低（价格远低于价值）则多少反映出了试点初期的一些问题。

2017年3月20日，在国家发展和改革委员会召开的2017年全国发展改革系统应对气候变化工作电视电话会议上，国家发展和改革委员会提出2017年启动运行全国碳排放权交易市场，推动出台相关法律法规及配套政策，建立健全碳排放交易市场管理体制，做好数据核查、能力建设、舆论宣传等工作，确保全国碳排放权交易市场顺利启动。根据北京环境交易所和北京绿色金融协会发布的报告，截至2016年12月31日，上述省市试点碳市场累计成交量为1.6亿吨，累计成交额接近25亿元。待全国市场启动后，可形成年成交量达到 40 亿吨规模的全球第一大市场。

初期碳交易市场主要在于着力建立健全碳排放权初始分配制度。国家确定各省排放配额总量，各省确定本省重点行业分配方法，并对配额实行部分免费发放和部分有偿发放方式，在初期以免费分配为主。碳排放权交易市场初期的交易产品为排放配额和国家核证自愿减排量。为了加强核查，国家要求排放单位按照企业排放核算与报告指南的要求，制订排放监测计划，履行配额清缴义务。碳市场现货交易初期，参与交易主体主要是控排企业和专业碳资产机构，随着大家对碳排放权交易认知度的提高，参与交易的主体扩大为投资机构（包括境外）、控排企业、金融机构、专业碳资产机构、中国核证自愿减排量项目业主及少部分自然人。地方政策与行政手段的不同导致交易产品碎片化现象严重。国家将配额分配的权利下放到地方，各地方的分配方法各不一致，使得企业获得配额的数量、成本会有所不同；另一方面预计地方将出台保护本地中国核证自愿减排量使用等政策，市场继续出现产品被碎片化，同一产品在不同地方呈现价格有差异。最后，目前的 10 家碳市场交易平台的现货交易规则各不相同，未来全国市场的初期，控排企业会按照地域就近原则进行现货交易，不同的交易规则未必能反映出相似的价格信号讯息，帮助企业发现碳价格。

根据"十三五"节能减排目标和 2020 年排放峰值的要求，估算出碳排放总量并分解至各地，预计西部以免费分配为主，东部会引入部分有偿分配。在国务院 2016 年立法计划中，《碳排放权交易管理条例》被列为预备项目。按照设计，全国碳市场将形成"1＋3＋N"的立法体系，即以《碳排放权交易管理条例》为中心，配套三个管理办法和一系列的实施细则。

（3）"可再生能源配额制＋绿证交易政策"呼声渐起

随着新一轮电力体制改革的深入推进，后续出现的电力交易市场、绿证交易市场、碳交易市场三者协调发展，有望为中国能源革命和绿色发展做出重要的制度和机制保障。碳交易方面，全国碳市场的建立很早以前便被讨论，但其本身的交易体系和产品类型还未完全明确，故可再生能源配额制与绿证之间的关联还不能完全做出定论。

可以区别的是上述二者之间的设计出发点,碳交易中的碳配额与核证碳减排当量设计目的旨在控制生产发展中的温室气体排放值,而绿证的推行解决的是可再生能源电力产业的发展问题。和火力发电比较来说,可再生能源发电产生的碳排放量较少,在减排和环保方面可以理解为碳减排体系的子集小分支。欧洲部分国家的一些中小型企业在不足以拿到碳配额的前提下利用非配额制的绿证来做抵消。在可再生能源电价补贴下调形势日趋明朗的情况下,部分企业寄希望于绿证交易市场。现有碳交易体系多允许企业用一定的经核证的碳减排量抵消不足的配额,这种机制称为"碳抵消机制"。可再生能源项目在碳市场中主要采用抵消机制,即通过出售减排量获益。《京都议定书》下的清洁发展机制(CDM),以及中国国内碳市场下的自愿减排交易(CCER)均属于抵消机制范畴。2005~2012年,中国国内可再生能源电力企业通过清洁发展机制(CDM)获取了巨额回报,出售减排量的收益甚至占到了部分企业营业收入的近1/5。2012年之后,随着国际CDM市场逐渐萎缩,中国企业逐渐将目光放在了国内碳市场上。2013年6月至2014年6月,国内七个碳交易试点(简称"七试点")已陆续启动。七试点均规定,满足条件的中国核证自愿减排量(Chinese Certified Emission Reduction,CCER)可用于抵消企业碳排放权配额不足的部分。截至2016年10月上旬,可再生能源项目已占到备案成功的全部CCER项目的近90%(其中,风电占33%,光伏占26%,甲烷利用占17%,水力发电占5%,生物质发电占4%,垃圾焚烧占4%)。全国统一碳市场按计划也于2017年正式启动,可再生能源企业的热情再次被点燃。

但是绿证与核证碳减排当量CER(或CCER)之间不能重复申请与交易。绿证面向的控排端在于发电企业,而碳证面向的则是各行各业。此外,中国新颁布的《环境税》对二证也有冲击,对绿证交易附加价值存在潜在关联。碳排放权交易是利用市场手段实现温室气体减排的工具之一,政府在总量控制的前提下将排放权以配额方式发放给各企业,减排成本高的企业可通过购买其他企业富余配额或核证自愿减排量的方式，以最低成本完成减排目标。由于绿证交易代表了可再生能源发电中的绿色部分，跟碳减排量、节能量的意义有异曲同工之处，都是利用市场手段实现温室气体减排的措施。但绿证交易与碳交易在交易机制、作用机理上存在较大差异，是并行不悖的两种机制。例如，作为光伏发电企业而言，既可以将经备案的国家核证自愿减排量（Certified Emission Reduction，CCER）在碳市场中进行交易，也可以同时申请开具绿证，在绿证认购平台上进行交易。

第一，可再生能源配额制政策的引入。可再生能源配额制（RPS），是指一个国家或者地区用法律的形式对企业可再生能源发电的比例做出的强制性规定。截至2015年底，共有100个国家或地区实施了可再生能源配额制，绿证交易政策是可再生能源配额制的配套性政策。企业可通过自建可再生能源项目或购买其他企业的绿证来达到被要求的可再生能源配额目标。

一是可再生能源配额制兼具强制性和市场性。配额制政策和固定电价政策同时依靠政府干预和市场调节两种手段。两种政策的区别在于：在完全的市场经济条件下，配额制政策是由政府确定数量（可再生能源电力装机容量或发电量），而由市场确定价格（可再生能源电力上网电价）。相反，固定电价政策则由政府确定价格，由市场来确定数量。相对于固定电价政策，可再生能源配额制不会给政府财政造成太大压力，且若能赋予电网公司相应的配额义务，则将更有利于解决可再生能源的消纳问题。但与此同时，可再生能源配额制在初期也会面临来自地方和企业的较大阻力。

二是设计良好的可再生能源电力产业配额制政策可有力推动可再生能源的发展。可再生能源配额制政策已在多个国家和地区得到了实施，由于机制设计的不同，实施效果各有不同，其中，美国的得克萨斯州（简称"得州"）的实施效果最为显著。自1999年以来，在可再生能源配额制政策的推动下，得州的风电装机容量快速增长（当时该州要求在10年内新增可再生能源电力装机容量必须达到20亿瓦）。2001年，得州风电装机容量就已超过此前任何一年全美的年风电装机容量。到2002年底，仅风电一项，得州就已完成这个

10年目标的一半以上。

三是中国的可再生能源电力产业配额制政策初露端倪。在国家能源局的领导下，在世界银行等国际机构的支持下，中国开展了一系列针对可再生能源配额制的研究工作。但是，可再生能源配额制在推行之初就遇到了来自各个方面的阻力，因而在2005年中国发布的《可再生能源法》及之后的一系列政策中偏向于更易实施的以激励为主的固定电价政策。但是，近期在可再生能源财政补贴吃紧、电力消纳问题日趋严重的情况下，配额制再次被提上议事日程。

在2016年2月，国家能源局发布了《关于建立可再生能源开发利用目标引导制度的指导意见（国能新能〔2016〕54号）》，规定了2020年各省（自治区、直辖市）非水可再生能源电力消纳量比重指标，以及相关发电企业的非水可再生能源发电比例。2017年1月，国家发展改革委、财政部、国家能源局联合发布了《关于试行可再生能源绿色电力证书核发及自愿认购交易制度的通知》，表示将"建立可再生能源绿色电力证书自愿认购体系"，并自2017年7月1日起正式开展认购；"自2018年起适时启动可再生能源电力配额考核和绿色电力证书强制约束交易"。这标志着"中国可再生能源配额制＋绿证交易"政策即将正式建立。

以市场机制为基础，关注各方利益，充分调动各市场主体的积极性，才能使可再生能源电力消纳问题得到根本解决。可再生能源配额制（Renewable Portfolio Standard，RPS）是政府为培育可再生能源市场，使可再生能源发电量达到一个有保障的最低水平而采用的强制性政策手段，其概念最初在20世纪90年代由美国风能协会在加利福尼亚公共设施委员会的电力体制改革项目中提出的，随后这项政策以各种形式被传播到多个国家。2001年，可再生能源配额制为澳大利亚在全球范围内首先正式运行，近年来在世界许多国家的能源政策领域得到了广泛应用。根据国外相关经验，单纯依靠政府监督实施可再生能源配额制，难以有效解决发电企业、电网企业积极性问题。

第二，可再生能源绿证交易政策的引入。在配额制政策的实施过程中引入绿证交易，让电力企业既可以自己生产绿色电力，也可以在绿证市场上购得缺额部分余量完成配额任务，视二者成本优越性进行裁量和搭配，使电力企业寻到一条成本更低的途径来完成配额任务。在这个过程中，具有优势的可再生能源企业采用专业化生产绿色电力，传统电力企业基于开辟新生产线的风险和成本考量宁愿从新能源企业购买绿证，这就实现了绿色电力生产的集约化、规模化，优化了可再生能源电力资源的配置，有利于可再生能源配额目标的顺利实现。为此，绿证交易已成为可再生能源配额制的核心要素。为了解决上述问题，能源部门适时提出了可再生能源绿证交易政策。绿证交易政策还可以有效地解决当前补贴资金不足的问题，保障2020年可再生能源比例目标的达成，推动中国电力市场改革和碳交易市场建设。中国已具备建立绿证交易市场的条件，但仍需做好绿证交易政策及配套机制的顶层设计。

绿证交易政策一般由绿色证书、证书交易管理机构、电力系统企业、证书交易管理系统、消费者、自愿认购者等构成。绿证是一种可交易的、能兑换成货币的一种凭证，绿证本身不具有任何价值，但是在配额考核的情况下，绿证价格代表了可再生能源电力价格与常规电力价格的差值，其中主要是环境价值。绿证作为政府激励可再生能源发电产业发展的工具，承担着一定的实现政策效果的使命。因此，其价格的变动范围有一定限制。如果价格过低，将导致可再生能源配额制的政策激励失效，如果价格过高，将会增大企业负担，同样不利于企业的长远发展。具体价格方面，国家发改委、财政部、国家能源局《关于试行可再生能源绿色电力证书核发及自愿认购交易制度的通知》规定："绿色电力证书自2017年7月1日起正式开展认购工作，认购价格按照不高于证书对应电量的可再生能源电价附加资金补贴金额由买卖双方自行协商或者通过竞价确定认购价格。"例如，风电的标杆电价是0.61元/千瓦时，当地火电标杆电价是0.35元/千瓦时，则该风电绿证最高价为0.26元/千瓦时（0.61~0.35）。

从世界各国的实践来看，美国、英国、瑞典、澳大利亚、日本、韩国等几十个国家和地区已广泛采用可再生能源责任目标机制和强制市场份额（或配额制度)。例如,在美国,由于电力交易市场发达,目前已有32个州或地区实施了配额制政策。美国同时采取税收抵免政策和可再生能源电力配额制政策。具体而言,首先各州在州层面设立可再生能源增长的总目标,然后将其分解到各电力供应商,要求供电商必须供应一定比例的来自可再生能源的电力。供电商可以自建可再生能源发电厂,也可以从别的可再生能源发电商处购买配额指标。可再生能源发电商可以同时通过销售可再生能源电力和配额证书获利。在可再生能源配额证书交易体系里,配额证书价格由市场供给和需求决定。同时,配合实施联邦税收抵免政策,如生产税抵免、投资税抵免和现金补助等。《关于试行可再生能源绿色电力证书核发及自愿认购交易制度的通知》,拟在全国范围内试行可再生能源绿色电力证书核发和自愿认购。绿色电力证书(简称"绿证")交易,是可再生能源目标引导机制的重要手段之一,包括强制交易和自愿交易两类。此次文件针对绿证自愿交易政策做出了规定,并规定于2017年7月1日正式开始认购。关于强制交易,文件也提到在2018年适时推进,届时将出台具体规定。该政策的核心目标是:建立可再生能源绿色电力证书自愿认购体系,有利于促进清洁能源高效利用和降低国家财政资金的直接补贴强度。绿证交易政策具有独特的优势和作用,可以与当前的电力市场改革和碳交易市场建设同步推进,相互促进和补充。

一是配额制和绿证交易政策更有利可再生能源发展目标的实现。中国现行的强制入网制度和分类上网电价与费用分摊制度虽然一定程度上解决了电力销售的问题,但是没有对发电企业的电力生产量做出要求,这一方面不利于总量目标的实现,因为发电企业并不一定将完成强制性的总量目标作为其生产义务;另一方面,政府制定的保护性电价会造成发电企业怠于提高生产效率,缺乏降低生产成本的动力,不利于可再生能源产业的发展和技术的进步。配额制是以数量和市场为基础的政策制度,包括强制性的、量化的可再生能源发电目标和奖惩机制来保证新能源发电总量目标的实现,有利于克服现行政策的弊端,因此,推行可再生能源配额制是十分必要的。

二是绿证交易可以有效地解决当前风能和太阳能发展中补贴资金不足的

问题，实现市场竞争机制与扶持政策结合。人们普遍认为可再生能源电力比火电贵，但这种比较并不公平，因为火电还存在环境污染、健康损害等外部成本，在这些外部成本没有内部化的情况下，可再生能源电力无法与火电竞争，因此，可再生能源电力发展只能靠补贴进行支持。但据统计，到2016年底可再生能源补贴资金累计缺口就已达500多亿元，且补贴到位的周期很长。补贴问题如不能有效解决，将严重影响投资的积极性，最终影响中国应对气候变化自主承诺减排目标的实现。绿证交易政策不仅可以有效地将燃煤发电企业造成的环境污染内部化，而且可以解决可再生能源发展补贴的资金缺口问题，风电、光伏发电企业出售可再生能源绿色电力证书后，相应的电量不再享受国家可再生能源电价附加资金的补贴，因此，绿证自愿交易政策的实施，将首先起到"降低国家财政资金的直接补贴强度"的作用，兼顾平衡燃煤发电和可再生能源发电之间的利益冲突，有助于推进可再生能源电力市场建设和完善电力市场改革。按照"电改"的方向，未来的风电、光电价格形成机制需要由目前的分资源区固定上网电价机制逐步调整为"市场电价＋溢价补贴"或差价合约机制，即由现有的差价补贴向定额补贴转变，在市场价格的基础上对可再生能源电力给予"度电补贴"。因此，实施绿证交易机制，可降低可再生能源发电对政府财政补贴的需求，推动可再生能源电力尽快实现平价上网。

三是弃风、限电的本质还是供给侧的优先权问题，而绿证交易政策配合电力市场改革的新机制设计可以保障风电和光电的优先权。在绿证政策下，在发电环节，先考虑可再生能源发电，后考虑化石能源利用；在上网和输配电环节，凭绿证配额可优先上网，优先出售；在用电环节，能源消费企业必须持绿证配额首选可再生能源电力并以此得到国家政策优惠；对于可再生能源建设没有达到相关指标的地方和企业，强制其从其他地方和企业购买绿证、交易可再生能源电力，从而强化可再生能源电力的市场供给优先权。

四是建立绿证交易市场，可以降低政府的管理成本，有助于推进当前的电力市场改革和全国碳交易市场建设。绿证交易政策可保证实现可再生能源的量化发展目标，而这是价格和补贴机制所不具备的。同时，建立绿证交易市场，通过公平竞争的市场机制和淘汰机制，促使可再生能源企业降低成本，提高效益。此外，绿证交易促进资金和资源在不同地区的流动，扩大了可再生能源开发利用的范围。绿证交易市场已经具备碳交易市场的雏形，绿证本身就具有金融属性，未来可以作为碳市场和碳金融的重要组成部分。

五是配额制和绿证交易政策对传统化石能源具有更好的抑制作用。在中国，在传统化石能源中，煤炭的探明储量和技术可开采量相比于其他能源品种具有明显优势。近年来，由于煤炭价格持续下降，发电企业投资煤电热情高涨，煤电装机仍创历史新高，2015 年新增煤电装机超过 5 000 万千瓦，且有超过 3 亿千瓦的煤电处于在建、核准或前期工作状态，加剧了各类电源之间，尤其是煤电与可再生能源之间直接争夺当前的利益空间以及未来的发展空间。研究表明，FIL 政策（强制入网制度）下，政府给予了可再生能源电力一个高于市场价格的补贴价格，这使得可再生能源电力产量迅速增加，但化石能源电力产量并未得到有效抑制。而在 RPS 政策（配额制）下，政府规定了可再生能源电力与化石能源电力的一个最低比例，企业在生产决策时就可以提高可再生能源产量。

六是配额制和绿证交易政策更有利于调动市场积极性。现行的强制入网制度和分类上网电价与费用分摊制度要求电力公司以政府规定的价格购买可再生能源发电企业生产的电力，体现了政府计划性，行政手段色彩明显。而配额制有助于实现可再生能源由固定电价支持政策向政府政策与市场机制共同作用的强制性制度变迁。由于强制上网制度下的电价是由政府规定的固定价格，导致了政府定价与实际成本格和应有市场价格有脱节的可能性，无法保证发电成本最低，对可再生能源产业的市场竞争力的培育是有害无益的。同时，可再生能源固定电价与煤电市场价的差额，通过电力消费力转嫁一部分，剩余的则必须由输电供电商进行财务对冲，其利润必然受到影响。配额制和绿证交易政策的推行，让可再生能源电力以现货市场价格出售，但可获得政府补贴、绿证销售收益，既可以促使可再生能源降低生产成本，也可以让输电供电企业通过市场手段完成配额任务，有助于提高履行配额义务的积极性。

七是绿证交易市场建设还有一些关键问题有待解决。首先，中国电力交易市场从无到有，绿证交易市场体系建设还有很长的路要走。目前，国家能源局出台的相关文件，已勾勒出了一个大致的框架，很多具体的细节还有待明确。其次，绿证交易政策需要建立配套的体制机制。如出台统一的计量和标准体系，建立公正有效的监管体系，明确具体的惩罚措施，逐步完善绿证交易市场政策体系。最后，中国电力市场，无论是发电市场还是输电市场，都是典型的寡头垄断市场，在绿证交易市场制度及配套机制设计时需考虑特殊国情和市场安排，借鉴国际经验，根据目前的政策环境、发展阶段和技术条件，做好顶层设计。

（4）环境税和碳税政策渐行渐近

结合国内正在开展的碳交易政策，以及未来将要开展的环境税和碳税政策，这些政策环境的变化，都会推动中国可再生能源项目盈利方式的改变。环境税是将环境污染和生态破坏的社会成本，内化到生产成本和市场价格中去，再通过市场机制来分配环境资源的一种经济手段。对于可再生能源行业来说，实施环境税制度可在一定程度上体现出化石燃料使用的隐形环境成本，使可再生能源更具成本竞争优势，对于行业发展具有间接的促进作用。碳税是指针对二氧化碳排放所征收的税，主要通过对化石燃料产品按其碳含量的比例征税来实现减少化石燃料消耗和二氧化碳排放。从某种意义上来讲，碳税是环境税的一种，对可再生能源行业的发展具有更大的推动作用。

2016年12月，《环境保护税法》正式发布，但尚未将二氧化碳纳入其中。根据财政部财政科学研究所2015年发布的报告，提出煤控财税政策路线图设想：2015年继续实施煤炭资源税改革，2016年开始征收环境保护税，2019年左右开始征收低税率水平的碳税。

（5）中国低碳经济相关政策

虽然《可再生能源法》早已颁布，但可再生能源战略地位始终没有明确。煤炭作为主体能源在未来相当长的时期内保持高消费比例的认识，仍然根深蒂固。尤其是一些地方政府，出于短期利益和局部利益，不仅没有高度重视支持发展可再生能源，还限制其发展，致使可再生能源的进一步推广普及受到阻碍。

2016年，国务院发布了《"十三五"国家战略性新兴产业发展规划》，提出到2020年，战略性新兴产业增加值占国内生产总值比重要由2015年的8%增加到15%，同时，要形成新一代的信息技术、高端制造、生物、绿色低碳、数字创意5个产值规模10万亿元级的新支柱。战略性新兴产业代表新一轮科技革命和产业变革的方向，是培育发展新动能、获取未来竞争新优势的关键领域。"十三五"时期，要把战略性新兴产业摆在经济社会发展更加突出的位置，大力构建现代产业新体系，推动经济社会持续健康发展。

2016年，国务院发布了《"十三五"节能减排综合工作方案的通知》，提出要落实节约资源和保护环境基本国策，以提高能源利用效率和改善生态环境质量为目标，以推进供给侧结构性改革和实施创新驱动发展战略为动力，坚持政府主导、企业主体、市场驱动、社会参与，加快建设资源节约型、环境友好型社会。到2020年，全国万元国内生产总值能耗比2015年下降15%，能源消费总量控制在50亿吨标准煤以内。全国化学需氧量、氨氮、二氧化硫、氮氧化物排放总量分别控制在2 001万吨、207万吨、1 580万吨、1 574万吨以内，比2015年分别下降10%、10%、15%和15%。全国挥发性有机物排放总量比2015年下降10%以上。从十一个方面明确了推进节能减排工作的具体措施。

2016年，国务院发布了《"十三五"控制温室气体排放工作方案的通知》，提出为加快推进绿色低碳发展，确保完成"十三五"规划纲要确定的低碳发展目标任务，推动中国二氧化碳排放2030年左右达到峰值并争取尽早达峰，到2020年，单位生产总值二氧化碳排放比2015年下降18%，碳排放总量得到有效控制。非二氧化碳温室气体控排力度进一步加大。应对气候变化法律法规体系初步建立，低碳试点示范不断深化，公众低碳意识明显提升。

2016 年，工业和信息化部发布《工业绿色发展规划（2016~2020 年）》，提出到 2020 年，绿色发展理念成为工业全领域全过程的普遍要求，工业绿色发展推进机制基本形成，绿色制造产业成为经济增长新引擎和国际竞争新优势，工业绿色发展整体水平显著提升。提出未来的主要任务是大力推进能效提升，加快实现节约发展；扎实推进清洁生产，大幅减少污染排放；加强资源综合利用，持续推动循环发展；削减温室气体排放，积极促进低碳转型。

2016 年，国家能源局发布了《关于建立可再生能源开发利用目标引导制度的指导意见》，并通过附件的形式，公布了 2020 年各省（自治区、直辖市）行政区域全社会用电量中非水电可再生能源电力消纳量比重指标。该意见及其相关附件，因提出了一系列具有现实指导意义的措施，引起电力行业人士的广泛关注。毫无疑问，中国可再生能源产业在过去十年，取得了长足进步，风电、光伏的装机容量和设备生产能力，双双成为全球第一，产业技术水平处于世界前列，一个可以引领全球发展的战略新兴产业正在形成。但我们还应该看到，目前中国可再生能源面临的矛盾和挑战比发展之初更为艰巨。因此该意见的出台将为可再生能源行业带来新的发展机遇及动力。

| 第3章 |

可再生能源电力产业现行电价补贴政策存在的主要问题

2015 年中国向联合国气候变化框架公约秘书处提交了应对气候变化国家自主贡献文件，即《强化应对气候变化行动——中国国家自主贡献》，中国政府已经做出非化石能源要占一次能源消费比重达 20% 左右的承诺。这是中国在 2007 年公布的"可再生能源中长期发展规划"中明确提出，到 2020 年，中国可再生能源将达到总能源消费的 15% 的指标之后，又进一步确定了中国可再生能源的长期发展目标。中国的可再生能源发展更为远期的愿景是，到 2050 年，中国终端能源消费量为 32 亿吨标准煤，电力占整个终端能源消费 60% 以上，直接消费的化石能源为 9 亿吨标准煤。电力供应中非化石能源发电占比达到 91%，可再生能源发电占比达到 86%。

3.1 可再生能源电力产业现行的主要价格政策

目前，中国可再生能源上网价格主要由基础电价及能源补贴两部分组成。2016 年出台的《可再生能源法》是中国可再生能源电力产业发展的基础法律。2004 年出台的《可再生能源电价附加收入调配暂行办法》和 2011 年出台的《可再生能源发展基金征收使用管理暂行办法》，构成了可再生能源补贴政策的制度体系。目前，风力发电和光伏发电均采用标杆电价加补贴固定上网电价。其中，风力发电上网价格按项目所属区域风力资源不同分为四个标准，补贴后价格分别为 0.51 元/千瓦时、0.54 元/千瓦时、0.58 元/千瓦时、0.61 元/千瓦时。光伏发电按太阳能资源的不同也分为三个标准，补贴后价格分别为 0.9 元/千瓦时、0.95 元/千瓦时、1 元/千瓦时，补贴部分主要来自于征收的电费附加费。目前，电费附加费也从最初的 2 厘/度、4 厘/度、8 厘/度增加到目前的 1.5 分/度。

中国可再生能源的迅速发展，与国家对可再生能源现行的价格政策密不可分，但中国现有电价补贴机制不够完善，存在着补贴资金来源不足，补贴拖欠严重,可再生能源电价上涨压力增大等问题。从宏观经济管理来看,抑制通货膨胀仍为国家首要任务。可再生能源电价的最优补贴该如何确定,首先要从理论上加以分析。

3.2 可再生能源电力产业现行主要价格政策的最优补贴额确定模型

要解决可再生能源外部性内部化的问题,政府的电价管制就非常必要,比如对可再生能源的发电产业进行补贴,就可将可再生能源的外部性内部化。补贴是政府或者最终的电力消费者向可再生能源电力生产者的一种转移支付形式。政府补贴是解决可再生能源存在的正外部性的实质性办法。补贴政策的有效率的实行,需要政府管制机构掌握所有的技术、成本和潜力以及电力市场价格发展趋势、消费者的偏好等充分信息。

假设在完全竞争市场上,一个代表性的电力生产者面临下面的最优化问题:

$$\max_{x, x_g} [px + (p + s)x_g - cx - c_g(x_g)] \quad (3-1)$$

公式(3-1)中,s 表示给予可再生能源发电企业的单位额外补贴;p 表示电力的市场价格(包括可再生能源电力和常规能源电力在市场上都按照统一价格出售);x_g 表示可再生能源生产的电力数量;c_g 表示可再生能源的发电成本;x 表示依靠传统常规能源生产的电力数量;c 表示常规能源电力生产的单位成本函数(为了分析方便这里假设是不变的)。

将补贴作为外部性内部化的解决办法,对 x 和 x_g 求一阶导数可得:

$$p - c = 0 \quad (3-2)$$

$$p + s - c'_g[x_g^*] = 0 \quad (3-3)$$

将公式(3-2)带入公式(3-3),$x > 0$ 和 $x_g > 0$,政府补贴 s(或者称

为负税收）等于边际成本之差，也就是，在最优化时可再生能源电力的边际成本 $c'_g[x_g^*]$ 和传统电力的边际成本 c 之差。最优化结果的背后的含义是如果 $s^* > c'_g[x_g^*] - c$，所有的生产者都只会提供可再生能源电力，如果 $s^* < c'_g[x_g^*] - c$，那么就没有电力企业愿意提供可再生能源电力了。值得注意的是，这里假设 c 是固定不变的。

管制者的目的是社会福利的最大化：

$$W(Q,x_g) = \max_{Q,x_g} \int_0^Q p(s)ds - c(Q - Nx_g) - Nc_g(x_g) + D(Nx_g)$$

上式中 $Q = N(x + x_g)$ 代表整个电力市场的总产出量，$p(s)$ 代表反需求函数，而 $D(Nx_g)$ 代表可再生能源电力生产所带来的正外部性和所规避的负外部性的货币价值。通过一阶求导可以得到：

$$p[Q] - c = 0 \quad (3-4)$$

$$Nc - Nc'_g(x_g^*) + ND'(Nx_g^*) = 0 \quad (3-5)$$

通过上面两个式子可以得到 Q^* 和 x_g^* 的社会最优值。很显然，根据社会福利最大化的方式和最优化的价值，假定给定了补贴水平，假设 S_1 代表可再生能源电力创造了社会额外收益的供给函数，那么最优的产量就由 x_g^0 变成了 x_g^1，而 $x_g^1 > x_g^0$，这里 x_g^0 的值是基于私人边际成本的供给曲线 S_0 和需求曲线 D 的交点所决定的。当可再生能源电力的边际成本和边际外部收益的差额等于传统电力的价格和成本的边际值的差额的时候，绿色电力的最优总产量才会实现。最优的补贴水平根据公式可以求得：$s^* = c'_g[x_g^*] - c$。因此，政府干预下的可再生能源电价补贴能够使得社会福利最大化，这也成为实行电价补贴的各国在实践中的主要做法。

3.3 典型国家的可再生能源电价补贴政策

对可再生能源发电提供电价补贴是国际通行做法。截至 2012 年初，全球

65个国家对可再生能源发电实施了可再生能源上网电价补贴政策，英国、德国、丹麦、西班牙、意大利、法国、葡萄牙等电价政策对本国可再生能源发电规模迅速扩大起到了重要作用。美国联邦范围内实施的生产税返还（2.2美分/千瓦时），实际上也是一种电价补贴政策。近年来，随着金融危机和欧债危机的深化，电价补贴给消费者和各国政府带来的财政压力不断增大，使得发达国家的补贴能力受到制约。

3.3.1 英国的可再生能源电价补贴政策

英国的可再生能源的发展速度居于世界前列，根据全球风能委员会的数据，英国是世界第六大风能生产者，但目前其很可能无法实现2020年的可再生能源目标。英国首相卡梅伦曾承诺，要创造有史以来最清洁的政府。从2010年至今，英国对可再生能源的投资已经达到420亿英镑。2014年，英国政府向陆地风能发电厂提供了高达8亿英镑的财政补贴，而这些发电厂的发电量约占整个国家电力的5%。

但2015年以来，英国政府发布了一系列针对可再生能源发展的不利政策，比如自2016年4月1日起取消了陆上风电补贴，以及逐步取消对小型太阳能项目的补贴等。世界能源理事会也于日前下调了对英国的评级。英国对全球可再生能源投资的吸引力正在下降。2015年底，英国能源与气候变化大臣安伯尔·鲁德在英国议院委员会上承认，如果没有合适的、具有鼓励性的政策，英国将可能无法实现2020年之前可再生能源占总能耗15%的目标。以目前的情况预测，到2020年，英国的可再生能源占比仅能达到11.5%。

3.3.2 德国的可再生能源电价补贴政策

早在2000年，德国就发布了可再生能源法，截至目前这部法典极大地推动了德国的风电、太阳能光伏等可再生能源的发展。2014年德国可再生能源发电量为 1 560 亿千瓦时，已经占到全国发电量的 27.3%。可再生能源的发展，不仅减少了德国能源的进口，在某种程度上还实现了能源供给安全，也缓解了温室气体排放及其导致的气候变化。

但是可再生能源电价补贴制度给德国带来的巨额电价附加费，也令德国市民难以承受该项负担。德国目前的平均交易电价只有 3.8 欧分/千瓦时，比中国目前的煤电上网电价还要低，但可再生能源电力附加费附加在每一度电上的费用却高达 6.2 欧分。更为严重的是大规模的分布式能源接入电网后，德国配电网出现了电压升高和设备过载等问题，严重时甚至影响到电网的安全稳定运行。因此，德国不得不一边大幅度削减可再生能源电价补贴，一边设法消纳过剩的电量。因此 2014 年 4 月，德国内阁不得不通过可再生能源法改革草案，其核心内容，就是削减对可再生能源的补贴。

3.3.3 美国的可再生能源电价补贴政策

虽然美国联邦范围内实施的生产税返还（2.2 美分/千瓦时）实际上也是一种电价补贴政策，但美国至今为止没有提出全国性的可再生能源发展战略，也没有像德国等一些欧盟成员国那样，通过国家层面的立法来确定提高可再生能源在本国能源供应中所占比重的目标，并对可再生能源电价补贴制度等做出明确规定。自 2009 年以来，美国可再生能源电力产业的发展速度一直较快。2013 年美国风能产业的产能比 2012 年增加了 74%；2013 年美国太阳能发电能力增加了 41%，达到 2009 年的近 10 倍。可再生能源电价补贴促进了美国可再生能源电力产业的快速发展。更重要的是，可再生能源技术进步带来了成本的下降，但没有使可再生能源电力产业投资规模扩大，技术进步成为增长的主要驱动力。由于技术进步，2008~2012 年，美国太阳能发电成本平均下降 80%，风能发电成本下降 43%。预计在今后 10 年甚至更长一段时间里，成本下降仍然能继续带动美国可再生能源电力产业以较快的速度增长。

3.4 可再生能源电力产业现行主要价格政策的运行机制

可再生能源电力产业的主要电价管制政策的实施主要是根据《中华人民共和国可再生能源法》和《财政部　国家发展改革委　国家能源局关于印发〈可再生能源发展基金征收使用管理暂行办法〉的通知》。其针对可再生能源电力产业，尤其是风力发电、生物质能发电（包括农林废弃物直接燃烧和气化发电、垃圾焚烧和垃圾填埋气发电、沼气发电）、太阳能发电、地热能发电和海洋能发电等。

3.4.1 补助项目确认

一是申请补助的项目必须符合以下条件：属于《财政部　国家发展改革委　国家能源局关于印发〈可再生能源发展基金征收使用管理暂行办法〉的通知》规定的补助范围。按照国家有关规定已完成审批、核准或备案，且已经过国家能源局审核确认。具体审核确认办法由国家能源局另行制定。符合国家可再生能源价格政策，上网电价已经价格主管部门审核批复。

二是符合《可再生能源发展基金征收使用管理暂行办法》第三条规定的项目，可再生能源发电企业、可再生能源发电接网工程项目单位、公共可再生能源独立电力系统项目单位，可按属地原则向所在地省级财政、价格、能源主管部门提出补助申请。省级财政、价格、能源主管部门初审后联合上报财政部、国家发展改革委、国家能源局。

三是财政部、国家发展改革委、国家能源局对地方上报材料进行审核，并将符合条件的项目列入可再生能源电价附加资金补助目录。

3.4.2 补助标准

可再生能源发电项目上网电量的补助标准，可根据可再生能源上网电价、脱硫燃煤机组标杆电价等因素确定。专为可再生能源发电项目接入电网系统而发生的工程投资和运行维护费用，按上网电量给予适当补助，补助标准为：50 公里以内每千瓦时 1 分钱，50~100 公里每千瓦时 2 分钱，100 公里及以上每千瓦时 3 分钱。国家投资或者补贴建设的公共可再生能源独立电力系统的销售电价，执行同一地区分类销售电价，其合理的运行和管理费用超出销售电价的部分，通过可再生能源电价附加给予适当补助。

可再生能源发电项目、接网工程及公共可再生能源独立电力系统的价格政策，由国家发展改革委根据不同类型可再生能源发电的特点和不同地区的情况，按照有利于促进可再生能源开发利用和经济合理的原则确定，并根据可再生能源开发利用技术的发展适时调整。根据《可再生能源法》有关规定通过招标等竞争性方式确定的上网电价，按照中标确定的价格执行，但不得高于同类可再生能源发电项目的政府定价水平。

中国可再生能源补贴主要来源于从用电量中征收的可再生能源附加，此外还有少量财政专项补助。从 2006 年 6 月到 2016 年 1 月，补贴征收标准已从 1 厘/千瓦时提高到 1.9 分/千瓦时，但是随着风电光伏等新能源装机的快速发展，补贴缺口问题日益严重，已成为限制新能源发展的重要因素之一。根据财政部的统计，截至 2017 年底，可再生能源补贴累计缺口已达到 1 127 亿元。

3.4.3 预算管理和资金拨付

按照中央政府性基金预算管理要求和程序，财政部会同国家发展改革委、国家能源局编制可再生能源电价附加补助资金年度收支预算。可再生能源电价附加补助资金原则上实行按季预拨、年终清算。省级电网企业、地方独立电网企业根据本级电网覆盖范围内的列入可再生能源电价附加资金补助目录的并网发电项目和接网工程有关情况，于每季度第三个月10日前提出下季度可再生能源电价附加补助资金申请表，经所在地省级财政、价格、能源主管部门审核后，报财政部、国家发展改革委、国家能源局。

公共可再生能源独立电力系统项目于年度终了后随清算报告一并提出资金申请。财政部根据可再生能源电价附加收入、省级电网企业和地方独立电网企业资金申请等情况，将可再生能源电价附加补助资金拨付到省级财政部门。省级财政部门按照国库管理制度有关规定及时拨付资金。省级电网企业、地方独立电网企业应根据可再生能源上网电价和实际收购的可再生能源发电上网电量，按月与可再生能源发电企业结算电费。年度终了后1个月内，省级电网企业、地方独立电网企业、公共可再生能源独立电力系统项目单位，应编制上年度可再生能源电价附加补助资金清算申请表，报省级财政、价格、能源主管部门，提交全年电费结算单或电量结算单等相关证明材料。省级财政、价格、能源主管部门对企业上报材料进行初步审核，提出初审意见，再上报财政部、国家发展改革委、国家能源局。财政部会同国家发展改革委、国家能源局组织审核地方上报材料，并对补助资金进行清算。

3.5 可再生能源电力产业现行主要价格政策的绩效研究

3.5.1 问题提出

可再生能源并不是普通的能源，可再生能源电力产业的额外收益属于正外部性，而这种正外部性的本质是市场失灵的一种。从成本和收益的角度来说，可再生能源发电企业提供可再生能源电力具有明显的正外部性。可再生能源电力具有公共物品的性质，因为提供可再生能源电力对保护环境有利，有利于减少雾霾的发生。可再生能源电力产业的生产成本明显高于传统的煤电能源企业，所以如果没有政府人为干预的话，可再生能源企业必然处于劣势地位，无法与传统的常规能源的电力企业直接竞争。因此，将可再生能源的外部性的内部化问题，使得政府的电价补贴就成为必要。但实际中，可再生能源全额保障性收购和电价补贴政策无法落实到位，补贴资金缺口不断增大。据估算，截至2016年上半年，可再生能源补贴的资金缺口累计达到550亿元，2017年缺口会突破1 000亿元。因此，为促进可再生能源的开发利用，科学评估各地区可再生能源电力产业的实际发展状况，确保实现国家2020年、2030年非化石能源占一次能源消费比重分别达到15%和20%的战略目标，就有必要对中国可再生能源电力产业的电价补贴政策及绩效进行实证评价。

3.5.2 指标设计和数据来源

（1）指标设计

第一，被解释变量。可再生能源电力产业发展状况的评价指标可以是可再生能源电力产业的发电量、装机容量、并网装机容量，甚至可以是可再生能源弃电量等。本书选取可再生能源的发电量作为衡量中国可再生能源电力产业发展状况的指标。用 $kzsf$ 表示可再生能源的发电量，作为被解释变量，代表可再生能源电力产业开发和利用的实际情况。但应注意，可再生能源电力产业的发电量和真正并网消纳的电量还是有区别的。比如根据国家能源局对外公布的2015年可再生能源开发利用的年度监测和评价结果，到2015年底，全国含水电的可再生能源发电量为13 767亿千瓦，其中，水电发电量为10 985亿千瓦时，风电发电量为1 863亿千瓦时，而2015年包含水电全部可再生能源电力并网消纳量为 13 625 亿千瓦时，2015 年弃风限电形势仍然严峻。另外，由于获得可再生能源电力产业的发电量的相关数据很难获得，本书采用中国统计年鉴中的全国发电量减去火力发电量的数值，来表示可再生能源发电量。

第二，解释变量。用变量 $djbt$ 代表电力补贴。可再生能源电力补贴的资金，主要来源于全国征收的可再生能源电价附加，根据《可再生能源法》的规定，除了西藏地区外，其他各类用电全部销售电量，包括自备电厂用户和向发电厂直接购电的大用户均应被收取可再生能源电价附加，用以补贴电网企业。这种补贴表面上给了电网企业，实质上是给了可再生能源发电企业的补贴，以弥补可再生能源高于常规能源的发电成本。可再生能源附加 2006 年的标准是每度电开征 1 厘钱，2007 年提高到 2 厘/千瓦时，2009 年提到 4 厘/千瓦时，2011 提高到 8 厘/千瓦时，2013 年提高到 15 厘/千瓦时。虽然可再生能源电价附加征收标准有所上调，但由于可再生能源电量增速，比全社会用电量增速快得多，且电价附加征收标准调整周期相对较长，可再生能源补贴缺口金额逐年扩大。

用 dtz 代表电力投资。本书因为电力、蒸汽、热水生产和供应业投资指标中电力投资为绝对主体，所以用电力、蒸汽、热水生产和供应业投资指标代替电力投资指标，体现了地方的电力投资状况。

用 gdp 代表地区国内生产总值，体现了不同省（市）地区的经济发展状况和水平。

用 jrz 代表地区的金融业增加值。金融业增加值的快速增长体现了金融深化的过程，金融业真正的增加值在于其对实体经济的支持力度。

用 $czsr$ 代表地方财政一般预算收入，财政预算收入是指政府凭借国家政治权力，以社会管理者身份筹集以税收为主体的财政收入，主要用于保障和改善民生、维持国家行政职能正常运转、保障国家安全等方面。

（2）数据来源

由于中国在可再生能源方面数据的有限性，可再生能源电力产业发展方面的数据主要从 2006 年开始统计。另外，主要统计了除了台湾地区的 31 个省（直辖市、自治区）的相关数据。具体来说，本书采用 2006~2015 年共计 10 年的全国除台湾地区 31 个省（直辖市、自治区）的可再生能源电力产业的发电量、电力补贴、电力投资、地区国内生产总值、金融业增加值和地方财政预算收入的数据构建面板数据。本书使用的数据主要来自 2006~2015 年《中国统计年鉴》《中国工业统计年鉴统计年鉴》以及国家能源局的数据计算和整理而得。

（3）实证分析与结果

第一，基本假定。

假设 1：可再生能源电力产业的发展与地区电价补贴政策之间正相关。

假设 2：可再生能源电力产业的发展与地区电力投资之间正相关。

假设 3：可再生能源电力产业的发展与地区经济发展状况之间正相关。

假设 4：可再生能源电力产业的发展与地区金融业发展状况之间正相关。

假设 5：可再生能源电力产业的发展与地区财政收入之间正相关。

第二，基本模型。

根据研究假设，建立如下模型：

模型一：$ln(kzsf)_{it} = c_{it} + \beta_1 djbt_t + \beta_2 ln(dtz)_{it} + \beta_3 lnczsr_{it} + \mu_{it}$

模型二：$ln(kzsf)_{it} = c_{it} + \beta_1 djbt_t + \beta_2 lngdp_{it} + \beta_3 lnczsr_{it} + \mu_{it}$

模型三：$ln(kzsf)_{it} = c_{it} + \beta_1 djbt_t + \beta_2 lnjrz_{it} + \beta_3 lnczsr_{it} + \mu_{it}$

式中 $i = 1, 2, 3, \cdots, 31$　$t = 1, 2, \cdots, 10$。$ln(kzsf)_{it}$ 代表可再生能源电力产业的发展状况，定义为 i 省份 t 期的可再生能源发电量的自然对数形式；$djbt_t$ 为 t 期的电力补贴水平；$lndtz_{it}$ 为可再生能源电力投资；$lngdp_{it}$ 为 i 省份 t 期的地区经济发展水平；$lnjrz_{it}$ 为 i 省份 t 期的地区金融业的发展水平；$lnczsr_{it}$ 为地方政府的财政收入水平；u_{it} 为误差项。

第三，全国样本回归及结果。

一是序列平稳性检验。如果面板数据中有的序列不平稳，就不能对序列直接进行进行回归，应该首先对序列进行平稳性检验。面板数据的单位根检验主要有：Lean、Lin 和 Chu 提出的 LLC 检验法（1992，1993，2002）；Im、Peseran 和 Shin 提出的 IPS 检验法（1995，1997，1999）；Maddala 和 Wu（1999）、Choi（2001）提出的 ADF 和 PP 检验等检验方法。经平稳性检验，$ln(kzsf)$、$ln(dtz)$、$ln(gzj)$、$ln(jrz)$、$ln(czsr)$ 是平稳性的（见表 3 - 1），经过 LLC、ADF 和 PP 等四种检验方法检验的 p 值基本都小于 0.05，所以这些序列接受没有单位根的假设，则序列 $ln(kzsf)$、$ln(dtz)$、$ln(gzj)$、$ln(jrz)$、$ln(czsr)$ 是平稳的。

表 3 - 1　　　　　　　　　序列平稳性检验结果

序列	指标	Levin, Lin & Chu t^*	Im, pesaran and Shin W - stat	ADF - Fisher Chi - square	PP - Fisher Chi - square
$ln(kzsf)$	Statistic	-11.7599	-2.21555	103.914	102.280
	Prob.	0.0000	0.0134	0.0001	0.0001
$ln(dtz)$	Statistic	-7.784	-0.91719	76.9348	86.9176
	Prob.	0.0000	0.1795	0.0219	0.0030
$ln(gdp)$	Statistic	-15.6043	-6.04070	134.817	260.917
	Prob.	0.0000	0.0000	0.0000	0.0000
$ln(jrz)$	Statistic	-10.0127	-1.83404	88.4169	152.358
	Prob.	0.0000	0.0333	0.0022	0.0000
$ln(czsr)$	Statistic	-14.7997	-3.67085	98.8490	169.760
	Prob.	0.0000	0.0001	0.0002	0.0000

二是影响模式的选择。在保证面板数据的序列平稳的情况下，本书用 Eviews6.0 软件对相关面板数据进行计量分析。首先采用 F 检验进行混合数据模型和固定效应模型的选择，其次采用实际经济的内涵分析或 Hausman 检验，进行随机效应模型和固定效应模型的选择。最后再进行回归分析。

①通过 F 值检验选择固定效应模型，建立如下假设：

H0：不同个体的模型截距项相同（建立混合估计模型）；

H1：不同个体的模型截距项不同（建立个体固定效应模型）。

统计量定义为：$F = [(SSEr - SSEu)/(T + k - 2)]/[SSEu/(NT - T - k)]$

其中，$SSEr$、$SSEu$ 分别表示约束模型（混合估计模型的）和非约束模型（个体固定效应模型的）的残差平方和（Sum Squared Resid）。通过 F 统计量，我们可选择准确、最佳的估计模型（计算结果详见表 3-2）。

表 3-2　　　　　　　　　F 值检验选择固定效应模型

F - Test	SSEr	SSEu	F	是否选择固定效应模型
模型一	513.258	70.59973	169.08	是
模型二	747.4697	64.52738	286.11	是
模型三	849.6942	68.05232	310.16	是

以模型一为例，混合效应模型回归结果中的 $SSEr = 513.2580$，个体固定效应模型回归结果中的 $SSEu = 70.59973$，而时间 $T = 10$，解释变量个数 $K = 3$，截面数据个数 $N = 31$，经过计算得 $F = 169.08$，在固定效应和混合效应模型之间，选择固定效应模型。经查表和计算可得，当 $\alpha = 0.05$ 时，$F_\alpha(T-1, N-T-k) = 1.911$，而 $F = 169.08$，所以 F 值均大于 $F_\alpha(T-1, N-T-k)$，所以拒绝原假设，应该建立个体固定效应模型。因此，三个模型的 F 值检验结果表示应该选择固定效应模型。

②由于固定效应模型中表示比较的只是选中样本，没有推广到其他的总体；而随机效应模型，表示比较的不只是选中样本，而是通过对选中样本比较，推广到它们所能代表的总体中去。本书研究重点是比较全国除了港澳台之外的 31 个省（自治区、直辖市）的总体经济规律，所以直接从数据本身性质的经济含义出发，应该选择固定效应模型。

三是数据分析与结果。本书在实证分析过程中，使用截面加权估计的方法。横截面的异方差与序列自相关性是运用面板数据模型时可能遇到的最为常见的问题，此时运用 OLS 可能会产生结果失真，因为本书的横截面个数 31 大于时序个数 10，所以适合采用截面加权估计法（Cross Section Weights，简称 CSW）。

①模型一的分析结果。

模型一的回归模型为：

$$ln(kzsf)_{it} = 1.391304 + 0.024031djbt_t + 0.21046ln(dtz)_t + 0.285792ln(czsr)_{it}$$
$$T = (3.800352) \quad (3.839607) \quad (4.655582) \quad (4.035842)$$

模型一的 $R^2 = 0.971655$，调整后的 $\overline{R^2}$（表示修正的可决系数）= 0.968266，拟合优度很高，说明模型在整体上线性回归的拟合很好（见表 3-3）。同时 $F = 286.6988$（$P = 0.000000$）也通过了 F 检验。但是 $dgbt$ 的回归系数显著，所以接受假设 1，但是相关系数较小，只有 0.024031，这说明电价补贴的水平对可再生能源电力产业的发展影响较小，而电力投资和地方财政收入相关系数分别达到 0.210460 和 0.285792，表明电力投资和地方财政收入对可再生能源电力产业的发展影响较大，接受假设 2 和假设 5。

表 3-3　　　　　　　　模型一的全国实证分析结果

Variable	Coefficient	Std. Error	t – Statistic	Prob.
C	1.391304	0.366099	3.800352	0.0002
电价补贴 $dgbt$	0.024031	0.006259	3.839607	0.0002
电力投资 $ln(dtz)$	0.210460	0.045227	4.655582	0.0000
地方财政收入 $ln(czsr)$	0.285792	0.070813	4.035842	0.0001
R – squared	0.971655	F – statistic		286.6988
Adjusted R – squared	0.968266	Prob (F – statistic)		0.000000

②模型二的分析结果。模型二的回归模型为：

$$ln(kzsf)_{it} = -6.118841 + 0.021047djbt_t + 1.746822ln(gdp)_{it} + -0.767985ln(czsr)_{it}$$
$$T = (-4.728079) \quad (3.068200) \quad (6.895231) \quad (-4.678544)$$

模型二的 $R^2 = 0.977579$，调整后的 $\overline{R^2}$（表示修正的可决系数）= 0.974898，拟合优度很高，说明模型在整体上线性回归的拟合很好（见表 3-4）。同时，$F = 364.6666$（$P = 0.000000$）也通过了 F 检验。$dgbt$ 回归系数的 T 值显著，说明可再生能源电价补贴政策对风能的快速发展具有明显的正相关关系，接受假设 1，但相关系数仍然较小，表明可再生能源的电价补贴政策对可再生能源电力产业的发展的影响仍然较小,影响弹性为 0.021047。$ln(gdp)$ 的回归系数的 T 值非常显著,说明地区经济发展状况和可再生能源电力产业的快速发展具有显著的正相关关系,接受假设 3,且相关系数很大,达到 1.746822,表明地区经济发展状况对可再生能源电力产业的影响很大。值得注意的是当地方财政收入和地方经济发展水平同时作为解释变量进行分析的时候,地方财政收入对可再生能源电力产业的影响为负相关,这说明在考虑地方经济发展水平的情况下,地方的财政收入的增加会带来可再生能源产量的减少,这时拒绝假设 5。

表 3 – 4 模型二的全国实证分析结果

Variable	Coefficient	Std. Error	t – Statistic	Prob.
C	– 6.118841	1.294149	– 4.728079	0.0000
电价补贴 $dgbt$	0.021047	0.006860	3.068200	0.0024
地方经济发展状况 $ln(gdp)$	1.746822	0.253338	6.895231	0.0000
地方财政收入 $ln(czsr)$	– 0.767985	0.164150	– 4.678544	0.0000
R – squared	0.977579	F – statistic		364.6666
Adjusted R – squared	0.974898	Prob (F – statistic)		0.000000

③模型三的分析结果。模型三的回归模型为:

$$ln(kzsf)_{it} = 1.488949 + 0.013998djbt_t + 0.301550ln(jrz)_{it} + 0.190377ln(czsr)_{it}$$
$$T = (3.880486) \quad (1.972758) \quad (3.409688) \quad (1.976285)$$

模型三的 $R^2 = 0.970620$,调整后的 $\overline{R^2}$(表示修正的可决系数)= 0.967107,拟合优度很高,说明模型在整体上线性回归的拟合很好(见表 3 – 5)。同时 $F = 276.3049$($P = 0.000000$)也通过 F 检验。$dgbt$ 回归系数的 T 值显著,说明可再生能源电价补贴政策对风能的快速发展具有明显的正相关关系,接受假设 1,但相关系数仍然较小,表明可再生能源的电价补贴政策对可再生能源电力产业的发展的影响仍然较小,影响弹性为 0.013998。$ln(jrz)$ 回归系数的 T 值显著,说明地方金融业的发展对可再生能源电力产业的快速发展具有明显的正相关关系,接受假设4,且相关系数较大,说明地方金融业的发展对可再生能源电力产业的发展的影响仍然较大,影响弹性为0.301550。

表3-5　　　　　　　　模型三的全国实证分析结果

Variable	Coefficient	Std. Error	t - Statistic	Prob.
C	1.488949	0.383702	3.880486	0.0001
电价补贴 dgbt	0.013998	0.007096	1.972758	0.0495
地方金融业发展状况 $ln(jrz)$	0.301550	0.088439	3.409688	0.0007
地方财政收入 $ln(czsr)$	0.190377	0.096331	1.976285	0.0491
R - squared	0.970620	F - statistic		276.3049
Adjusted R - squared	0.967107	Prob (F - statistic)		0.000000

第四,分区域回归及结果。改革开放以来,中国的一部分地区先富裕起来,引起了中国区域经济发展的不平衡。而区域经济发展不平衡造成了区域电力投资、地方经济发展水平、地方财政输入、地方金融业发展状况的区域性差异。因此,本书在对全国面板数据进行固定效应模型的回归分析后,为了分析中国区域差异对可再生能源电力产业发展的影响,参考了《中国统计年鉴》和国家西部大开发战略中的区域划分,进一步将全国划分为三大区域:东部、中部、西部地区。东部地区包含北京市、天津市、河北省、辽宁省、上海市、江苏省、浙江省、福建省、山东省、广东省、海南省11个省(市);中部地区包含山西省、吉林省、黑龙江省、安徽省、江西省、河南省、湖北省、湖南省8个省;西部地区包含内蒙古自治区、广西壮族自治区、重庆市、四川省、贵州省、云南省、西藏自治区、陕西省、甘肃省、青海省、宁夏回族自治区、新疆维吾尔自治区12个省(市、自治区)。由于数据的关系,仍然没有分析港澳台地区。

首先仍然对东部地区、中部地区和西部地区的序列进行平稳性检验,所有序列在10%的水平上都通过平稳性检验。因为分区域研究仍然是以研究的样本为基础,不扩展到所有的样本,所以分区域采用2006~2015年的面板数据进行固定效应分析。因此，分区域研究的固定效应分析的过程由于篇幅的原因省略了，分区域的实证分析结果具体显示在表 3-6、3-7、3-8 中。

表 3-6　　　　　　　　模型一的分区域实证分析结果

变量	东部地区		中部地区		西部地区	
	Coefficient	Prob.	Coefficient	Prob.	Coefficient	Prob.
电价补贴水平 $dgbt$	0.011028 (0.697378)	0.4873	0.046428 (3.064590)	0.0031	0.026288 (3.847218)	0.0002
电力投资 $ln(dtz)$	0.263637 (1.545755)	0.1255	0.273966 (2.176162)	0.0330	0.043908 (0.795881)	0.4279
地方财政收入 $ln(czsr)$	0.298426 (1.607704)	0.1112	-0.107471 (-0.630036)	0.5308	0.430260 (5.037385)	0.0000
C	0.394310 (0.307570)	0.7591	3.192425 (4.332472)	0.0000	2.254386 (6.161014)	0.0000
R-squared	0.945595		0.974927		0.975116	
F-statistic	128.3494		268.2938		293.8931	
Prob (F-statistic)	0.000000		0.000000		0.000000	

表 3-7　　　　　　　　模型二的分区域实证分析结果

变量	东部地区		中部地区		西部地区	
	Coefficient	Prob.	Coefficient	Prob.	Coefficient	Prob.
电价补贴水平 $dgbt$	0.014967 (0.893554)	0.3738	0.039262 (2.682209)	0.0091	0.020329 (2.510235)	0.0136
地方经济发展状况 $ln(gdp)$	2.515909 (4.004935)	0.0001	1.340975 (2.059155)	0.0433	0.909981 (2.623939)	0.0100
地方财政收入 $ln(czsr)$	-1.276392 (-3.146219)	0.0022	-0.727433 (-1.761135)	0.0826	-0.1330910 (-0.568414)	0.5710
C	-10.85148 (-3.148467)	0.0022	-3.212410 (-0.983856)	0.3286	-1.709129 (-1.064934)	0.2893
R-squared	0.957787		0.970178		0.976174	
F-statistic	167.5522		224.4738		307.2827	
Prob (F-statistic)	0.000000		0.000000		0.000000	

表 3-8　　　　　　　　模型三的分区域实证分析结果

变量	东部地区		中部地区		西部地区	
	Coefficient	Prob.	Coefficient	Prob.	Coefficient	Prob.
电价补贴水平 $dgbt$	0.022575 (1.420458)	0.1587	0.042941 (2.861162)	0.0056	0.016252 (1.452305)	0.1494
地方金融业发展 状况 $ln(jrz)$	0.804230 (3.596875)	0.0005	0.209391 (1.124651)	0.2646	0.149139 (1.161729)	0.0248
地方财政收入 $ln(czsr)$	-0.391795 (-1.413571)	0.1607	-0.118830 (-0.548882)	0.5849	0.392970 (-3.452796)	0.0008
C	1.449979 (1.184006)	0.2393	3.583088 (4.918517)	0.0000	2.002626 (4.376498)	0.0000
R-squared	0.939565		0.973182		0.973430	
F-statistic	114.8070		250.3887		274.7686	
Prob（F-statistic）	0.000000		0.000000		0.000000	

总体来看，东部、中部和西部地区的差异还是比较显著的，具体结论如下：

一是可再生能源电价补贴。虽然东部、中部、西部的结果接受假设1，但可再生能源电价补贴政策从总体上对可再生能源电力产业的促进作用较小，具体在中部地区比较显著，而在东部地区不显著，在西部地区的显著性较弱。这符合中国的可再生能源分布情况和区域性特点，中国电力负荷中心主要集中在中东部，可再生能源电力的消纳能力较强，中国中东部地区火电价格和可再生能源电力比如风电上网价格之差小，同样的，电价补贴在中东部地区可以支持更多的可再生能源发展，因此中国的中部地区比如黑龙江、山西等都是能源大省。电价的补贴对中部地区的省的可再生能源电力产业的发展影响较大，而东部地区属于中国经济相对发达的地区，企业的投资途径较多，因此，这些地区的可再生能源资源的电价补贴政策对促进作用很小。西部地区的可再生能源的资源禀赋状况较好，但是由于地区经济发展水平较低，对西部边远地区的政策扶持不够，中国现有的电价补贴政策虽然直接推动了可再生能源技术的进步和生产规模的扩大，促进了地区经济的发展和农牧民生活条件的改善，但是对于鼓励和支持贫困地区、偏远地区的可再生能源利用的力度还远远不够。

二是地区电力投资。中部地区的电力投资促进了可再生能源电力产业的发展，西部的结果接受假设 2，东部地区的电力投资对可再生能源电力产业的促进作用不显著，西部地区的电力投资对可再生能源电力产业的促进作用更不显著，东部和西部的结果都拒绝假设 2。目前的电力技术还不能满足可再生能源大规模开发和远距离输送的要求，因此考虑到可再生能源电力的消纳能力，中部地区电力投资中的可再生能源电力投资不断提升，有力地促进了可再生能源电力装机容量的增加。而西部地区和东部地区里的东北地区的电力投资中的可再生能源电力投资不断下降，使得这些地区的可再生能源电力装机容量的增速放缓。这体现了国家控制可再生能源电力大基地装机节奏，支持可再生能源电力资源不太丰富的中部地区发展低风速风电场等可再生能源电力，倡导分散式开发可再生能源电力。

三是地区经济发展水平。东部、中部、西部的结果都接受假设 3，东部地区大多数是经济相对发达的地区，经济发展水平较高的东部地区的电力需求也较多，因此，对可再生能源电力产业发展的促进作用最为显著。而经济发展水平相对于落后的中部地区的电力需求量也较少，对可再生能源电力产业发展的促进作用比较显著。而与中东部相比的西部地区，其最低经济发展水平虽然也能促进可再生能源电力产业的发展，但是显著性相对最弱。

四是地区金融业发展状况。地方金融作为中国金融体系中的一部分，自 20 世纪 80 年代以来，获得了长足发展，并日益成为促进地方经济发展的主力军。东部地区的金融业较为发达，能够对可再生能源电力产业有更好的支持作用，对可再生能源电力产业发展的促进作用非常显著，因此，东部地区的结果接受假设 4。中西部地区面临着金融生态环境欠佳、金融开放扩大、地方金融体系不健全、创新能力差、竞争力弱等挑战，西部地区在国家西部大开发战略的影响下，西部地区的金融业对可再生能源电力产业也有较好的支持作用，对可再生能源电力产业的促进作用比较显著，因此西部地区的结果也接受假设4。但中部地区的金融业发展较为落后，对可再生能源电力产业的促进作用不显著，因此中部地区的结果拒绝假设4。

五是地区财政收入。西部地区的地方财政收入对可再生能源电力产业的促进作用比较显著，因此西部地区的结果接受假设5，这主要体现在西部地区地方政府财政税收支持对可再生能源电力产业发展的重要作用，西部地区的可再生能源的资源条件较好，风电、太阳能光伏发电对土地品质要求低，西部地区的沙漠、煤炭塌陷区、盐碱地等都可以被有效利用。通常，太阳能光伏电站建设的土地面积约700平方公里，因为西部地区的用地成本更低，显著优于东部地区，所以西部地区具有在生产要素方面综合成本低的比较优势。因此，新疆、甘肃、青海等西部地区的地方政府更愿意大力支持光伏发电等可再生能源电力产业的发展。中部地区的地方财政收入对可再生能源电力产业的促进作用不显著，这体现在中部地区的可再生能源电力产业的资源禀赋不如东部和西部地区，并且地方政府对可再生能源电力产业发展的财政税收支持力度也不够，不能显著地促进可再生能源电力产业的发展，因此，中部地区的结果拒绝假设5。东部地区的地方财政与可再生能源电力产业之间的估计系数为负值，这主要是因为虽然东部地区的风能等可再生能源的资源条件也比较好。东部地区的地方财政收入比中西部地区整体水平高，但随着东部地区的水资源、土地、电力等生产要素价格的不断攀升，东部地区逐渐失去可再生能源电力产业发展的竞争力同时面临水污染、空气污染、能源消耗等资源环境约束，地方政府的财政收入虽然增加，但其与可再生能源电力产业的发展之间呈反向变动关系，因此，东部地区的结果也拒绝假设5。

（4）研究结论

利用2006~2015年中国31个省级面板数据进行分析，可以得出以下主要结论：

①目前，中国对可再生能源电力产业的电价补贴政策从总体上对可再生能源电力产业的发展都起到促进作用，但是经实证分析，电价补贴政策对可再生能源电力产业的影响比较小。由于电价补贴缺口在逐年扩大，并且补贴

还经常不能及时到位，这些都影响了对可再生能源电力产业的促进作用，说明对可再生能源的电价管制政策还需要调整和改变。

②总体来说，电力投资的水平对可再生能源电力产业的发展具有正向影响，而分区域来说，只有中部地区的省市加大电力投资中可再生能源电力的投资，而中西部地区由于电力消纳困难，可再生能源电力的投资力度在降低。

③中国经济的快速发展对于可再生能源电力产业发展的促进作用是显著的，而且越发达的地区，其对可再生能源电力产业的促进作用越大。

④从全国来看，地方金融业的发展对可再生能源电力产业发展的促进是显著的，但是经济越发达地区的金融业的发展，对可再生能源电力产业的促进作用越大。

⑤由于西部地区资源禀赋较好并具有生产成本的优势，地方财政收入的增加对可再生能源电力产业的发展有促进作用，但是东部地区的高成本的劣势以及中部地区资源禀赋的劣势，影响了地方财政收入对可再生能源电力产业的促进作用。

3.6 可再生能源电力产业现行主要价格政策存在的主要问题

中国针对可再生能源发电收取电价附加费，以弥补财政支出的补贴方式，几乎与德国的方式完全相同。根据我国财政部的公开数据显示：2014年可再生能源电价附加收入决算数为491.38亿元，完成预算的104.5%；支出决算数为508.17亿元，完成预算的96.1%；在总支出中，中央本级支出401.07亿元，补助风力发电275亿元，补助生物质能发电74.07亿元，补助太阳能发电52亿元。在长期巨额发电补贴的支持之下，中国可再生能源的发展出现了飞跃性的进步。

根据国家能源局数据显示，截至2014年上半年，中国可再生能源发电装机超过全部发电装机的 30%，可再生能源发电量超过全部发电量的 20%，中国已成为全球可再生能源利用规模最大的国家。当然，这里所指的可再生能源不仅包括当时装机容量分别为 8 300 万千瓦和 2 200 万千瓦的风电和光伏，还包括当时装机容量高达 2.9 亿千瓦的水电。如果除水电，2014 年风能、太阳能、生物质能、地热能这些非水能的可再生能源发电量，占全部发电量还不到 4%。想要实现"2020 年非化石能源在一次能源消费的比重占 15%"这一目标，目前看仍然十分困难。中国目前通过建立可再生能源基金，以全网分摊的方式进行补贴，有力地促进了可再生能源的发展，但面临的问题也值得重视。

3.6.1　价格体制单一，行政审批色彩浓重

目前，国家对于可再生能源电力产业采取按行业、按地域的固定价格模式，没有考虑个体、地域以及技术发展的实际情况。这种固定价格模式下，项目经营者不再承担经营风险，降低了投资者的风险，从而也导致了投资者技术创新意愿下降。此外，固定定价模式并没有反映可再生能源行业项目运行初期成本高、运行后期成本变小的特点，结果造成了补贴资金额度无效使用。以张家口地区为例，光伏发电上网电价目前约为 0.95 元，但因成本下降等原因，据测算，坝上地区新建项目的电价在 0.82～0.85 元之间也能盈利。最后，由于目前的价格体制主要依靠政府补贴，行政审光伏电站批色彩浓重，成本低，技术好的光伏风电项目得不到立项，造成资源浪费，阻碍了技术的发展。

3.6.2　战略意识不足，政策强制性不足

目前，中国再生能源产业发展还存在战略意识不足的问题，没有将可再生能源电力产业当战略产业来看待，而是仅仅关注眼前或是局部利益，由此

造成了中国可再生能源电力产业创新能力不足,缺乏长远发展思路,核心技术受制于人的问题。造成这种问题的主要原因是:一方面可再生能源产业成本高,缺乏市场竞争力,需要政府提供大额补贴;另一方面是政策强制性不足,配套措施不健全。中国于 2006 年起正式实施《可再生能源法》,但是该法的出台只是原则性、指导性的,缺乏强制性目标的要求。

3.6.3 可再生能源电价附加无法足额征收

目前,中国可再生能源补贴的资金来源为全国征收的可再生能源电价附加,始征于 2006 年,图 3-1 表示 2006~2016 年可再生能源电价附加及累计的补贴缺口的金额。按规定,可再生能源电价附加除了西藏地区免收外,其他各类用电企业应全部销售电量,包括自备电厂用户和向发电厂直接购电的大用户均应被收取。2006 年中国的《可再生能源法》生效,规定了向全国的消费者(个别农业用电除外)征收可再生能源电价附加的形式取得的资金,用以补贴接受了风能和太阳能等可再生能源的电网企业的损失。而这种补贴

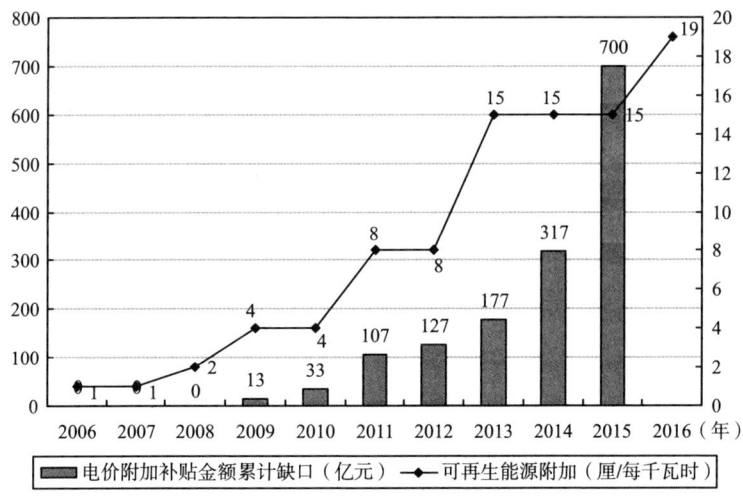

图 3-1 2006~2016 年可再生能源发电的电价附加及累计补贴缺口金额

资料来源:根据国家发展和改革委员会公布的数据整理。

表面上给予电网企业补贴，但是其实质上是给予可再生能源发电企业补贴，以弥补可再生能源发电的成本高于传统的常规能源的成本，促进可再生能源电力产业的长远发展。如图3-1所示，2006年的标准是每度电1厘钱。2008年调整至2厘/千瓦时，2009年调整至4厘/千瓦时，2011年调整至8厘/千瓦时（但居民生活用电维持在1厘/千瓦时的水平）。2013年调整至15厘/千瓦时，2016年的新标准是每度电1.9分钱。

据估算，2015年全国可再生能源补贴拖欠额总计在700多亿元以上，且通常拖欠期限达2~3年之久。可再生能源电价附加征收标准提高虽然有利于行业发展，但及时发放补贴资金则更为重要和紧迫。值得注意的是，2010年后可再生能源电价补贴延迟发放的时间越来越长，已经造成严重拖欠，企业之间形成了大量"三角债"。

2012年以前的补贴缺口目前仍未注入企业，而新的可再生能源补贴缺口却在同步扩大。原本是为呵护行业成长、为企业减负而生的可再生能源补贴，正以一种另类的方式成为企业的负担。可再生能源电价补贴拖欠的消极效果远不止于增加公司财务负担。以风电为例，巨额的历史欠账已导致风电行业大量资金拖欠，产业债务严重。风力发电企业在背负沉重欠款包袱的情况下，一方面想方设法通过融资来保持资金链，但这会使资产负债率持续攀升；另一方面迫于无奈将资金压力逐步向上游的设备制造商转移，这已使风电产业出现了"三角债"现象，即政府欠风电企业补贴，而风电企业欠设备制造商货款，设备制造商欠零部件制造商货款，严重影响了可再生能源发电产业整体的健康发展。

3.6.4 已征收资金和实际需求之间存在较大缺口

中国可再生能源的发展主要依赖政府给予的发电补贴，补贴资金来源于从用电量中征收的可再生能源附加。随着风电光伏等新能源装机的快速发展，补贴缺口问题日益严重，已成为限制新能源发展的重要因素之一。根据我们的测算，2017年、2018年实收补贴与理论发放补贴的缺口已经高达678亿元、937亿元。而当前"三去一降一补"仍是中国重要的产业政策，在不推高下游用电成本的前提下，电网侧和燃煤发电侧均难以承担补贴的上涨。此外，提高补贴也不利于推动新能源平价上网，也与电力体制改革推进电力市场化的精神相悖。当前时点国家需要规划建立一套辅助机制，在缓解新能源发电企业经营压力的同时引导新能源产业加快向平价上网转型。

一直以来，受限于中国"富煤贫油少气"的矿产资源格局，中国电力供应长期以煤电为主，煤炭在一次能源消费比重中占比约64%。为了改善能源消费结构，实现经济与社会的可持续发展，中国需要大力发展可再生能源。而发展可再生能源需要大量的资金和技术投入，这就需要政府给予相应的扶持和补贴。

尽管可再生能源电价附加近些年快速增长，但由于近年来可再生能源电量增速远高于全社会用电量增速，且电价附加征收标准调整周期相对较长，中国可再生能源补贴缺口金额逐年扩大。从2009年开始就一直入不敷出，已征收资金和实际补贴需求的缺口越来越大。据不完全统计，2009年全国可再生能源电价附加缺口为13亿元，2010年缺口20亿元。2012年年中，国家发展和改革委员会、财政部、国家能源局联合对全国可再生能源电价附加费的分配情况进行摸底，结果显示，截至2011年底，中国可再生能源电价补贴资金缺口高达107亿元。除了2012年之前的累计107亿元，2012年、2013年、2014年中国可再生能源补贴缺口分别为20亿元、50亿元和140亿元左右。总体来说，实现"十二五"规划目标的可再生能源专项资金的保障能力严重不足。

到2015年，风电将产生电量2 000亿千瓦时，约需补贴400亿元；光伏发电装机3 500万千瓦，当年产生电量500亿千瓦时，按每千瓦时0.5元计算，需补贴250亿元；生物质发电装机1 300万千瓦，电量700亿千瓦时，需补贴280亿元；电网接入还需补贴100亿元。以上合计，2015年补贴资金不少于1 000亿元。据估算，即使做到所有应该征收的都能够征收，2015年当年可用于可再生能源电价补贴的资金为 480 亿元左右,仍存在 500 多亿元的资金缺口。可再生能源电力产业的快速发展,造成补贴资金大量缺口。企业补贴收入长期不到位,容易引发系统性风险。以风电行业为例,其电费结算价格为 0.54 元/度,其中,补贴资金为 0.12 元/度,补贴收入占总收入比例为 22%;光伏行业补贴收入占比更高,其电费结算价格在 0.98~1.2 元/度,其中,补贴收入达 0.56~0.78 元/度,补贴占比高达 40% 以上。补贴资金的长期不到位严重限制了可再生能源产业的发展。

中国可再生能源发电补贴来源主要依靠财政拨款及电费附加费。目前,中国电费附加费已从 2 厘钱/千瓦时提高到 8 厘钱/千瓦时,电费附加费的上涨对售电端电费价格上涨产生了巨大压力。目前,国家发展和改革委员会明确可再生能源补贴的征收范围主要来自除居民生活和农业生产以外的其他用电产业。我们在补贴额度的测算中主要考虑第二及第三产业用电量的贡献。此外,根据相关部门预测,到 2016 年中国可再生能源补贴资金将达 1 466 亿元,而征收的电费附加费为 502 亿元,产生资金缺口 581 亿元。根据财政部的统计,截至 2017 年底,可再生能源补贴累计缺口已达到 1 000 亿元。随着 2018 年可再生能源发电量的进一步增长,资金缺口可能进一步扩大。因此,可以说,中国目前现行可再生能源价格体制已经不再适应可再生能源电力产业的发展。

3.6.5 国家面临可再生能源发电成本等方面的信息不对称

如果完全满足 2015 年规划要求的可再生能源补贴需要,加上弥补拖欠的补贴资金,预计需要在每度电中征收 3 分钱左右。由于现在可再生能源标杆电价补贴,是依据企业所报的成本而人为测算的结果,企业上报的成本越高,越是可以获得高电价,但这里存在着严重的信息不对称,与理论模型的假设不同,管制者比较难以确定企业的实际成本。已定的可再生能源上网电价给可再生能源发电企业留出的利润超过了其他发电方式。可再生能源是一种随着规模扩大、边际成本下降较快的产业，而可再生能源上网电价调整往往具有滞后性和被动性。可以预见，未来会有很多资金投向可再生能源，国家规划的规模可能被大幅度突破。根据国家发展和改革委员会学者刘树杰研究结论表明：电价每上涨10%，会使CPI上涨0.7%，这意味着电价补贴将会带来可再生能源电价上涨的压力，有可能会增加各行业的生产和销售成本，进一步增大通货膨胀的压力，这将极大地影响企业的竞争力，也会冲抵国家结构性减税等措施给企业的优惠。

另外，现有的补贴机制可能会大幅增加财政补贴负担。可再生能源项目大部分是地方核准，电价补贴却是由全网分摊。目前，有关部门正在研究的可再生能源电力产业的发展政策中，准备根据可再生能源电力产业发展的需要，及时调整可再生能源电价附加征收标准，可利用财政预拨的办法，解决电网不能及时向可再生能源企业拨付补贴的问题。总体上，这些政策是积极的，但也会给让企业形成预期，即只要进行可再生能源发电项目，国家就会给补贴；补贴资金即便不到位，财政也会用预拨的方式补充。考虑到可再生能源电价上涨往往还会受各种因素的影响出现滞后，如通货膨胀压力、企业竞争压力等。在未来几年，财政增支减收因素增多的情况下，这会给国家财政带来较大负担。

3.6.6　并网消纳问题始终制约中国可再生能源发电产业发展

大力发展可再生能源带来的一系列现实问题，已经为风能、太阳能的进一步发展带来不良影响。"十二五"期间过分强调装机规模而忽略发电量，造成了严重的"弃风电""弃光电"问题。中国可再生能源的装机规模快速增长，截至2014年底，并网风电量达9 581万千瓦，并网太阳能发电达2 652万千瓦，水电达30 183万千瓦，但是设备年利用小时数不断下降，部分地区由于电网无法足额消纳，弃水电、弃风电、弃光电问题日趋严重。2014 年中国风电、水电等产业都在大量弃电，弃掉的电量相当于比较小的中等发展中国家一年的用电量。国家能源局公布的数据显示，2014 年中国风电平均弃风电率高达 8%。2014 年中国风电累计并网装机容量达到 9 637 万千瓦，占全部发电装机容量的 7%；风电上网电量 1 534 亿千瓦，占全部发电量的 2.78%；在弃风限电情况有所好转的情况下，全国风电平均弃风率仍有 8%。尽管光伏发电累计装机容量和发电量均显著低于风电，但弃光电现象却十分突出。这些都已经成为长期影响中国可再生能源发电产业健康发展的主要矛盾。

当然，实际上中国新能源补贴的支出存在一定滞后性，相关发电项目均必须纳入可再生能源补贴名录才有资格获得补贴，但一般获得资格后延迟支付的补贴也会给予发放。按照相关测算，在不考虑限电的情况下，中国每年需要向前七批可再生能源补贴目录中的所有项目支付 1 030 亿元补贴（第七批尚未完全落实）。无论考虑哪个口径，当前可再生能源补贴机制的缺口依然很大，难以为继。从前六批目录所涵盖的新能源装机占比来看，仍有较大比例的新能源装机（尤其是光伏）尚未获得相应补贴，企业经营面临较大压力。

而造成可再生能源发电难以并网的原因就是电价管制政策方面存在问题。根据国家能源局有关数据显示，在 2014 年中国的总发电量中，可再生能源发电，比如光伏、风电等可再生能源在发电总量中占比没有提高。自 2015 年以来，可再生能源消纳形势更加严峻，可再生能源与常规能源之间的运行矛盾不断加剧。大量的弃风电、弃光电现象造成了可再生能源资源的巨大浪费。很多风电、光电等低碳绿色资源无法及时被消纳，而这些可再生能源又高度依赖政府补贴，如果可再生能源电力无法上网，就会严重打击可再生能源发展的积极性和速度。以风电为例，欧洲风电上网电量可以达到电网供电量的 20% 以上，风电的波动性过大会给对欧洲电网调峰构成很大压力，而中国只有蒙西等少数地区才能达到这么高的上网比例，这也说明弃风问题不是技术问题，而是涉及利益分配的电价管制政策的问题。

3.7 对中国可再生能源电力产业现行主要价格政策的完善

随着国内可再生能源装机容量的快速发展，可再生能源的补贴缺口也越来越大。为此，尽管主管部门先后数次下调风电、光伏补贴标杆电价，并上调电价中的可再生能源附加费，但是依然无法弥补越来越大的可再生能源补贴缺口。"十三五"期间，在经济调整转型、能源需求放缓的背景下，风能和太阳能发展将面临更大的挑战，如并网不足导致弃风、弃光现象严重；缺乏有效机制保障可再生能源的环境效益。电力需求下降，财政资金不足，我们可以在以下方面提出建议。

3.7.1 促进电价补贴方式不断完善

（1）采用以补贴定规模的办法

中国应改革现有可再生能源的补贴办法，今后新上风电、太阳能发电、生物质能发电项目，应在补贴资金已经明确落实的情况下进行核准，没有落实补贴的项目不能接入电网。这将有利于防止电价补贴不到位，减小过度补贴产生的负面影响。同时，不再将可再生能源的规模作为对地方和企业的绩效考核标准。

（2）补贴规模应与经济发展形势相适应

为了落实"十二五"规划确定的各项可再生能源发展目标，有关部门和电网企业应通过可再生能源基金应收尽收、挖掘潜力来解决，不宜用财政资金代替电网预拨可再生能源补贴。

（3）建立单位补贴额度逐年降低的机制

为了提高有限补贴资金的绩效，对风能、太阳能发电应当普遍推行招标定价的方式，不再进行"高成本高补贴"的成本定价，而是通过竞争确定项目开发者并发现企业真实成本，减少信息不对称带来的影响，从而形成每千瓦时补贴额度逐年、逐批次降低的机制，使现有的补贴资金能够补贴尽可能多的电量，促进可再生能源上网价格尽快下降，达到常规电力的水平。

（4）电价补贴方式的改革

对于可再生能源电价补贴，近几年来财政资金的压力也不断加大。以光伏发电的金太阳项目为例，其补贴类型为投资性补贴，即对并网光伏发电项目原则上按光伏发电系统及其配套输配电工程投资的50%给予补助。2012年中央财政共拨付资金130亿元支持金太阳工程发展。在经过几年的试验后，金太阳工程中的种种问题逐渐表现出来，骗补和补后不建等道德风险问题层出不穷。因此，相关部门将金太阳工程"事前补贴"方式的投资性补贴，转向"事后补贴"电量定额补贴。其实，可再生能源电价补贴方式应该多样化，应根据实际情况将某些补贴方式由事前补贴变成事后补贴，以规避发电企业有可能出现的道德风险等问题。

3.7.2 促进电价补贴的充分性和及时性

可再生能源电价补贴和配额交易方案滞后，在电价附加存在资金缺口的省份，电网企业无法及时、足额支付本省补贴。主要原因是获取补贴需从地方财政、价格、能源部门开始进行初审，之后由财政部、国家发展和改革委员会、国家能源局进行审批，审批完后再进入目录，中央财政再拨付至地方财政，企业拿到补贴的时间有可能超过一年半。补贴资金要经过各级财政部门，时间长，这会给补贴的及时到位带来不良影响。

2011年底，再生能源发展基金就已经确立。当年财政部、国家发展和改革委员会、国家能源局联合印发了《可再生能源发展基金征收使用管理暂行办法》。其中规定了电价附加征收方式所发生的变化，由电网企业代收代管转为交由电网企业征收上缴中央国库。但基金的管理涉及多个部门，征收方式的转变增加了基金的管理层级,就延长了补贴下发周期。而事实上,此前由电网公司代收代管的方式,也存在一些弊端。由于电价附加在价内征收,故这部分资金不可避免地要计入电网企业的销售收入,导致可用资金量的缩水。对于电价附加收入大于可再生能源补贴支出,该项余额留存的省级电网公司必须缴纳25%的企业所得税。例如,2009年前6个月全国共征收可再生能源电价附加约23亿元,但支付所得税就约为1.6亿元。

根据德国等欧洲国家的经验,尽管这些国家和中国一样都是采取固定电价上网的补贴策略,但补贴方式却不尽相同。中国的可再生能源补贴要经过财政部,拖欠的情况比较严重,德国就不存在这些问题,德国直接利用电网电价就直接支付了。支付完之后,电网再从用户处收取电费,再把可再生能源的电价附加费加上,这样就直接代缴了,不存在补贴拖欠问题。中国应仿效德国的做法,尽量保证可再生能源电价补贴足额及时地支付给可再生能源电力产业。

3.7.3 不断深化电价管制机构的改革

可再生能源电价管制上存在政出多门和前后不衔接的问题,应该加以调整。

(1) 中国可再生能源电价补贴以2012年为界分为两个管理阶段

第一阶段为2006年1月1日至2011年12月31日,管理部门为国家发展和改革委员会、电监会。其中,牵头部门为国家发展和改革委员会,国家不定期公布《补贴方案和配额交易方案》,电价附加补助资金由省级电网公司代征代管。

第二阶段为2012年1月1日至今,管理部门为财政部、国家发展和改革委员会、国家能源局。其中,牵头部门为财政部,电价附加补助资金由电网公司代征代缴,管理部门原则上按季拨付补贴资金,拨付对象自2013年8月由省级财政部门调整为国网和南网。与此同时,电价附加资金自2012年1月

1 日起开始纳入基金管理。

（2）中国可再生能源电价补贴以 2012 年为界，国家发展和改革委员会及财政部两个部门的协调

2012 年以前，可再生能源电价补贴由省电网公司征收，在国家发展和改革委员会价格司核准之后，由电网公司下发。2012 年之后，财政部、国家发展和改革委员会与国家能源局出台了《可再生能源电价附加补助资金管理暂行办法》，规定可再生能源电价附加统一归口财政部，由财政部定期向电网征收后上缴国库。程序变为省电网公司征收电价补贴之后上缴财政部，财政部再预拨给省级财政部门，按季预拨、年终清算。财政部只是给收上来的可再生能源附加资金单独划出一个账号，最终是国家发展和改革委员会价格司在管理。但最终拨付补贴的时候，却还要经过财政部与地方财政部门，这种涉及多个部门的政策在实践中执行起来难度往往较大。2013 年以后，重组后的国家能源局因为增加了能源监督管理的职能，使原职能得到了扩展，但是能源价格等更具核心价值的重要职能在国家发展和改革委员会，所以由此造成的矛盾是：国家发展和改革委员会无法用电价附加调整后增加的资金来支付 2012 年前的可再生能源补贴欠款，而财政部坚持用基金优先结算 2012 年之后的补贴。换言之，部委工作的衔接不畅，对如何支付拖欠补贴的问题没有统一而明确的解决。

此外，按照 2009 年 12 月审议通过的《可再生能源法修正案草案》，国家财政年度安排的专项资金和征收的可再生能源电价附加组成了可再生能源发展基金，二者可以相互弥补使用，即电价附加不足时可由专项资金补充，附加征收资金有余量时，可在基金支持范围内调剂用于其他用途。但目前财政部主管的专项资金及国家发展和改革委员会主管的电价附加依旧是两套体制。

相关部门应尽快理顺中国的电力等能源的管制体制问题。按照《可再生能源法》中已有的明确规定，国务院能源主管部门对全国可再生能源的开发利用实施统一管理，优化补贴结算方式，加快结算速度，缩短结算周期，充分发挥可再生能源发展基金对产业的支撑作用。必要时可动用国库资金或动

用专项资金拨付拖欠的补贴，尽快解决 2012 年之前拖欠的可再生能源补贴问题。

3.7.4　促进可再生能源电力的消纳和投资

（1）积极促进可再生能源电力的消纳

加快可再生能源电力外送通道建设，严格控制煤电建设节奏，加大淘汰落后产能力度，并加快电力市场建设，开展区域电力辅助服务市场专项改革试点，鼓励可再生能源发电企业积极参与调峰服务，并按规定获得合理的补偿收益。

（2）不断加大电力投资中的可再生能源电力投资

在可再生能源技术方面，太阳能和风能的技术水平日益成熟，生产成本逐渐降低，越来越多的投资者对可再生能源电力产业感兴趣，应充分发挥地区金融业对可再生能源电力产业的支持作用。2015 年中国的可再生能源投资已占全球总投资额的三分之一。在"十三五"时期，中国不断增加电力投资，投资应该主要集中在改善电力系统的互联性和灵活性、加强可再生能源消纳等方面。

3.7.5　促进可再生能源电力的开发和利用

作为可再生能源迅速推行的重要手段之一——补贴，一直让各国管制机构左右为难：不补贴，可再生能源的增长缓慢；补贴，迅速增加的装机规模又让各国财政不堪重负。《可再生能源法》里也规定电价补贴只是一部分，其他的电价管制政策和措施还有很多。目前，可再生能源行业过于依赖电价补贴政策，忽略了其他有效的电价管制政策。

（1）可再生能源电力产业发展必须与电力发展总体规划和用电需求相协调 积极引入配额制和绿证交易政策等管制政策。目前，中国主要通过电价补贴政策促进可再生能源产业的发展，但补贴的最优化在政策实践中往往难以实现。可再生能源全额保障性收购和补贴政策无法落实到位，资金缺口日益增大。因此，需要引入配额制和绿证交易政策，进一步建立全国范围内的配额交易平台，开展可再生能源电价附加的配额交易，并进一步完善新的可再生能源电力补贴机制，降低可再生能源电力的财政资金补贴强度，为最终取消财政资金补贴创造条件，使得在减轻政府财政压力的同时，促进可再生能源电力产业快速发展。

可再生能源的消纳涉及调度、区域规划、发电量计划、电网建设等诸多方面，需要各个部门综合协调解决。早在2005年，《可再生能源法》就明确规定：电网企业应当全额收购其电网覆盖范围内可再生能源并网发电项目的上网电量，但实际效果却不是这样。应建立全国统一的可再生能源消纳机制，明确各地区可再生能源在能源消费总量中的比例及承担的消纳义务，促进可再生能源异地消纳，并促进配额制政策和可再生能源绿证交易政策与电价补贴政策搭配使用。同时，结合碳排放指标交易等措施，增加可再生能源企业收入，缓解国家对可再生能源电价进行补贴的压力。

（2）加大财政税收优惠激励可再生能源的开发利用

长期以来，税收优惠政策在可再生能源开发利用中已发挥了积极作用。2006年，《可再生能源法》开始实施。按照《可再生能源法》的规定，可再生能源包括风能、太阳能、水能、生物质能、地热能、海洋能等非化石能源，这些能源的开发利用已获得了增值税和企业所得税税收优惠政策的支持。税收优惠政策的实施，降低了可再生能源开发利用企业的增值税税负和企业所得税税负，增强了这些企业的市场竞争力，推动了可再生能源开发利用的发展。比如，对风力发电实行增值税减半征收的优惠政策后，风力发电在内蒙古、青海、新疆等地得到了极大发展。在"十三五"时期，对可再生能源电力产业继续加大税收优惠政策，比如减征或免征所得税，对符合国家规定的可再生能源企业实行加速折旧、投资抵免等方面的税收优惠，增强可再生能源企业的市场竞争力。

3.8 促进现行主要价格政策与绿证交易政策和碳交易政策搭配使用

3.8.1 可再生能源电力产业引入绿证交易政策的必要性

配额制和绿证制度意味着中国对新能源发电的支持将告别上网电价补贴，这在很大程度上与缓解财政补贴的压力相关。为了促进可再生能源发展，中国对可再生能源进行标杆电价补贴。然而，随着中国可再生能源装机容量的快速发展，可再生能源的补贴缺口也越来越大。数据显示，到 2017 年底，可再生能源补贴缺口已经增长至 1 127 亿元。这一缺口中，光伏发电在过去两年的快速增长，以及其相对风电更高的补贴电价，给补贴基金带来了巨大的压力。

在补贴缺口扩大之际，2018 年财政部、国家发展和改革委员会、能源局联合发布了《关于 2018 年光伏发电有关事项的通知》。据通知要求，政策上并未完全禁止新建光伏项目，只是不安排需国家补贴的普通电站的建设，而不需国家补贴的光伏发电项目仍受鼓励。这意味着，中国对光伏新建规模和价格都进行了控制。不仅是光伏产业，对新增风电装机的固定电价补贴也在接近尾声。2018 年国家能源局下发《关于 2018 年度风电建设管理有关要求的通知》，其中要求印发之日起，对部分新增陆上和海上风电项目，实行通过竞争方式配置和确定上网电价。这意味着风电标杆电价补贴时代的终结，未来新增风电将全部通过竞争方式确定上网电价。

前述政策的集中出台及当前正在进行的配额制讨论，或将意味着中国的可再生能源支持政策将发生从上网电价补贴到配额制、绿证与购电协议结合的制度体系的质变。如果配额制是能源转型的指标衡量体系，具有行政强制力，那么绿证则是配额制的配套政策，也是各类责任主体完成配额义务的手段之一。用配额制解决消纳和补贴资金不足的问题还需要配合绿证相关政策。两者可谓相辅相成，缺一不可。考核责任主体可以通过购买证书完成配额考核义务，也可以通过建立自发自用的新能源发电项目完成配额考核义务。配额制及绿证将是可再生能源后补贴时代的重要激励政策工具。如果新建的可再生能源发电项目不再享受固定电价政策，未来可再生能源电力证书机制将会与可再生能源价格和补贴机制进一步衔接。绿证跟配额制应该是相互配套使用的。绿证的存在为可再生能源发展提供了市场的灵活性。未来，绿证交易的价格浮动也会有效控制发展的节奏。有专家介绍说，可再生能源装机量大，绿证供给过剩，其价格便会下跌，人们第二年的投资意愿就会减少，这就避免了人为设置分品种的发展目标和年度指标与实际需求不符合的矛盾，也确保了系统总成本最小。配额制能够为新能源发展"兜底"：解决"三弃"问题，使可再生能源消纳具有强制性，提高风电、光伏等可再生能源发电在终端的消费比重；配额制的实施不仅有利于本省内新能源电力的最大化消纳，还将促进跨区域的调度，对可再生能源电力溢出省份的电力消纳同样帮助较大。

绿色电力证书交易，是可再生能源目标引导机制的重要手段之一，包括强制交易和自愿交易两类。此次针对绿证自愿交易制度做出了规定，并于 2017 年 7 月 1 日正式开始认购，认购价格按照不高于证书对应电量的可再生能源电价附加资金补贴金额，由买卖双方自行协商或者通过确定认购价格。例如，风电的标杆电价是 0.61 元/千瓦时，当地火电标杆电价是 0.35 元/千瓦时，则该风电绿证的最高价为 0.61 - 0.35 = 0.26 元/千瓦时。

绿证交易可以有效地解决当前补贴资金不足的问题，保障 2020 年可再生能源比例目标的达成，推动中国电力市场改革和碳交易市场建设。出台该政策的核心目标是：有利于促进清洁能源高效利用，降低国家财政资金的直接补贴强度。火电还存在环境污染、健康损害等外部成本，在这些外部成本没有内部化的情况下，可再生能源电力无法与火电竞争，因此，可再生能源电力发展只能靠补贴进行支持。但据统计，到2016年底可再生能源补贴资金累计缺口就已达500多亿元，且补贴到位的周期很长。补贴问题如不能有效解决，将严重影响可再生能源电力投资的积极性，最终影响中国应对气候变化自主承诺减排目标的实现。而风电、光伏发电企业出售绿色电力证书后，相应的电量不再享受国家可再生能源电价附加资金的补贴，因此，此次绿证自愿交易制度的实施，将首先起到降低国家财政资金的直接补贴强度的作用。但对"有利于促进清洁能源高效利用"的目标来说，这有赖于后续启动的可再生能源电力配额考核和绿证强制交易来实现。

3.8.2　可再生能源电力产业碳交易政策的必要性

2014年国务院发布的《能源发展战略行动计划（2014~2020年）》明确提出了"十三五"期间能源发展的具体指标，如煤炭消费比重限制在62%以内；力争常规水电装机达3.5亿千瓦，风电装机达2亿千瓦，光伏装机达1亿千瓦左右。不难看出，"十三五"期间，中国能源行业发展重点依旧是控制煤炭消耗比重，并大力发展新能源。然而，由于可再生能源多为新兴技术，成本高是制约可再生能源电力产业发展的重要因素，其产业发展依赖于政府的价格补贴。随着可再生能源电力产业的快速发展，财政补贴将承受越来越大的压力，甚至产生不断扩大的"补贴赤字"。

碳交易市场成立的根本目的是通过市场的手段减少温室气体的排放，降低社会的减排成本。发展可再生能源电力产业，减少对化石燃料的依赖，是解决温室气体排放的最终手段。一方面，可再生能源电力产业可以作为碳交易市场的供给方，参加到碳交易市场的交易中；另一方面，碳交易市场可以发挥其资本市场的作用，引导更多的社会资本投入可再生能源电力产业中。碳交易市场的存在，能够将可再生能源电力产业发展所带来的温室气体减排效应延伸为碳资产，进而改变可再生能源电力产业的收支平衡情况，减少可再生能源电力产业对政府补贴的依赖度。另外，通过市场的形式促进节能减排技术的发展，促进可再生能源电力产业的加速升级。可再生能源电力产业发展与控制温室气体排放二者通过碳交易市场联系在一起，实现了良性循环。

碳交易体系的建立，对可再生能源电力产业的发展有着长期促进作用。一方面，新能源企业可通过出售核证自愿减排量（CCER）获取额外收益；另一方面，可受益于强制减排企业在新能源领域的直接投入。核证自愿减排量交易被称为中国的清洁发展机制，即碳减排项目的提供商。通过碳交易市场，将经过有权部门核证的减排量，出售给碳减排需求企业。

以一个风力发电项目为例：其实际碳减排量是它的上网电量乘以项目所在地区电网的排放因子。举个例子，2014年国家发展和改革委员会公布华北电网的排放因子加权平均值是0.7995，它的单位是每兆瓦时对应的碳减排量的吨数。所以，光伏电站每上网1亿度电，在华北电网相当于7.995万吨碳减排量。假设核证自愿减排量价格是20元人民币，在不限电的情况下，该风力发电站上网发电量是1亿度电，大概产生7.995万吨的碳减排量，那么这个风力发电站业主就可以获得大概159.9万元人民币的碳减排收益。年发电量在1亿度规模的风力发电企业，核证自愿减排量交易将使风电项目在整个经营期的净利润提高10%以上，有效地引导了社会资金流向可再生能源电力产业。

将可再生能源电力产业纳入碳交易体系，一方面可以将可再生能源电力产业带来的社会效益通过自愿减排机制转变为企业的收入，降低可再生能源电力产业成本，提高企业的收益，增加企业参与碳交易市场的积极性，增加碳交易市场的活力；另一方面，通过碳交易市场引导社会资金进入可再生能源电力产业，可促进可再生能源电力产业的技术进步，加快可再生能源电力产业新技术的应用。碳交易市场是减少可再生能源电力产业行政审批色彩、转变为依靠市场调节的重要手段。

| 第4章 |

可再生能源电力产业绿证交易政策的基础：配额制政策

可再生能源电力产业的迅速发展离不开电价管制政策,但哪一种电价管制政策最能促进可再生能源电力产业的持续健康发展,成为研究的难点和重点。可再生能源电力产业配额制政策与电价补贴政策在理论上是一致的。

4.1 可再生能源电力产业配额制政策的含义

可再生能源发电强制市场份额制,简称可再生能源电力产业配额制(Renewable Portfolio Standard,RPS),指某国家或地区就可再生能源发电的市场份额的强制性法律规定。该机制是政府扶持可再生能源电力行业,培育可再生能源电力交易市场,促进可再生能源的发电量达到一定市场占有量而采取的强制性政策。通过法律形式保障可再生能源的占比,具有较强的保障效果,能够有效促进可再生能源电力市场的发展,缓解中国自然资源分布与经济发展不均衡的局面。这是一类框架性的制度,需要依托多种配套政策实现。可再生能源电力产业配额制,是指政府管制机构为了促进可再生能源电力产业发展,逐渐形成可再生能源电力的独立市场,强制性规定可再生能源发电量应达到某个最低的发电量水平,本质上属于强制性的政策手段,对可再生能源发电总量进行目标控制。

可再生能源电力产业配额制政策与其他电价管制政策不同,是以数量为基础进行管制的政策。这种政策对可再生能源发电量占总发电量的比例,进行了强制性的规定。政府管制者往往强制规定电力生产者或经营者必须保证可再生能源电量占总电量的某个比例。虽然可再生能源发电的比例由政府强制决定,但可再生能源的电价却是市场自发决定的,因此,在具有竞争性特点的可再生能源电力市场中,可再生能源电力往往由生产成本最低的企业提供。

4.2 可再生能源电力产业配额制政策理论模型

政府为解决可再生能源电力产业给环境带来的正外部性,除了采用电价补贴的方式之外,还可以通过实行配额制的政策来实现。先简单假设在完全竞争的市场结构里有 N 个具有相同生产成本的电力企业,同时假设只有两种方式来发电。第一种是依靠传统能源,比如火力发电;第二种是依靠可再生能源来发电,比如风电。总体来说,依靠传统能源发电的生产成本,比依靠可再生能源来发电的生产成本低。但是,可再生能源发电对环境具有明显的正外部性,而外部性主要体现在保护环境和促进经济效益提高上面。

可再生能源电力产业配额制政策的制定也需要政府掌握充分的信息,尤其是有关可再生能源发电技术、生产成本和潜力、电力市场价格、消费者的偏好等方面的信息。而分析可再生能源电价管制政策的假设条件同前。在此基础上进一步假设,政府管制者能够针对每个电力企业必须生产的可再生能源发电量占全部发电量的比例都进行了强制性规定。该政策在实际运用中不仅对电力生产企业有强制性的生产配额要求,往往还强制电力批发商或零售商必须完成配额,甚至还强制终端的电力消费者完成一定配额数量的电力消费量。若电力生产企业和销售企业没有完成法律规定的可再生能源电力产业的配额数量,这些企业就会被处罚,并且随着配额中没有完成的比例越大,所受处罚的额度就增大。同时,电力的生产企业或者电力的销售企业没提供一个计量单位的可再生能源发电量,该企业就会获得一个计量单位的可再生能源电力证书,也称绿色证书,用以证明该电力企业在多大程度上满足了政府管制者的强制性要求。

为了分析的方便,假设所有电力企业提供可再生能源的发电成本是相同的,那么就完全没有必要对可再生能源电力进行交易。因此,在此基础上进一步假设绿证不能在市场上自由交易。假设在完全竞争市场中，一个具有代表性的电力企业利润最大化问题用公式（4-1）来表示：

$$\max_{Q,x_g}[p(x+x_g) - f \cdot (\bar{x}_g - x_g) - cx - c_g(x_g)] \quad (4-1)$$

公式中 $\bar{x}_g$ 代表可再生能源电力的配额数量的要求，f 代表没有完成配额电量要求的单罚金量，p 代表统一的电价，x_g 代表依靠可再生能源的发电量，c_g 代表依靠可再生能源的发电成本，x 依靠传统能源的发电量，c 代表依靠传统能源的发电成本。

针对公式（4-1），分别对 x 和 x_g 求一阶导数，可以得到公式（4-2）和公式（4-3）：

$$p - c = 0 \quad (4-2)$$

$$p - f - c'_g[x_g^*] = 0 \quad (4-3)$$

把公式（4-2）带入公式（4-3），且 $x>0$，$x_g>0$，政府对可再生能源电力的提供企业的罚金为 f，等于边际成本之差，即在最优化时可再生能源电力的边际成本 $c'_g[x_g^*]$ 和传统能源电力的边际成本 c 之差。所以如果 $f>c'_g[x_g^*]-c$，即补贴的数额大于边际成本之差，则所有的电力企业都只依靠可再生能源进行电力生产即可；而如果 $f<c'_g[x_g^*]-c$，则补贴的数额小于边际成本之差，这样就没有电力企业愿提供可再生能源电力了。

4.3 典型国家的可再生能源电力产业配额制政策

对中国而言，可再生能源电力产业配额制是一项新的政策措施，而在发达国家，配额制已实施了一段时间。因此，了解发达国家配额制的实施经验，分析其设计及运行特点，吸收其实施过程中的成功经验，吸取其失败的教训，可以为中国实施可再生能源电力产业配额制提供一定的启示，使中国在日后的实施过程中少走一些弯路。从 20 世纪 80 年代开始，一些发达国家开始尝试将配额制作为一种可再生能源电力产业的激励政策，一些发展中国家也逐步加入其行列。

4.3.1　美国的可再生能源电力产业配额制

美国至今没有国家级的可再生能源电力产业配额政策，其配额制是在诸多州实践后才发展的。早在 1995 年，在加利福尼亚州公共设施委员会实施电力体制改革时，美国风能协会首次提出了正式的可再生能源电力产业配额制概念；1999 年得克萨斯州将配额制政策列入电力重组法案；2002 年，马萨诸塞州与加州通过了配额制政策；2004 年新墨西哥州开始实施配额制。截至目前，美国已有超过 30 个州实施了配额制政策。

美国每个州配额制的发展历程、运行机制、目标设定、政策特点、实施效果及评价均有不同，较为典型的两个州分别是得克萨斯州与加州。加州是最早实施配额制的州，配额制目标也制定得比较远大，但是其可再生能源的发展却不尽如人意。与之形成对比的是得克萨斯州，其在完成配额目标方面效果显著，是配额制实施得比较成功的一个范例。

4.3.2　澳大利亚的可再生能源电力产业配额制

澳大利亚也是较早实施配额制的国家之一。2000 年澳大利亚《可再生能源法案》规定了强制可再生能源目标，2001 年可再生能源证书系统在全国范围内正式运行，2009 年通过立法确立了到 2020 年年增发电量 45 000 亿千瓦时，其中 20% 的电力来自可再生能源的目标，2010 年则对目标再次修订，将目标分为大规模可再生能源目标和小规模可再生能源计划两部分。

在澳大利亚的配额制实施过程中，并非将所有可再生能源种类均划入目标范围之内，而是确定了技术与资源均合格的可再生能源的种类，包括太阳能、风能、海洋能、水力、地热能、生物质（沼气等）能。为充分利用市场来加速发展可再生能源电力产业，澳大利亚引进了可再生能源电力产业绿色交易证书系统。该系统是专为绿证进行买卖而营造的市场，而绿证作为一个易于被公众确认的标志，代表某发电商生产一定量的可再生电力。各地区在完成可再生能源发电配额目标的前提下，对于超额部分的可再生能源电力，会由专门的管理机构发给绿证。证书持有者能够将绿证在交易市场上出售，证书需求者也可以在交易市场上购买绿证。当某地区不能完成自己的可再生能源发电配额目标时，该地区能够在绿证交易市场上通过购买绿证的形式完成自身的配额目标。

澳大利亚实施配额制政策的特殊之处在于：由确定的可再生能源种类所确定的合格的可再生能源厂商每生产 1 千瓦时的电量就能得到一份绿证，并将这种证书分为两类，即大规模发电证书（LGCs）和小规模技术证书（STCs），通过这种多样化证书的交易来实现可再生能源技术的多样化发展。义务人即承担可再生能源发电量的义务主体（在澳大利亚主要指电力生产商），法律规定其每年应分别购买并提交一定的 LGCs 和 STCs，任何证书拥有者都可以通过网络在线直接进行交易，义务人提交后的证书不能再交易，没有提交规定数量证书的义务人则必须为每个证书支付 65 澳元的差额费，如果在以后的 3 个季度内补齐配额，则可退回罚金。

另外，澳大利亚规定的可再生能源义务比例是由可再生能源管理办公室根据当年发电目标义务人的发电量、上一年度证书的提交量和差额量等来发布的。通过对这些证书的创造和交易及可再生能源管理办公室的管理，澳大利亚保证了可再生能源的发展，也体现了配额制运行的关键，即以市场分配手段降低成本，实现高效率的可再生能源发展。

4.3.3 日本的可再生能源电力产业配额制

2001 年，日本自然资源与能源咨询委员会的新能源部门公布了一份报告，决定引入可再生能源电力产业配额制，以充分利用市场来加速发展可再生能源。2003年4月，日本开始实施《日本电力事业者新能源利用特别措施法》（又称《可再生能源配额标准法》），配额制度正式生效。该法规定，电力供应商每年至少要提供1.35%的可再生能源电力，并且政府每隔4年就会重新评估并调整比例。由于由可再生能源发电产生的污染较小，通常简称为绿色电力，日本规定这种"绿电"必须售给电网，并实施绿色电力证书机制，制定了"绿电"5.2美元/千瓦时的价格上限，以及风能和生物质能大约3.6美元/千瓦时的发电价格。为了最大限度地保证经济效益，法律还规定采取代为履行等措施，即不承担配额的新能源发电者可以代为履行其他承担配额的电力事业者的配额义务。

4.3.4 英国的可再生能源电力产业配额制

对于可再生能源电力产业问题，英国采用的是非化石燃料公约，其实质就是配额制的思想。其特点是由政府发布，通过招标和投标选择可再生能源电力产业项目开发者，竞标成功者将与项目所在地主管电力公司按中标价格签订购电合同，合同期限在每次非化石燃料公约中都有明确规定，电力公司所承受的附加成本由政府通过征收化石燃料税进行补贴。这项法令规定了合格的可再生能源电力范围和指标要求，并配套建立了可再生能源电力交易制度，确立了以市场每1兆瓦时合格的可再生能源电力作为1个计量单位在市场上进行交易，由天然气及电力监管局进行监督管理。

综上所述，各发达国家实施的可再生能源电力产业配额制中配额制义务人、绿证交易方式及处罚力度不尽相同，可再生能源的结构比例、范围和具体实施方式也不相同。从国际经验来看，一般是先出台配额制，再推出绿证。对中国而言，配额制与绿证的出台顺序正好颠倒了，这是因为中国与国外的配额制是两个不同的概念。国外对可再生能源的补贴包括两个政策体系，即上网电价补贴和可再生能源电力产业配额制。包括德国在内的欧洲大部分国家采用了上网电价补贴政策来支持可再生能源电力产业发展，而配额制政策主要在美国的 29 个州及华盛顿特区实施。中国目前采用欧洲经验执行的固定电价。从国际惯例上讲，配额制对可再生能源电力产业的激励作用不如上网电价补贴，因此，很多国家先出配额制政策，后调整为上网电价补贴政策。中国目前实行上网电价补贴制度，但在上网电价补贴未完全退出的情况下实施配额制，中国的配额制就与国外的配额制有很大差异。从概念上讲，配额与固定电价一般不是并存的，所以中国现在实行的自愿绿证也是在已经有固定电价基础上实施的，这在国际上没有先例。此外，中国的绿证政策与美国的绿证政策有所区别，美国在相对成熟的电力市场的基础上实行配额，并参与市场交易，是顺理成章的事情，美国的配额和绿证政策基本上是同步的，不存在先有配额后有绿证政策这一说法。美国有了配额制之后，配额制给发电企业的补贴就是通过绿证政策的交易来实现的。

4.4 可再生能源电力产业配额制政策的运行机制

可再生能源电力产业配额能在两个市场中完成交易：电力市场和绿证市场。可再生能源电力的清洁价值也有两类途径进行兑换：可再生能源电力和绿证。配额制能够运用市场手段促进可再生能源电力产业的发展，该制度不仅涵盖调节发电企业、电网公司和电力消费领域的限额，还包括选择合适的技术、确定的义务主体、建立的评估指标体系。此外，还涉及配额制的条件、监督制度和奖惩制度等多个方面。可再生能源电力产业配额制政策是一种框架性政策，可以有多种设计方案。目前，世界上正在应用的可再生能源电力产业配额制的运行机制主要体现在以下几个方面。

4.4.1 实施配额制的条件

可再生能源电力产业配额制的基本要求是，在规定范围内，发电商、电网公司所提供和最终消费者所使用的电力中，必须包含最低比例的可再生能源所发电量。因此，配额制的实施需要具备的条件包括：

①可再生能源储量丰富。

从不同类型的可再生能源发电情况，中国具备良好的可再生能源电力产业发展基础，风力和太阳能资源潜力巨大。另外，中国水电技术成熟，处于世界领先水平。再者，中国农业发达，生物质原料资源丰富。同时，大量的城市垃圾同样具有利用的价值。

②国家西部大开发战略推进政策执行。

西部大开发战略对西部地区扶持力度的加大有利于推动可再生能源电力产业配额制的落地，促进其发展，反过来，配额制度及其配套措施的实施，也可利用西部区域丰富的清洁资源为该地区带来巨大的收益，两者之间相互支持，相互补充。

③可再生能源发电技术日趋成熟，使发电成本逐步下降。由于技术的发展，可再生能源发电市场的规模逐步扩大，占总发电量的比重不断攀升，引领了中国绿色电力发展的潮流，也同样倒逼了相关政策和法规的出台。

④中国可再生能源电力产业的产业政策和经济政策同样日趋成熟，为促进中国可再生能源电力产业配额制度的发展奠定了坚实的基础。

4.4.2 政府管制者制定可再生能源电力产业的发展目标

可再生能源电力产业配额制政策规定了，一定时期内可再生能源电力应该达到的数量目标，而这个强制性的数量方面的目标，通常是促进可再生能源电力增长的绝对量。当然这个数量目标也可能是促进可再生能源发电量增长的比例，且具体规定了可再生能源电力的种类。这个发展目标会逐年增加，直到实现长期的发展目标（如到2020年可再生能源发电量要达到全部电力份额的20%）。不管怎么规定，这都是为了保证和促进可再生能源电力市场需求的稳定性。

4.4.3　承担主体：谁来承担配额任务

明确整个管制过程的管制部门，并同时明确指定配额制政策的义务承担者。为保证可再生能源电力产业发展目标的实现，每个配额的责任主体都要承担一定的配额任务，而责任主体通常是电力企业。各省级能源主管部门对行政区域内的各级电网企业和其他供电主体（含售电企业以及直供电发电企业）的供电量（售电量）规定非水电可再生能源电量的最低比重指标，明确可再生能源电力接入、输送和消纳责任。配额制政策的义务承担者可以是传统能源的电力生产企业，也可以是电网企业和电力消费者。

配额制政策明确规定了为促进目标实现而需要完成的具体义务。在实行配额制政策的同时经常实行可交易的绿证政策，电力管制者对可再生能源电量核发一定数量的绿证。为了完成管制者所规定的可再生能源电力产业的配额义务，电力企业可以通过自身的努力来完成，也可以通过市场上交易生产出来的可再生能源电力绿证来完成，可以购买本地或者外地的可再生能源电力证书，而这种可再生能源电力的交易也被称为绿证交易，为电力企业之间进行可再生能源的电力生产的竞争提供了条件。因此，在实行可再生能源电力产业配额制政策情况下，配额制政策的义务承担者，主要采用两种方式来完成相应义务：第一种是自己建设可再生能源发电设施，提供可再生能源电力；第二种是从其他已经完成配额强制性要求的电力企业那里购买该企业超额完成的可再生能源发电量。于是可再生能源电力就可以在两个市场进行交易：一是电力市场的本身实物交易；二是可再生能源电力产业的绿证市场进行交易。

4.4.4　监管主体与惩罚机制

应确定配额制制定者和实施者，可再生能源电力产业配额制政策，一般不需要政府对电价进行直接补贴。这种政策是基于国家立法的、通过市场机制就能够实现和促进可再生能源电力产业发展政策，是一种更加公正而透明的政策工具。由于避免了对可再生能源电力进行补贴，就可以减轻政府的财政压力。政府管制者只需作为裁判员的身份，监督可再生能源电力配额的完成情况，并对没有履行配额义务的电力企业进行相应处罚。可再生能源电力产业配额制的管制者应是有强大执法权的机构。由该机构执行对可再生能源电力产业配额义务承担者的管制和监督的责任，为的是配额的义务承担者如果没有完成配额制政策要求必须完成的配额义务时，有权利对其进行相应的惩罚。

可再生能源电力产业配额制政策是基于国家立法而制定的，从法律上讲有明显的强制性的特征。政策法规的落实必须依靠有效的监督、奖惩措施。这意味着如果有企业没有完成管制者所规定的配额的法定义务和要求，就必将受到法律的处罚，而处罚目的也只是为了确保和促进可再生能源发电数量方面的目标实现。我国应基于立法详细制定相应的奖励或惩罚措施。政府管制者的角色简化为制定目标、监督政策的执行和奖励，以及处罚违规行为等。

从监管方面来说，发展和改革委员会可以作为一个配额管理机构设置独立监管部门，监督市场主体的配额制履行情况。该部门有维持市场主体公平的责任，通过保障可再生能源发电的合理利润水平进而影响企业发电的积极性。从奖惩制度方面来说，电网企业是一个重要的环节，当出现以下情况时，电网企业会由于其垄断特性导致配额制的不公平运行：惩罚力度不足以威慑电网企业；电网企业的违规行为很容易躲避监察和惩罚。参考配额制在国内外的实施经验，配额制的实施必须配备符合当地特点的奖惩措施：如对违规者采取若干倍的罚款，或要求下年度补充收购本年度未完成的可再生能源电力指标等；国家发展和改革委员会会定期检查配额制度和计划的实施，并出台谎报和误报的惩罚机制；设计超额完成目标的激励机制。各省级能源主管部门与统计部门会对本行政区域可再生能源利用量、可再生能源占能源消费总量、非水电可再生能源比重等指标按年度监测，定期上报国家能源局。各电力交易机构、各电网企业、各发电企业要按月向全国可再生能源电力产业信息管理系统报送相关数据。国家能源局对报送数据进行核实后，会按年度公布监测和评价结果。

4.4.5 配额的比例

根据全国 2020 年非化石能源占一次能源消费总量比重达到 15% 的要求，2020 年，除专门的非化石能源生产企业外，各发电企业非水电可再生能源发电量应达到全部发电量的 9% 以上。各发电企业可以通过绿证交易完成非水电可再生能源占比目标的要求。鼓励可再生能源电力绿证持有人按照相关规定参与碳减排交易和节能量交易。从配额制实施角度来说包含两种途径：①基于电网公司的配额制。要求在电网公司收购发电企业电能时，必须按照一定比例来收购可再生能源。②基于发电企业的配额制。要求其配备一定数量的可再生能源装机，所发总电量中必须保证一定比例的可再生能源发电量。在第二种配额制框架下，发电厂商又可以采取两种模式：第一是通过建设可再生能源电力获得可再生能源配额；第二是从拥有可再生能源配额的企业购买进而获得绿证。

4.5 可再生能源电力产业配额制政策的绩效研究

2005 年中国通过的《可再生能源法》提出"全额收购制度"，2009 年的《可再生能源法（修正案）》将"保障性收购"确立为一项法律要求，2010 年《关于加快培育和发展战略性新兴产业的决定》提出实施新能源配额制，落实新能源发电的全额保障性收购制度。2012 年国家有关部门组织开展《可再生能源电力配额管理办法》的研究工作，但就指标的分配，各省发电企业存在争议，而且办法的落实特别是指标的考核也成为一大难点。

可再生能源电力产业配额制运用政策手段稳步推动可再生电能的市场占有率，有利于优化能源结构，满足社会可持续发展的需要。但制度创新尤其是涉及国计民生的政策创新，必须经过严格论证，并保证其合理性，才能够顺利实施。中国实行配额制是国家环境战略的客观要求。如果仅为了发展而不顾环境破坏，低效率使用能源资源，将导致尖锐的社会和经济矛盾。因此，实施配额制实质上是通过经济政策手段，缓解环境污染。可再生能源电力产业配额制政策对中国可再生能源电力产业发展有重要影响。

4.5.1　配额制政策明确并且量化了中国可再生能源发电的具体目标

能源是关系到一个国家经济命脉的问题，可再生能源的开发利用能有效缓解能源紧缺的问题，而配额制的实施对于实现这一目标是十分必要的。配额制的优点在于，在较长时期内可再生能源发展目标明确，依靠强制性的法律手段保证目标的实现，从而使得社会上的投资主体能够更有信心投资和开发可再生能源电力产业，进而保证可再生能源电力产业不断扩大生产能力。

4.5.2　配额制政策能够分摊可再生能源电力产业发电的高额成本

将可再生能源电力产业发电成本高于传统常规能源发电成本的部分，在全社会范围内进行分摊。可再生能源发电企业对环境的保护作用是全国性的，实行配置政策有利于消除差价分担上不公平的情况。配额制注重发挥市场作用，有利于调动市场各方主体的自发性和积极性，将可再生能源电力产业对全社会的环境效益折价后分摊到电力商品中，为可再生能源电力在电力市场中的公平竞争奠定了基础。

4.5.3 配额制政策有利于社会实现资源的最优化配置，降低可再生能源电力的成本

该政策也有利于鼓励发电商积极研发可再生能源发电技术，优化发电效率，降低开发成本，能够更好地体现可再生能源电力的外部价值，为各类可再生能源发电提供销售渠道，降低可再生能源发电的成本。与对可再生能源电价直接补贴的政策不同，实行配额制政策时，电力企业为了实现自身利润最大化的目标，可以通过自己选择最好的可再生能源电力进行开发，从而不断降低成本；可以和本地的可再生能源电力企业签订长期购电合同，通过购买其生产的可再生能源电力来完成配额任务；可以通过在绿证市场上，从全国任何一个地区的可再生能源电力企业那里，购买绿证来实现配额目标。这些交易都有利于促进生产企业不断降低成本。在配额制政策交易过程中体现的竞争性，在可再生能源电价补贴政策执行中就没有体现出来。此外，配额制还有利于降低政府管理成本，更好地营造公平竞争的市场机制。

4.5.4 配额制政策将为中国带来经济效益

可再生能源电力产业配额制政策，尤其是将来实行的可交易的绿证政策，有利于解决不同可再生能源资源地区之间资源差异等问题。同时，可再生能源电力产业配额制政策是一种市场化的透明而公平的政策，避免了电价补贴政策实行时"管制俘虏"现象的发生。

4.5.5 促进可再生能源电力产业的平稳发展

能够扩大可再生能源电力规模，为电力用户提供更多的绿色电力产品。建立可再生能源电力产业保障性收购长效机制，是保障投资商的收益、控制投资风险的有效方式，可以保证可再生能源电力产业的优先开发，减少可再

生能源电力产业生产过程中的弃光、弃风、弃电现象。

4.6　中国可再生能源电力产业配额制政策存在的主要问题

越来越多的国家开始采用配额制，但是相较于已经实施配额制的国家，中国的电力市场环境还比较稚嫩，配额制的实施可能会带来电价上涨和能源单一化的影响。同时，国外适用配额制也并非一帆风顺。例如，在2003年日本以配额制取代固定电价后，风电市场从330兆瓦减少到2004年的50兆瓦，如此巨大的波动对于可再生能源发展是致命的。如果在中国当前可再生能源电力规模已经较大的情况下，发生这种"事故"将导致一系列社会问题。中国目前尚不存在推行可再生能源电力产业配额制的成熟条件，应该结合国情，分阶段逐步推进，建立适合于中国基本国情和可再生能源电力产业的阶段性发展路径，由可再生能源电力产业配额试点依次向全国推广，最终引入可自由交易的绿证市场机制。在实现中国发展可再生能源电力产业的多种目标的同时，还要实现可再生能源电力产业发展机制体制的创新，建立起目标机制、分配机制、交易机制、管理与服务机制等共同作用的配额发展体系。

4.6.1　绿证价格的波动性可能较大

绿证交易作为可再生能源电力产业配额制的配套性机制，在配额制的推行中起着非常重要的作用，其市场交易的稳定性直接影响配额制的适用效果，而这其中又以绿证的价格问题最为重要。绿证产生的方式类似于比特币，最大特点就是去中心化，即没有一个中央发行行。因此，其总量无法达到如证券市场那般巨大。与证券市场相比，绿证交易市场的局限性较强，仅仅在可再生能源电力领域内流通，这就使得绿证的价格不稳定，容易受到各种因素的影响。以风电为例,受季节的影响,风力发电存在很大程度的不稳定,鉴于绿证产生数量的多少取决于风能发电量的多少,就可能导致市场上绿证总量较少,各供电企业为完成配额任务只能高价收购绿证,使得绿证价格大幅波动。此外,绿证有效期限的长短也会影响其价格,若绿证的有效期限较长,则市场上绿证总量也较多,供电商可以在价格较低时购买绿证并囤积使用,而发电商也可以选择在价格较高时出售绿证。这种情况下,绿证的价格存在一定弹性,其价格波动也会随之减小。不仅如此,政府为完成可再生能源规划目标所制定的政策也会影响绿证价格。若政府为了尽快完成可再生能源规划目标,就会大幅提高配额义务,导致市场上可销售的绿证数量减少,则绿证价格随之上升。

4.6.2 不完善的激励机制

对可再生能源电力产业发展的激励除了包括上网电价补贴政策外,税收优惠也是政府在可再生能源开发上的一种激励机制。在风能方面,风能发电企业可以获得的税收优惠包括增值税和企业所得税。2009 年之前,风电项目的增值税就已经从 17% 降到 8.5%,2009 年国家又出台新的政策,规定风电开发企业购买的主要组件等设备的进项税额可以抵扣增值税。然而,实际上中国对可再生能源税收支持的力度还是很小,大部分可再生能源的实际税收是与常规能源是持平的。在电力附加费方面,2010 年和 2011 年分别有 14 亿元和 220 亿元人民币的缺口。在比较分析风能、生物质能、太阳能光伏发电到 2020 年的补贴政策后,发现 2011~2020 年可再生能源电力产业补贴累积将达到 7 000 亿元人民币,而如今的附加费力度不足以支付这些补贴。在配额制使用后,政府的补贴力度会进一步下降,此时可再生能源电力补贴的缺口将会更大。此外,电价补贴政策有着刺激可再生能源开发企业增加投入、扩大生产规模的作用,但是配额制政策不具有这样的作用。在配额制政策下,企业获得的利益是有限且可见的,它们在很大程度上不会选择继续扩大生产规模，因而会出现可再生能源电力行业发展停滞甚至倒退的情况。不仅如此，虽然配额制政策可以在短期内将可再生能源电力价格压低到一个较低的水平，但是这是以牺牲可再生能源电力产量为代价的。在电价补贴政策中，尽管需要政府做出巨额补贴，但这促进了中国可再生能源电力市场的发展，促进了技术的进步与成本的降低，这在配额制政策下是做不到的。

4.6.3 地区配额指标差异化问题

确定可再生能源电力产业配额指标是配额制政策的核心问题。中国风电资源地区分布十分不均，而地区经济社会发展水平差异性较大，且二者在空间上呈逆向分布。西部地区拥有丰富的风力资源，适宜发展风电产业，但西部地区对电力的需求远远小于东部。因此，首先应当考虑的问题是配额应当以全国统一的标准制定还是授权各地区可再生能源电力产业监管部门依据各地区实际情况自行制定。其次，可再生能源电力产业配额是否具体到各种可再生能源电力。可再生能源包括风能、太阳能、生物质能等多种新能源，如果不在配额中明确各种能源电力的具体比例，可能会造成各种能源产业之间发展不平衡的结果。发电企业会选择技术成熟、供电稳定的可再生能源电力产业，而技术尚处于起步阶段的企业则得不到有效发展。最后，可再生能源电力产业配额指标是可再生能源的增长绝对量还是一个增长比例，配额指标如何分配也是应当考虑的因素。

4.7 实施可再生能源电力产业配额制的建议

配额制也不是没有风险，包括电力市场的波动、垄断使得政策的实效降低、配额"上限"完成带来的停滞等。中国应结合国情，完善国内的可再生能源电力产业政策和管理理念，促进可再生能源电力产业长期可持续发展。

在 20 世纪 90 年代末期，中国就已经开始研究可再生能源电力产业配额制了。2010 年 3 月，国家能源局正式鼓励将配额制制定成管理办法。2012 年 2 月，国家能源局新能源司制定《可再生能源电力配额管理办法（讨论稿）》；2013 年 2 月，国家能源局下发《关于征求〈可再生能源电力配额管理办法〉意见的通知》。在配额制管理办法出台之前，针对其中的若干重要问题，提出如下建议。

4.7.1 科学确定可再生能源电力产业发展配额的目标水平

目标水平是指目标的具体数量和计算数量的方法，它是可再生能源电力产业配额制的基础，也是配额的基本体现。可再生能源电力产业的总量目标是实行可再生能源电力产业配额制的前提，配额制是实现总量目标的手段。可再生能源电力配额制本质上是为了落实可再生能源"十三五"规划目标，鼓励各地积极开发利用可再生能源，实现可再生能源电力规模化开发和有保障消纳。从总目标看，2020 年非化石能源占一次能源消费量占比达到 15%，是"十三五"期间中国经济社会发展的一项约束性目标。应以立法形式强制规定可再生能源发展的具体指标（数量或比例），采取自上而下的方式，实现国家对可再生能源消费总量的控制。

（1）配额目标要明确并且要制定得足够高

可再生能源电力产业配额总量目标要非常明确，要建立具体的时间和量的概念。只有制定得足够高才能达到促进可再生能源电力产业发展的目的，可再生能源电力产业的市场需求才能得到保证。制定可再生能源的总量目标也是有必要的。可再生能源电力产业配额制政策实施初期可以采用先试点、后推广的策略。先选择 10~20 个有代表性的典型省市进行试点，时间设定可以类似碳交易试点，为 2~3 年；配额平均比例可定为 15% 左右，以后逐年扩大可再生能源电力的占比。试点年限之后，在总结经验的基础上，在全国范围内全面推广。

(2) 配额目标应长短期相结合

笼统地制定一个长远的目标，这样会造成义务人对成本不确定性的担忧。目标最好以可再生电量为标准，装机容量可以通过一定系数转化成可再生电量，可再生能源证书也应以可再生电量为面值，因为对配额制有意义的指标是发电量。

(3) 建立差异化指标分解机制

第一，政府干预与市场调节相平衡原则。配额制并不意味着政府的作用完全被市场取代，在制定配额指标以及对配额任务的监督上，政府依旧要发挥"看得见的手"的作用。充分考虑各省市区历史可再生能源电力消费情况、资源禀赋状况、各地区电力需求状况、经济增长状况、电网约束状况等因素，使可再生能源电力在全国范围内合理分配。依照中国的国情，各省市地理位置和自然条件有很大差异，配额制的目标也应分种类、分区域制定，依照经济与技术的可行性建立多种类的目标并实施相应证书制度，可以避免对某些高新技术发展的限制。此外，不能只建立国家总体目标，而应在国家目标的基础上建立适当的各省市分目标，使各省市协调发展。

第二，区域性差异原则。不同地区实行可再生能源电力产业配额比例，可以根据各地情况的不同分别制定。例如，全国可再生能源平均比例可定为15%左右，有的地方可再生能源资源丰富且消纳能力强，可以高一些，有些则可以低一些。虽然区域间配额比例不同，但通过绿证交易市场交易可以实现资源的优化配置，促进东西部资源的互补。

要综合考虑各省市地区资源分布状况、经济状况、电网发展状况，既要使各地的配额指标有所差异，但又不失公平。因此，在推动可再生能源电力产业配额制时可以从如下几个方面入手：首先，在确定可再生能源电力产业发展目标和配额指标时，应由上而下，先根据国家调整能源消费结构的宏观目标确定可再生能源电力产业发展的总量目标，然后将指标分配到各省、直辖市、自治区（州）。其次，为确定一个量化的可再生能源电力产业发展目标，要对各地的可再生能源资源潜力及开发条件进行分析，对市场潜力及发展前景进行评估,对具体配额方案从需求、资金供应、能源潜力以及技术支持等各个方面进行分析、评价。最后,配额指标既可以是可再生能源增长的绝对量,也可以是一个增长比例。

4.7.2 设计多元化、系统性的义务主体

明确可再生能源电力保障性收购的责任主体(例如电网公司)。在境外,一般把配额承担主体确定为电网和配电公司,有的是电网企业(如美国大部分州、英国),有的是发电企业(如韩国、中国台湾地区)。从发达国家的实施经验来看,义务人基本上分为电力零售商、电力消费者和电力生产商。从政策执行的便利性考虑,电力生产商作为义务人是最佳的,而以电力消费者作为义务人的优点则是能够使得配额义务更加广泛。

从中国国情及现有可再生能源电力产业发展面临的主要矛盾出发,应将可再生能源电力的各环节主体纳入配额制责任体系。根据国家发展和改革委员会和电监会的意见,依据中国的电力市场结构,以电网企业作为义务人是适合的,这样有利于解决电力上网问题。但是,自备电和直购电不负担配额是有失公平的,所以在设计制度时应综合考虑各个方面的因素。首先,是电网企业作为可再生能源电力配额的实施责任主体,承担全额保障性收购义务,同时将保障性收购义务与电网覆盖的省(区、市)经济水平和资源情况挂钩,能够体现公平性原则。其次,为避免电网企业无法获得足够的可再生能源电力而导致无法完成配额任务,将大型发电投资企业作为可再生能源电力生产的配额义务主体。对包括五大发电集团在内的拥有500万千瓦及以上火电装机容量的发电企业提出发电配额要求,设定一个最低比例的可再生能源发电配额。最后,为保障所发的可再生能源电力得到合理消纳,在充分考虑各地资源禀赋、经济实力、市场消纳能力、电网状况、可再生能源开发情况等诸多因素的基础上,将各省(区、市)级政府作为可再生能源电力配额消费义务的行政主体。

4.7.3 制定考核监督以及奖惩制度

配额制考核办法的出台，要求发电企业承担可再生能源发电义务，电网公司承担购电义务，电力消费者承担可再生能源消费义务。对于没有完成或超出可再生能源并网比例的地方政府和电网主体，制度设计上要制定相应的惩罚和激励措施。

动员千遍，不如问责一次，有力的考核奖惩是配额制政策发挥作用的重要保证。如果责任主体不履行义务，配额制政策就发挥不了作用。可考虑将可再生能源电力的消纳量纳入各省（区、市）合理控制能源消费总量和节能减排考核指标以及政绩考核体系，并将可再生能源发电配额完成情况纳入电网企业和发电企业的考核体系。国家能源主管部门应制定地方政府和电网企业的年度配额指标，并在第二年年初对上一年配额指标完成情况给予公示。各地可再生能源消费量可按照当年全国平均供电煤耗水平进行一次能源折算，等量从当地能源消费总量控制额度中扣除，在单位国内生产总值（GDP）能耗考核中也应合理反映当地利用可再生能源对节能的贡献。由国家能源主管部门会同监察、统计、审计等部门，以及发改、国资等部门对各省（区、市）政府、电网企业、电力企业配额指标完成情况进行考核，并进行相应的奖惩。中国确定惩罚机制时可以参考国外的做法，比如美国的配额制采用几倍于履行成本的罚款。一般来说，对电网、发电企业的经济惩罚只基于未完成量设定，数量上以预期履行成本的 2 至 5 倍为宜。

4.7.4 丰富产品种类及制定合理有效期限

鉴于技术发展有限，在短期内大幅提高绿证的数量是难以实现的，因此应当把目光转向对绿证交易市场以及绿证期限的调整上。绿证交易市场是新兴交易市场，交易产品种类单一，因此丰富市场中产品的种类是一种改善其价格波动的手段。例如，澳大利亚政府于 2011 年底在澳大利亚证券交易所（ASX）上市了可再生能源证书期货（RECS Futures）。它起到了三方面的作用。第一，促进了交易的透明性，RECS 期货为 RECS 产品提供了透明的远期价格。第二，市场主体可以购买期货以对冲产品价格风险。第三，提供全球市场准入，还应当确定合理的绿证有效期限。绿证有效期限较短，会引起价格波动，期限较长则可能引起某些企业囤积绿证从而哄抬价格。

纵观各国有关绿证期限的规定，澳大利亚和丹麦没有对时间期限进行限制，比利时为 2 年，意大利和瑞典为 10 年，荷兰为 12 个月，美国得克萨斯州为 3 年。各国规定各不相同，笔者认为以 3 年为宜，超过 3 年则证书自行失效。

符合配额对象的可再生能源不应仅限于电力，非电力的可再生能源也应包括在内，从而确保可再生能源供应的多样化。不同种类的能源成本不同，所以应对符合条件的可再生能源种类进行分级，确定其配额百分比，对成本相对较高的不成熟的生物质能和太阳能可以制定相对较低的配额，而对水电及风能等制定相对较高的配额。

4.7.5　进一步明确各机构职责

在配额制的实施中明确各机构职责是十分重要的。配额制实施中的配套政策也要有相应部门进行有效监管，政府部门、管理机构以及电力公司都要明确自己的职责。例如，政府部门要明确配额制的持续时间、符合条件的能源种类及配额比例、证书最高价格的制定以及管理机构职责的分配，而管理机构应负责制定实现目标的认证规定、奖惩条例、定期汇报配额制实施情况等，电力公司的责任则为完成配额、完成绿证交易。需要注意的是，政府制定的各项政策以及监管机构制定的各项条例既要实现协调统一，也要照顾到电力公司的利益诉求。只有各机构之间相互协同作用，不忽视任何一方的职责，才能更好地完成配额制。

4.7.6 深入研究绿证交易政策的运行

国家有关部门组织开展《可再生能源电力配额管理办法》研究工作时指出，在"十二五"规划期间，各省之间暂不可进行可再生能源交易。可再生能源电力产业绿证交易本身作为一种配额制的配套机制，旨在通过市场为可再生能源电力产业提供激励资金，以更低的成本提供更灵活的义务完成方式，降低财政补贴压力。中国各省之间能源禀赋差异大，研究可再生能源电力产业绿证交易政策对于完成配额指标、平衡地区间发展、提高资源利用效率来说是非常重要的。具体来说，首先应按照国家总体配额公平地分配到各省或各地区；超额完成的省或地区可以在有关部门获得超额完成配额部分的证书，从而可以在证书市场进行交易；不能完成配额的省或地区可以通过绿证交易完成配额。

从国外发展配额制的成功经验来看，绿证制度是实施配额制和实现绿色电力自由交易的典型机制。短期内中国无法建立发达国家所进行的以绿证认证和交易为配套的配额制体系，但随着电力市场化程度的提高以及可再生能源电力发展的成熟，绿证交易市场将逐步建立。基于中国未来电力市场及电价制度改革的进程，可以将中国推行配额制的过程大体分为三个主要阶段。

试点阶段（2018～2020年）：开展配额制试点工作，大力推进电力市场改革进度，着力培育电力市场交易平台及其规则。推广阶段（2020～2025年）：全国范围内推广可再生能源电力产业配额制，继续培育成熟的电力市场交易平台及规则，为引进绿证交易政策创造条件。发展阶段（2025年及以后）：建立绿证交易政策，完善可再生能源电力产业配额制运作机制。

（1）试点阶段的中国可再生能源电力产业配额制发展机制设计

该阶段的主要任务是：①选择西北区域作为实施可再生能源电力需求配额的试点。区域的可再生能源电力产业需求配额，同时也是区域内各省（区、市）的需求配额。需求配额约束下，可再生能源电力资源不足的省（区、市）会积极参与跨区跨省交易以完成目标，优先把可再生能源电力需求配额纳入本省（区、市）的电力电量平衡，从而保证了电网企业全额收购可再生能源电量后的需求市场，提高电网企业收购可再生能源电量的积极性和主动性。②推进电力市场改革进度，着力于培育电力市场交易平台，完成配额制政策酝酿和规则制定。

（2）推广阶段的中国可再生能源电力产业配额制发展机制设计

该阶段，全国范围内通过对各个省（区、市）地区总电力消费、电网企业总收购电量和可再生能源发电企业设立的配额指标，从而达到落实国家可再生能源电力产业规划发展目标，鼓励各地区积极开发利用本地可再生能源资源，实现可再生能源电力规模化开发和有保障消纳的目的。

在配额义务完成方式方面，各地方政府在配额制政策实施过程中发挥主导和协调作用，负责提出并落实本地区完成配额义务的具体实施方案，协调督促发电企业及电网企业完成配额义务。发电企业根据经济和技术最优的原则，合理确定各类非水可再生能源发电项目的投资规模和建设时序，确保其配额义务的完成。电网企业根据可再生能源电力产业配额总目标及其分配情况，合理确定可再生能源电力输送规划，在国家能源主管部门和地方政府的指导和协助下编制并落实可再生能源电力消纳市场，确保配额指标的完成，按照三公调度原则，协调好并平衡好各发电商之间的关系。准备阶段后期，逐步在全国范围内开展绿色电力价格项目，将其作为一种完成配额制的补充方式。该机制下政府允许、引导、鼓励愿意为使用清洁电而多支付一些费用的用户，自愿选择购买可再生能源电力。同时，成立可再生能源电力产业发展管理中心，保证用户多支付的电费被真正用于可再生能源电力产业的发展。

在考核与监督管理方面，将可再生能源电力的消纳量计入各省（区、市）合理控制能源消费总量和能源减排考核指标。另外，国务院能源主管部门需会同监察、统计、审计等部门，以及国资委、国家电监会等机构针对各省（区、市）、各电网企业、主要电力投资企业配额指标完成情况进行考核。

在激励机制方面，建立可再生能源电力产业发展基金，对电网企业实行接网补贴，对可再生能源发电企业实施税收优惠政策、补贴及固定上网电价政策等。

（3）发展阶段的中国可再生能源电力产业配额制发展机制设计

推广阶段，中国智能电网建设已全面完成，电力市场程度进一步开放。交易中心和调度机构从电网企业剥离，成为电力市场独立主体。该阶段的主要任务是全面构建促进可再生能源电力产业配额制健康发展的综合体系，建立绿证运作机制。

4.7.7 完善相关配额制政策的配套法律和政策

为保证配额制顺利实施，其他的配套机制也是不可或缺的，例如，证书储蓄机制。可再生能源电力产业证书储蓄是指当年发行且未使用的可再生能源电力产业证书在未来一定年度内仍然有效。在发达国家的绿证交易政策中，证书储蓄往往是不可或缺的，它是绿证交易政策顺利实施的保障。再如，宽限期是指如果配额制义务人当年未能履行义务，其将有机会在规定的额外时间内补足差额。另外，监管处罚的具体措施、配额制的补偿机制、责任人份额标准的确定、跨区域输送电力方式的确定等都仍需完善。配额制的相关配套机制有很多，大部分中国尚未涉猎，借鉴发达国家的数据建立模型进行数据分析，找出规律，结合中国实际制定政策，才能更好地服务于配额制的实施。同时，要在法律和政策层面积极推进可再生能源电力产业配额制的实施，使可再生能源电力产业配额制度早日落地。在实施可再生能源电力产业配额制和绿证交易政策的过程中，需要与新电改相结合，平衡行政手段和市场分配手段等。随着电力市场改革的进一步深入，需要对可再生能源电力进行保证性收购，地方政府制定绿色电价保证制度，可促进售电端等竞争性环节的电价，有序放开输配以外的竞争性环节电价，在进一步完善政企分开、厂网分开、主辅分开的基础上，按照"管住中间、放开两头"的体制构架，有序向社会资本放开配售电业务，有序放开公益性和调节性以外的发用电计划，为配额制的建立和实施创造条件。

| 第5章 |

可再生能源电力产业绿证交易政策

随着中国风能和太阳能快速发展,"十三五"期间,在经济调整转型、能源需求放缓的背景下,风能和太阳能发展将面临更大的挑战。例如,并网不足导致弃风、弃光现象严重;缺乏有效机制保障可再生能源的环境效益;电力需求下降,财政资金不足,可再生能源全额保障性收购和补贴政策无法落实到位,资金缺口增大。为了解决上述问题,2017 年 2 月国家发展改革委、财政部、国家能源局正式发布了《关于试行可再生能源绿色电力证书核发及自愿认购交易制度的通知》,拟在全国范围内试行可再生能源绿色电力证书核发和自愿认购。

5.1 绿证交易政策的含义

可再生能源绿证是由政府权威机构颁发的,表示一定量的或相当于一定量的可再生能源电力已被生产出来的凭证。电力企业每生产一定数量的可再生能源电力,就会得到一份绿色电力证书。绿证可以像商品一样在市场上买卖和流通,其发放数量应与可再生能源电力的实际生产量大体相当。可再生能源不仅是普通能源,而且是对社会具有额外贡献的能源,比如保护环境和能源安全。可再生能源的额外贡献就是经济学上正外部性,它是一种市场失灵。解决正外部性的办法除了政府补贴等政策之外,政府创造市场并引发自愿交易是正在兴起的解决办法。绿证交易政策是可交易许可证政策中的一种,其体现了科斯定理中关于自愿的产权交易能够消除外部性的内容。绿证的自愿交易能够将可再生能源外部性内部化,并实现资源配置最优状态。值得注意的是,绿证本身的价格不包含可再生能源作为普通能源的价格,它代表市场对可再生能源正外部性的补偿部分。

5.2 可再生能源绿证价格的确定模型

5.2.1 可再生能源绿证交易市场的实质

可再生能源电力交易实质上包含两类。承担配额义务的电力企业,既可以通过自己生产可再生能源电力而创造绿证（当边际证书创造成本低于证书价格时），也可以从别的可再生能源电力生产者那里通过签订长期合同的方式来购买额外的绿色电力证书（当边际证书创造成本高于证书价格时，Berry. T. et al. 2001；Voogt, M. et al. 2000）。可再生能源认证体系的建立，使得与可再生能源设施发电的相关属性与实际的电能得以分开，证书的可交易性打破了可再生能源发电交易的地域性质，可以销售到任何有需求的地方，也不受电力法规的限制，任何单位均可以销售。因此，可再生能源的电力企业能够从两个不同的渠道获得盈利：一是通过常规电价上网出售可再生能源电力来获利，二是通过在绿证市场上出售绿证来获利。因此，可再生能源电力交易市场事实上是两类市场同时运作。

假设电力市场与绿证交易市场的交易过程是相对分离的。在某些国家（如美国、欧洲等国家）配额交易制实行捆绑制，即发电企业向电网公司出售绿电的同时出售绿证，绿证和电力是绑定的，这样方便追溯绿证的来源，但操作起来比较复杂。因为配额制在中国处于刚刚兴起的阶段，许多政策法规还不完善，所以将电力市场和绿证交易市场分开是比较好的选择。

（1）常规能源电力市场

第一类市场由发电企业、电网企业、输电公司、配电公司和用户组成。可再生能源电力企业在普通能源电力市场上，以与普通能源发电同样的价格销售电力，可再生能源电力企业与普通能源电力企业一样，同电力公司签订购电协议，确定上网电价等有关事宜。

（2）绿证交易市场

第二类市场由发电企业、绿证颁发机构、绿证批发或零售机构、供电公司和用户组成。可再生能源电力企业在证书市场上销售绿证，发电企业向供电公司或用户销售电力合同。同时供电公司和用户间也可以进行绿证交易，此时的证书交易类似股票交易。绿证市场模式实现的前提是将可再生能源电力商品的使用价值部分转移到绿证上，绿证能够负载可再生能源电力部分使用价值的前提是基于政府权威部门赋予证书的信用价值，这样可再生能源电力的交易就会转为绿证的交易。

在绿证市场中，所有交易方式都是以签订合同为基础的。签订的合同期从 3 年到 10 年不等，一般居民用户签订期较短，同商业用户签订的合同期较长，可达 10 年。合同期需要研究权衡，签订长期的合同可以降低风险。但是合同期太长，参加签约用户将会下降，所以设计一个合适的合同期非常重要。

5.2.2 可再生能源电力价格高于常规能源价格

绿证是给进行可再生能源发电的厂商颁发的一种凭证，以证明发电厂商有一部分的电力来自于可再生能源，本身也代表一定的可再生能源电量，在市场中可以被交易并能兑换成货币。瑞典和欧洲绿证交易政策是，可再生能源电力生产商每发出 1 兆瓦的电能可获得相应的绿证。证书一般具有一定时间的有效性，为了降低可再生能源发电的市场风险并提高收益，可再生能源供应商可以持有一定数量的绿证，以应对下一个阶段绿证价格的波动。

单位数量的绿证对应着一定产量的绿电，绿证的颁发代表着一定数量的可再生能源电量已经由发电商发出并已经输送到电网。绿证的价格是由可再生能源电力的综合边际成本与一般传统能源电价成本之间的差额决定的（如图 5-1 所示）。配额制政策在中国实施后，火电和绿电的上网电价仍为统一定价。

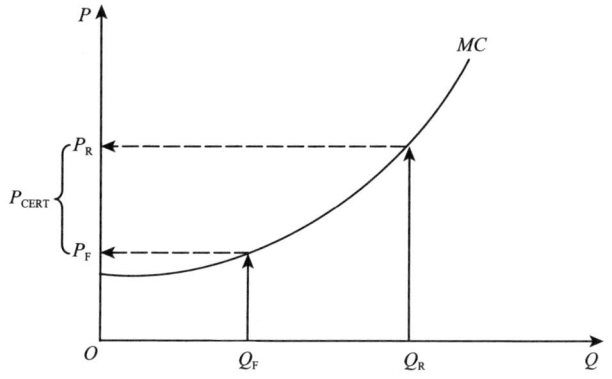

图 5-1 可再生能源电力价格高于常规能源价格

由于成本方面的原因，可再生能源电力价格一般要高于传统常规能源电力价格。在没有实行绿证交易政策的情况下，一般可再生能源是通过政府补贴等多种方式来弥补其成本高于常规电力成本的部分。在实行配额制以及可交易的绿证交易政策的情况下，可再生能源电力价格将包括常规能源电力价格和绿证价格两部分。而可再生能源电力价格的制定直接受到绿证价格制定和变动的影响。

假设 P_F 代表传统常规能源电力的价格，P_R 代表可再生能源电力的价格，对于传统电力，我们假设边际生产成本是连续的，因此其价格也是连续的，可再生能源电力的价格 P_R，由常规能源电力价格和绿证的价格两部分相加构成。如图 5-1，如果对可再生能源电力没有支持性的价格管制政策，那就只能生产 Q_F 数量的可再生能源电力，这时的可再生能源和传统常规能源的电力价格一样都是 P_F，如果要求生产 Q_R 的可再生能源电力（比如配额制要求），那么因为成本较高，在实行配额制的情况下，可再生能源的价格就要提高到 P_R，可再生能源电力的价格会比传统常规电力价格要高，两者之差为 P_{CERT}，代表绿证的价格。在图 5-1 中，配额制政策框架下，绿证价格为边际成本与上网电价之差。如果未实施配额制，即没有强制规定可再生能源发电量的占比，可再生能源发电商的成本将难以弥补，绿色电力市场中绿色电力产量仅为 Q_F，难以有效扶持可再生能源行业发展。

如果规定每个传统电力生产商的可再生能源电力百分比必须达到 α_P，$0 \leq \alpha_P \leq 1$，则 $P_R = \dfrac{1}{1-\alpha_P} P_F$。随着可再生能源电力在整个电力生产中所占份额的提高，可再生能源电力的价格也将随之提高。选择更加合适的可再生能源电力的配额是现实中的主要任务。配额制是作为可交易的绿证政策的铺垫性内容。政府首先根据国家可再生能源发展目标和预期的传统电力产量，来确定合适的配额。

5.2.3　可再生能源电力价格的决定

绿证交易政策就是可再生能源配额制政策实施措施的具体化，当市场主体未完成可再生能源电力产业配额时,有两种途径获取绿证。第一种方法是通过绿证交易市场从绿电厂商处购买从而获得一定数量的可再生能源电量。第二种方法是通过绿证交易市场从电网公司购买绿证来证明自身已经获得一定比例的可再生能源电量。绿证交易政策中一般包括绿证的颁发部门、证书交易管理机构以及证书登记与录入部门等。有关部门会在绿证交易政策中约定可再生能源发电种类、发电技术、生产开始日期和相关信息。在绿证可以交易的情况下,因为可再生能源电力市场暗含了绿证交易市场,所以可再生能源电力价格包括了绿证的价格。

在信息完全的情况下,假设没有技术进步,交易成本为零,没有惩罚政策。再假设整个可再生能源电力企业由两种企业 A 和 B 构成,两者分别是可再生能源电力行业中的劣势企业和优势企业,P_1 为可再生能源电力的交易价格,MC_A 和 MC_B 分别代表两个企业进行可再生能源发电的边际成本曲线。但由于资源拥有程度、规模经济效应或者技术进步带来的影响,使每个电力企业生产可再生能源的机会成本不同,随之它们也就有不同的边际成本曲线(见图 5-2)。

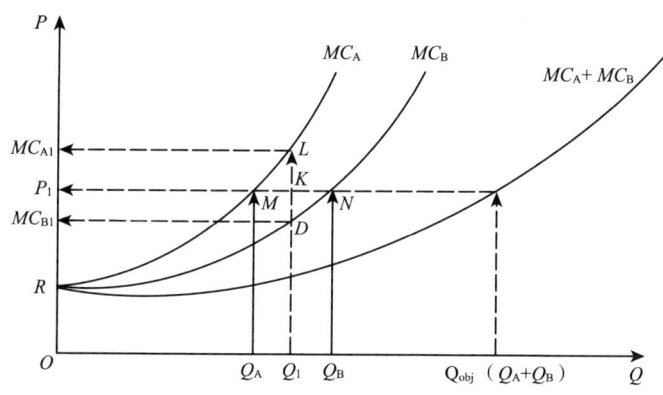

图 5-2 可再生能源电力市场

如果只实行配额制而不实行绿证交易政策,根据配额制的强制性要求,企业 A 和 B 必须生产数量为 Q_1 的可再生能源电力,并且不得交易配额。为了达到 Q_1 的目标,A 企业可能由于种种原因,其边际成本 MC_{A1} 较高,效率较低，处于相对劣势。而 B 企业效率较高，具有明显的相对优势，相对发电成本较低，其边际成本为 MC_{B1}。

在绿证可以交易的情况下，为了满足配额的要求，两个企业对生产的可再生能源电力进行交易。A 企业实际支付的总价为 $Q_A Q_1 KM$ 的面积，这是对可再生能源电力的需求，同时是对绿证的需求。B 企业实际得到的总价为 $Q_B Q_1 KN$ 的面积，这是对可再生能源电力的供给，同时是对绿证的供给。多于配额要求的可再生能源电力可以作为绿证的供给，不够配额要求的可再生能源电力可以作为对绿证的需求。

当绿证交易市场处于非均衡状态的时候：

$Q_B Q_1 KN > Q_A Q_1 KM$，供过于求，绿证的价格会在供求关系的作用下下降，使得 $Q_A Q_1 KM$ 变大，$Q_B Q_1 KN$ 变小，直至可再生能源电力价格达到均衡价格 P_1。

$Q_B Q_1 KN < Q_A Q_1 KM$，供不应求，绿证的价格会在供求关系的作用下上升，使得 $Q_A Q_1 KM$ 变小，$Q_B Q_1 KN$ 变大，直至可再生能源电力价格达到均衡价格 P_1。

5.2.4 绿证本身价格的决定

下面根据绿证的供给和需求建立相应的模型来分析绿证本身价格的决定与波动。这里需要注意：在有罚金的情况下，绿证本身的市场价格的上限是对不够配额要求的可再生能源电力企业的罚金 F，如图 5-3。

假设 D 代表需求价格弹性较小的绿证的需求曲线，而 D' 代表需求价格弹性较小的绿证的需求曲线。假设在完全竞争的市场结构中，绿证的供给线就是它的边际成本线。绿证的供给 S 和需求 D 相交于 E 点，均衡价格为 P_E，均衡产量为 Q_E。

绿证大多数是由已建的可再生能源电力企业所生产，发电企业要考虑绿证的价格是否能够弥补其边际成本。只有在绿证的市场价格 P 高于其边际成

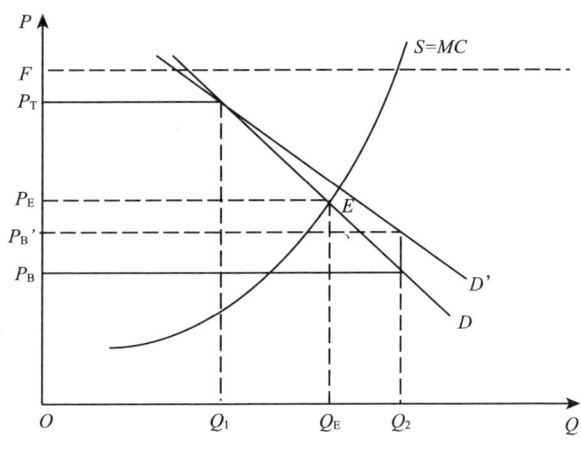

图 5-3 绿证本身的交易

本 MC 时，发电企业才愿意生产可再生能源电力。当市场绿证供给不足时（即 S 小于 D），电力企业为达标将会争购绿证，绿证的价格将因此上涨。在没有考虑罚金的情况下，最多只能涨到某个最高价格，否则供电企业宁可自己新建可再生能源电力工厂而不再购买证书。在考虑罚金的情况下，绿证的价格一般不高于单位罚金的额度 F，否则供电企业宁可接受惩罚也不愿意购买证书。

绿证市场的价格波动的可能性较大，一方面是受供求关系的影响；另一方面是受可再生能源电力产出不稳定性的影响。如风电方面，据估计，丹麦年风电最大产量波动幅度为上下 20%。绿证交易规则设计的不同，价格波动的幅度也会不一样。如果绿证的有效期为一年，当今年产量下降到 Q_1 时，证书价格将上涨到 P_T；当产量上涨到 Q_2 时，则价格将下降到 P_B，波动幅度为 $P_T - P_B$。如果证书永久有效，当证书价格较低时，买方就会多买一些储存起来（对于厂商而言，证书价格若太低，就留到明年再卖，所以其实证书的供给曲线也会更有弹性，在这个模型中没有分析），在这种市场上，需求曲线为 D' 就会更具有需求价格弹性，价格的波动幅度为 $P_T - P'_B$。相比之下，永久有效的证书交易市场的价格波动比有限有效期的证书交易市场的价格波动要小。

5.3 典型国家的可再生能源电力产业绿证交易政策

目前，美国、日本、德国、澳大利亚等20多个国家均实行了绿色电力证书交易制度，既有配额考核售电端的国家，也有强制约束发电端的情况。不同强制配额路径的选择背后，是大量的博弈。

5.3.1 英国的绿证交易政策

为实现国家可再生能源电力产业的发展目标，英国从2002年开始实施可再生能源电力产业义务（The Renewable Obligation，RO）政策，同时引入了绿证交易政策，旨在通过建立绿证交易政策来提高市场分配效率，降低可再生能源电力产业生产成本。

（1）证书发放

自2009年4月1日起，英国开始根据不同技术的成本差异分别发放不同数量的可再生能源义务证书，在一定程度上促进了个别尚未成熟技术的发展。2011年，英国燃气和电力市场监管办公室（OFGEM）公布了《可再生能源义务：发电商指南》，明确规定陆上风力发电企业每提供1兆瓦时电力将得到1张可再生能源义务证书（ROC）。同等条件下，海上风力发电企业可得到2张可再生能源义务证书，农作物发电企业可得到2张可再生能源义务证书，沼气发电企业可得到0.5张可再生能源义务证书，垃圾填埋气体发电企业可得到0.25张可再生能源义务证书。所有微型发电商（申报净容量在50千瓦以下）无论采用何种技术，每生产1兆瓦时电力都可得到2张可再生能源义务证书。

（2）监管机构

英国燃气和电力市场监管办公室（OFGEM）是英国能源领域独立的监管

部门，负责整个可再生能源义务证书交易体系的运行和监管，包括可再生能源义务证书的注册、核算、交易，年度目标的确立，供应商完成可再生能源电力产业义务的审核，年度可再生能源电力产业义务资金的分配及对未完成可再生能源电力产业义务供电商的惩罚等。

(3) 证书交易

发电商每发出1兆瓦时的可再生能源电力，监管机构将发给其相应数量的可再生能源义务证书。发电商将生产的可再生能源电力出售给供电商的同时，也提供同等数量的可再生能源义务证书。最后，供电商按照规定设立年度可再生能源比例，把规定数量的可再生能源义务证书交回到英国燃气和电力市场监管办公室，从而完成可再生能源义务证书的整个循环。为促进供电商制定更高的可再生能源发电目标，可再生能源义务证书政策规定，证书的有效期为两年，即第一年多余的可再生能源义务证书可以用于下一年度继续使用。

(4) 考核与监管

供电商在每年9月1日前上交规定比例的可再生能源义务证书，如未能达到电力监管机构的规定，则会受到相应数额的罚款。未完成可再生能源义务证书政策规定的供电商可以在9月1日至10月31日期间补交可再生能源义务证书或按照买断价格支付罚款，但需缴纳滞纳金。如果年度发电商的可再生能源义务证书仍有剩余，表明可再生能源电力市场处于卖方市场，英国燃气和电力市场监管办公室可以收购剩余的可再生能源义务证书，收购价为一张30英镑可再生能源义务证书（2002年），这实际上相当于政府为可再生能源电力证书确定了一个最低价格水平。

(5) 效果评估

从2002~2011年，英国实施可再生能源义务政策以来，各年度义务证书所占供应比例和价格都在提高，为可再生能源配额义务的完成发挥了重要作用。然而，绿证的交易市场也存在着较大不稳定性，如果运行不当，可能造成绿证的炒作，这与最初降低可再生能源电力生产成本的初衷相悖。可以说，英国可再生能源电力产业义务的不确定性和可再生能源义务证书市场的不稳定性已经对可再生能源义务目标的完成效果产生了负面影响，使英国可再生能源电力产业义务的完成率一度在60%左右徘徊。另外，英国能源和气候变化部对燃气与电力市场监管办公室的管理约束力不够，使其职能过多，管理效率不佳。

5.3.2 美国的绿证交易政策

到目前为止，美国绝大多数实行配额制政策的州均建立了可再生能源证书（REC）交易政策，保证了资源贫乏地区的公用事业单位可通过购买可再生能源资源丰富地区提供的绿证来履行可再生能源配额义务。本书以得克萨斯州（以下称得州）为例来总结美国绿证交易政策。

（1）证书认证

发电商每生产1兆瓦时的可再生能源电力相当于1个可再生能源证书，每一季度通过项目管理员对证书进行认证，认证工作主要是检查证书标识的内容是否符合实际情况。得州绿证的设计非常简洁，主要标识了以下内容：发电设备、用来发电的可再生能源类型、发电年份和季度、该发电设备以兆瓦时为单位的发电量等。

（2）证书交易

发电商生产的可再生能源电力可通过可再生能源证书进行交易，交易范围可在得州范围内进行。证书的上限价格由得州公用事业委员会（The Public Utility Commission of Texas，PUCT）设定。如果零售商未能到期供应规定的可再生能源电量，将受到50美元/兆瓦时的处罚。为鼓励除风电以外的可再生能源电力产业的发展，还规定1兆瓦时非风电的可再生能源电力相当于两个可再生能源证书。

（3）监管机构

得州电力可靠性协会（ERCOT）作为可再生能源证书管理者，负责对证书交易进行全过程监管，包括参与方的登记认证、可再生能源证书的分配和管理、记录可再生能源证书的生产、销售、转让、购买和到期情况以及发表项目年度报告等。电力零售商和发电商需定期向项目管理员汇报其可再生能源发电量，所有的证书交易都必须通过得州电力可靠性协会登记才能生效。

（4）证书弹性机制

美国得州的证书弹性机制包括：规定义务补足或者调和期，时间一般为三个月。凡在这段时期内未达到配额义务的义务承担者可购买证书。已完成配额义务并还有证书剩余的可以出售。允许进行证书储蓄（即通过允许有效期延后一至两年来降低零售商风险并提高规模经济性）和赤字储蓄（即允许零售商弥补其证书亏空的时间延后一至数年）。弹性机制保证了义务承担主体能有机会选择以较低成本方式来完成义务。

（5）管理考核

得州公用事业监管法规定，可对未完成配额义务的义务主体进行严厉的行政处罚，即每千瓦时将处以不高于5美分或者在义务期内可再生能源电力产业证书交易平均价格200%的罚款，允许义务承担主体选择其中价格较低的处罚措施。一般来说，上缴的罚款都远远高于正常履行义务付出的成本。

（6）效果评估

对得州证书交易政策的效果评价，各方存在差异。一些评论认为，由于得州风力发电量规模较大，使该州一直超额完成目标，2005年就已完成了2009年的目标，2007年超额完成了2015年的目标，在2009年达到了2025年1000万千瓦的目标，使得得州成为美国风力发电装机容量最多的州，其占全国风电装机总量的8%。但也有分析认为，可再生能源证书其实并未对得州可再生能源电力产业的发展起到太多促进作用，其价格也从未超过1美元/兆瓦时，反而是联邦推行的可再生能源生产税抵扣政策成为可再生能源电力产业投资的主要推动力。同时，得州的证书交易政策也未能解决可再生能源发电上网消纳的问题。虽然风力发电在得州发展异常迅猛，但是电力传输问题一直是得州进一步开发可再生能源电力产业的主要瓶颈。由于部分地区生产的风电已高于电网的传输能力，ERCOT 不得不缩减风电装机容量。但无论如何，绿证在得州可再生能源电力产业发展中发挥的作用是不容否定的。

5.3.3 澳大利亚的绿证交易政策

2001 年，澳大利亚政府通过《可再生能源（电力）法》，提出了强制性可再生能源目标（MRET）。在这一政策框架下，澳大利亚建立了可再生能源证书（RECs）交易机制和交易市场，同时还成立了可再生能源管理办公室（ORER），负责对可再生能源发电商进行认证，监管可再生能源证书的执行情况，并对违反 MERT 法案的行为进行处罚。2001 年 4 月 1 日，澳大利亚可再生能源证书政策在全国范围内正式运行。

该政策实施后，合格的可再生能源生产商每生产 1 兆瓦时的电量就能得到 1 个单位的绿证（REC）。责任实体（即配额义务承担者，包括电力零售和批发商）在获取的电力中需要有一定比例的可再生资源电力或拥有与这部分电力等量的可再生能源证书。每年末，责任实体必须向管理部门上交足够的绿证，以证实自己完成了目标义务。责任实体的绿证既可通过与可再生能源电力企业签订合同购得，也可向第三方协商购买。绿证可在责任实体或第三方之间通过国家电力市场（NEM）进行交易。不能提供足量的可再生能源证书的责任实体，须交纳一定的费用。从 2011 年 1 月 1 日起，澳大利亚的配额证书开始分为大规模发电证书和小规模技术证书两种。

（1）大规模发电证书运行机制

合格实体，可申请大规模发电证书（LGCs）的合格实体是指使用太阳能、风能、潮汐能、生物质能等《可再生能源法案》中列出的可再生能源发电站。

注册交易，大规模发电证书由可再生能源发电商根据在基准线上生产的额外电力，通过网络在绿证注册器上生成，再由管理办公室确认后方可买卖和提交。电站除去卖给电网的电力，大规模发电证书可以在开放的市场上卖给可再生能源配额义务承担者，价格由供需双方决定。

大规模可再生能源目标明确了2030年前每年可再生能源的发电量、配额义务主体需购买的大规模发电证书数量，通过条例中设置的可再生能源比例（RPP）确定。每年的可再生能源比例依据当年可再生能源发电目标、年度义务承担主体电力的获得量、前一年大规模发电证书提交超额或不足量等确定。大规模发电证书的所有权通过交易人之间的付款合同直接在注册器上转让，交易价格由市场决定。

证书提交与考核，义务主体需向可再生能源管理办公室提交满足其年度义务的规定数量的大规模发电证书，提交后的大规模发电证书不再有效，不可再进行买卖和交易。当年没有提交规定数量的义务主体，需要支付相应的罚款（当前为每个大规模发电证书65澳元）。

（2）小规模技术证书交易机制

小规模可再生能源计划专门规定了配额义务主体具有按季度提交小规模技术证书（STCs）义务，为安装合格的小规模太阳能热水器、热泵、小型风机、小型水电系统等提供金融激励。小规模可再生能源电力每生产1兆瓦时电量可获得1个单位的小规模技术证书。管理机构还专门成立了自愿的小规模技术证书交易所，以40澳元/兆瓦时的固定价格进行小规模技术证书交易。同时，澳大利亚还采用了太阳能乘数机制，根据安装时间不同为电力首先并网1.5千瓦或者离网的20千瓦的发电单元发1~5倍的证书。

合格实体，新安装的太阳能热水器或热泵电力系统，在可再生能源管理办公室登记后即可申请小规模技术证书。新安装的小规模的太阳能、风能、水能发电系统，遵照当地、州、联邦政府的要求，由清洁能源委员会授信的安装单位安装，系统组件要纳入清洁能源委员会公布的信用列表，取得合格许可后才可以申请小规模技术证书。

注册交易，系统所有人通常将小规模技术证书分配给第三方代理人（例如零售商或安装单位）进行注册，代理人要支付给所有人一定的费用。代理人通过绿证注册器的线上系统创造小规模技术证书，向可再生能源管理办公室登记后,通过开放市场或者小规模技术证书交易所进行交易。

证书提交与考核,如果在小规模技术证书交易所交易,政府保证每个小规模技术证书40澳元的价格,但可能需要延迟一定的时间付款。法律要求义务主体每年购买并提交一定数量的小规模技术证书,进而创造了小规模技术证书的需求。每年提交时间为2月、4月、7月及10月,未提交规定数额的小规模技术证书时,义务主体需要支付罚款(当前为每个小规模技术证书65澳元)。提交后的小规模技术证书不再有效,不能再次进行交易。

(3) 效果评估

得益于良好的法律法规和管理机制,澳大利亚证书交易政策的效果显著。目前,通过可再生能源电力产业目标分级等措施,其政策更加完善。自2001年起,证书交易为可再生能源电力产业的投资提供了大量金融激励,增加了小规模可再生能源系统的数量,激励了可再生能源额外发电和可再生能源发电项目建设,增加了电力部门的可持续性,降低了电力部门的温室气体排放。

5.3.4 典型国家绿证交易政策的共同点

(1) 绿证交易政策往往作为配额制政策的重要组成部分

绿证交易政策的施行要以配额制政策作为基础,在可再生能源电力产业配额制政策框架下,政府监管部门、电力零售商和可再生能源发电商都是主要的参与方。政府监管部门发布年度可再生能源电力比例,监管政策的运行。电力零售商作为义务主体可购买并向政府监管部门提交满足配额要求的绿证。合格的可再生能源发电商可根据发电量申请并出售绿证,同时获得收益。

(2) 绿证交易政策均建立在成熟的电力市场基础之上

在成熟的电力市场机制下,上游发电企业和下游的售电企业成为市场化竞争主体,电力调度中心划归政府下属的非营利机构管理。通过引入绿证交易政策,可再生能源发电商除在电力市场上出售电力外,还能出售以绿证形式表现的环境外部效益,从而为发电企业带来额外的收益。

（3）由于国家政体、立法政策、市场条件不同，不同国家在绿证交易政策设计上也有所差异

例如，美国没有联邦层面的配额制政策，因此不同州的绿证交易政策在具体操作细节上也有不同，而且证书交易一般仅限于本州的范围之内。澳大利亚将可再生能源证书按规模进行分类，英国则采取了义务分级政策。

（4）绿证交易政策对可再生能源电力产业发展发挥了重要作用

绿证交易政策是一种可再生能源电力产业激励手段，为可再生能源电力产业外部性创造了具有流动性的市场，通过市场竞争降低了成本。绿证交易政策具有增加配额制实施弹性、克服地理限制、强化惩罚机制、创造不同可再生能源技术之间的竞争、发展全方位激励机制、降低发电企业市场风险等众多优点，有效保证了配额制政策的实施。

5.4 可再生能源电力产业绿证交易政策的运行机制

国外可再生能源电力产业绿证交易分为自愿和强制两个部分。欧美大型企业购买绿色电力的积极性通常较高，并将此作为履行社会责任的组成部分。而中国国内市场的环保理念尚未形成，自愿交易尚待普及。

5.4.1 自愿购买的绿证政策

自 2017 年 7 月 1 日起，绿证自愿认购平台正式上线，各级政府机关、企事业单位、社会机构和个人均可认购。绿证是国家向符合资格的可再生能源发电企业颁发的具有唯一代码标识的电子凭证，也是消费绿色电力的唯一凭证。发展绿证政策可以缓解国家财政补贴资金的压力，落实可再生能源占比目标，有助于缓解弃风、弃光现象。

(1) 申领绿证的主体

列入国家可再生能源电价附加补助目录内的陆上风电、光伏发电企业（不含分布式光伏发电），通过可再生能源发电项目信息管理平台，依据项目核准（备案）文件、电量结算单、电费银行转账凭证和结算发票扫描件等证明材料申请绿色电力证书。

(2) 绿色电力证书颁发主体

国家可再生能源信息管理中心按照国家能源局相关管理规定，依据可再生能源上网电量，通过国家能源局可再生能源发电项目信息管理平台向符合资格的可再生能源发电企业颁发具有唯一代码标识的电子凭证。

(3) 购买绿证主体

各级政府机关、企事业单位、社会机构和个人均可在中国绿色电力证书认购交易平台自愿认购绿色电力证书，作为消费绿色电力的证明。

购买绿证后暂时无法进行再交易并盈利，且不能抵消电费。购买绿证实际上是企业和个人对中国可再生能源成本下降至平价上网的支持。绿证出售后发电企业相应的电量不再享受国家可再生能源电价附加资金的补贴。但如果发电企业未申领绿证、申领绿证未挂牌出售或协议转让，以及挂牌出售未售时，发电企业仍可继续享受国家可再生能源电价附加资金补贴。认购价格不高于证书对应电量的可再生能源电价附加资金补贴金额，由买卖双方自行协商或者通过竞价确定认购价格。一个证书对应1兆瓦时结算电量，不足1兆瓦时结算电量部分，结转到次月核发。

5.4.2 可交易的绿证政策

从2018年起，中国适时启动了可再生能源电力配额考核和绿证强制约束交易。通过强制与自愿相结合的交易模式，将有效推进全民绿色电力消费，实现中国政府承诺的"2020年、2030年非化石能源占一次能源消费比重达到15%、20%"的能源转型目标。

自愿购买绿证政策实行一段时间之后，就应逐步开展强制性的交易，开始实行可交易的绿证政策，促进绿证的价值实现。绿证的价值代表可再生能源电力价格与常规电力价格的差值，并且随着地区和可再生能源发电技术水平的差异而不同。绿证的内容包括发电企业的名称、可再生能源的种类、发电的技术类型、生产日期、证书交易的范围、用以标识的唯一编号等。绿证的表现形式包括事务证书形式、计算机系统中的电子证书形式以及二者兼有的三种形式。绿证交易政策一般由绿证、证书交易管理机构、电力系统企业、证书交易管理系统、消费者、自愿认购者等构成。

（1）证书交易管理机构

证书交易管理机构一般是独立于发电企业、供电企业等电力公司，是政府制定负责颁发和回收绿证的管理机构，同时还负责整个交易系统的运行与监管。证书交易管理系统，也可以称作绿证。

（2）交易管理数据库

绿证持有者和可再生能源发电企业等相关主体利用该系统进行登录注册、查询交易相关信息等操作。证书运行管理机构可以在该系统中进行操作和管理。证书交易管理系统的作用是确保绿证发放、转让和注销的合法性和准确性。

（3）证书交易范围

绿证如同商品一样可以自由流通，不受电力设施物理连接的限制。这种流通性使得绿证市场有可能突破一个地区或者国家的地理界线而形成更大范围的市场。例如，欧盟已提议在欧盟内部建立一个国际性的绿证系统，促使欧盟各国进行自由的绿证交易。

（4）参与方

证书交易机制中的参与方包括："按照能源主管部门的要求，负责证书交易政策的实施，独立于发电企业、电网企业和供电企业，向相关企业发行、回收绿证，监管证书交易机制运行的政府机构；符合国家相关规定，通过政府运行机构审核的、合格的可再生能源发电企业；配额管理办法规定的履行配额指标的责任人；自愿购买证书作为节能或荣誉证书使用的相关企业或个人；实际承担可再生能源发展所需成本的电力消费者。"

(5) 各个组成部分的运作流程

各个组成部分的运作流程是：由可再生能源发电企业到政府运行管理机构登记注册，注册信息包括发电企业与电网公司签订的购电合同、生产单位所在地点、发电能力、可再生能源种类、生产开始日期和其他相关信息等。发证机构审核发电企业提交的注册信息和电力生产数据，对符合要求的企业将根据其实际的发电量、可再生能源种类颁发绿证。为促进发电单位采用新技术，提高对可再生能源机组的运行维护能力，鼓励发电厂多发电，多数国家根据可再生能源电量，按每万千瓦时提供一个单位配额证书（各国有所不同）计算，颁发配额证书。为了鼓励资源多样化，促进高成本可再生能源的发展，可以给成本较高的可再生能源电力提供几倍于实物量的证书。比如，每兆瓦时光伏发电可获取 5 兆瓦时的证书，而低成本的发电技术提供 1 兆瓦时发电则只能获得 1 兆瓦时的证书。发电企业将获得的证书计入绿证账户，可再生能源电力产业配额制的责任主体向可再生能源发电企业或其他拥有富余绿证的主体购买绿证，以完成政府规定的配额目标。交易确认之后，证书的所有权将由卖方账户转移到买方账户。

5.5 可再生能源电力产业绿证交易政策的绩效研究

5.5.1 影响制约可再生能源电力产业绿证交易政策绩效的因素

绿证交易政策在实行过程和执行效果会受到信息是否完全、配额额度调整、罚金额度设置等多方面因素的影响和制约。

(1) 信息是否完全影响绿证交易政策的实行

在分析各项管制政策的时候，是假设可再生能源发电项目成本方面的信息完全以及零交易成本的，各政策能够产生相似的结果。不管像是固定价格政策那样直接管制价格，还是像是绿证交易政策和竞价上网政策通过数量间接管制价格，都能达到相同的可再生能源电力生产的目标。在信息完全的情况下，不采用灵活的政策（比如可交易的绿证政策），而只是给不同的电力生产者分配不同的可再生能源电力的任务，即仅仅实行配额制，也能达到有效率的分配。在信息完全的情况下，在配额的数量 Q_{obj} 达到的同时，绿证市场上的均衡价格 P_1 和固定价格政策和实行竞价上网政策时的边际价格是相等的。

但如果信息不完全并且对成本曲线的形状不能确定的情况下（1992），上述政策的效果就不相同了。如果认为可再生能源的成本曲线更加平缓的话，决定好的固定价格的微小变动将会引起产量大幅度的变动。如果将固定价格设置高了，就会使得可再生能源电力产业的产量大幅提高，进而使得对可再生能源电力产业的补贴过大。而绿证交易政策和竞价上网政策就不同了，即使对于产量的配额要求较高，对价格的影响也会较小，进而对可再生能源电力产业的补贴数额的影响也会较小。但是值得注意的是这里假设可再生能源电力产业的成本曲线较为平缓，如果较为陡峭，结果就会截然不同。如果生产成本曲线的形状难以估计，在各种可再生能源电力产业政策下，政府要求必须生产的可再生能源电力的总成本就难以估计。在可交易的绿证政策下，如果证书的价格能够表现出供给者比政府预计的边际成本高得多，那么政府就可以自由调整配额的额度。但是在现实生活中，因为政府部门和电力生产者本身都缺乏完全信息，所以很难有效地对可再生能源电力目标任务进行分配，使得边际成本相等。

(2) 配额额度的调整影响绿证交易政策

在不同时期，要求整个国家生产的可再生能源电力产业的电力水平是不一样的,政府需要决定生产的可再生能源电力产业电力的配额总量,然后在不同的电力供给者之间进行分配配额,主要是根据电力供给量的百分比来分配和调整。

同样假设没有惩罚政策。如果政府在现有配额完成的情况下提高配额指标,这就是可再生能源电力产业进一步发展的标志。图 5-4 显示配额指标提高后,绿证交易市场的动态变动过程。

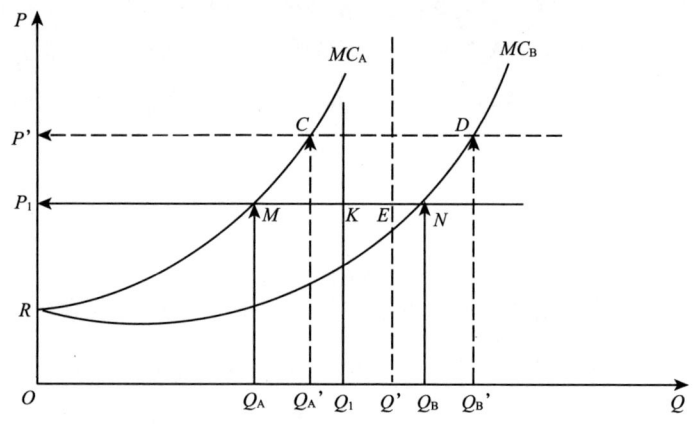

图 5-4 可再生能源电力产业配额额度调整模型

起初市场均衡价格为 P_1。绿证供求达到平衡,$MQ_AQ_1K = KQ_1Q_BN$。在政府提高配额总量之后,单个企业的目标配额相应地由 Q_1 增加至 Q'。由于此时绿证需求量大于供给量,$MQ_AQ'E > EQ'Q_BN$,绿证市场价格就有上涨的动力,由 P_1 上涨至 P'。绿证交易市场再次达到均衡。

在这一过程中,当电力企业购买绿证不经济时,就趋于提高技术,降低成本,以此来继续完成配额指标。因此,绿证交易政策激励了单个厂商降低可再生能源发电成本,促进发展可再生能源发电技术。当然,均衡价格需要政府合理确定,如果定值过低,则仍然达不到激励劣势企业降低成本、发展技术的目的,还会使得绿证交易失去对可再生能源电力产业的激励作用。若其值过高,劣势企业的生存压力过大,也不利于电力企业的健康发展。

(3) 罚金额度的设定影响绿证交易政策

除了补贴可再生能源电力之外，政府也给每个发电企业强加一定的配额。生产者每生产一单位的可再生能源电力，就会获得一份证明其满足一定标准的绿证。如果发电企业没有完成配额，不能自己生产或者购买到所要求额度的可再生能源电力，就会被罚款，罚款的数额与没有完成的配额的数量成正比。

如果考虑对没有完成配额指标的企业予以惩罚，惩罚的力度至少要大于其购买绿证的成本。证书的价格应该等于（或者略微低于）每单位罚金的价格。如果绿证的价格定得过高，高于罚金 F，而提高技术、降低成本的成本也高于罚金成本，那么在最优化的情况下，企业就会宁愿选择接受罚金的处罚，也不愿在证书市场上购买证书了。所以这种惩罚实质上是给证书市场的一种最高价格限制。这种惩罚可以限制可再生能源开发者获得的租金以及限制他们的边际收益。同时，支付的罚金积累起来可以用来补贴可再生能源电力的投资。配额制实质上还是一种补贴机制，补贴政策和配额制政策具有同一性。

可以假设在完全竞争市场结构里有 N 个具有相同电力生产成本的企业。假设只有两种方式来生产电力，常规能源或可再生能源。常规能源的生产成本一般来说要比可再生能源的生产成本低。可再生能源有正的外部性，主要表现在生态保护方面以及社会经济效益方面（比如可以雇佣额外的劳动力、建设新的设施等）。但事实是这些外部性在电力生产过程中没有完全被考虑。

可以证明罚金和补贴具有同一性，为了分析的方便，假设绿证是不可交易的，因为假设了所有企业的企业生产成本都是一样（没有机会进行交易），所以这种假设没有必要交易绿证是很自然的。电力企业的利润最大化的目标函数可以表示为：

$$\max_{x, x_g} [p(x + x_g) - f \cdot (\bar{x}_g - x_g) - cx - c_g(x_g)] \qquad (5-1)$$

这里 p 表示电力的市场价格（包括可再生能源电力和常规电力在市场上

都按照统一价格出售)。$\bar{x}_g$ 表示可再生能源电力的配额要求的发电量，x_g 表示可再生能源生产的电力，c_g 表示可再生能源的发电成本，x 表示传统常规能源生产的电力，c 表示常规能源电力生产的单位成本函数（为了分析方便假设是不变的），而 f 表示不能满足配额要求的可再生能源电力的单位罚金。一阶条件为：

$$p - c = 0 \qquad (5-2)$$

$$p + f - c'_g(x_g^*) = 0 \qquad (5-3)$$

事实上式（5-3）中罚金 f 和对可再生能源发电的补贴起着相同的作用，这里的罚金代表着配额的影子价格。因为对于可再生能源发电企业来说，常规电力价格再加上相应的罚金的两者之和等于可再生能源的生产的边际成本，因此配额制从本质上就是补贴机制。

可再生能源电力价格包含普通能源电力价格和绿证价格两部分。仅仅实行配额制不利于资源的有效配置，而在实行可交易的绿证政策的情况下，有利于社会总福利的增加和生产成本的降低。可交易的绿证政策的实施效果受到多方面因素的影响。值得注意的是从国际上看，绿证市场的形成时间不长。绿证市场的发展依赖于各国可再生能源电力产业配额制政策的执行情况，绿证的购买者主要是那些有配额要求的供电公司和大用户，而基于用户自愿购买的零售市场还十分有限。

5.5.2 可再生能源电力产业的绿证交易政策的影响

（1）实现绿色电力的市场化

配额制度本身无法实现可再生能源发电的绿色价值部分，绿证交易政策为绿色价值部分的实现提供了市场化的解决方案和手段。绿证交易政策本身没有价值，绿证的价格不包含可再生能源作为普通能源的价格，它仅代表市场对可再生能源正外部性的补偿。通过允许配额义务承担者之间交易使用可再生能源电力的义务，绿证可以像商品一样在绿证市场上进行买卖和交易。

绿证交易政策就是将基于配额形成的可再生能源发电量证券化，并借此构建基于市场的可再生能源电力供求机制和市场交易体系。绿证作为可交易的有价证券，其价格由可再生能源电价高于常规电价的"价差"决定，并随着市场供求状况的变化而波动。可再生能源发电企业通过销售绿证获取价外收益，实现可再生能源电力的绿色价值，并使得可再生能源电力产业配额借由绿证实现可交易，巧妙地解决了配额制度的市场化问题。

（2）平衡的市场工具

可再生能源发电配额作为基于减少化石能源消费的电力节能政策工具，是电力企业依法应尽的义务。但受资源禀赋、发展能力的制约，不同电力企业完成强制性配额的市场绩效客观上会存在差异，绿证制度为电力企业之间调节配额余缺创造了条件。如果没有绿证交易政策，而仅仅采用配额制来促进可再生能源市场的发展，企业的成本会大大扩大。在一种不灵活的机制体系中，比如说"命令-控制"型政策的实施，电力企业都被下达一致的配额任务又不允许交易的话，电力企业就会有不同的边际成本，而这必然引起无效率。例如，传统的火力发电企业或规模较小的发电企业，有的存在技术上的局限，有的受到规模经济的制约，如果强制此类企业完成可再生能源电力产业配额任务，可能会由于其规模过小，导致规模不经济，从而造成资源的利用不充分。

绿证的存在，使得电力企业为完成配额可以不需要自己开发绿色电力项目。在绿证的市场价格小于政府罚金的前提下，电力企业直接购买绿证来达到完成配额任务的目标，从而节约了生产成本。另外，完成配额任务的电力企业，在绿证富余的情况下，通过出售绿证可实现盈利，为企业创造更高的利润；最后投资者也可以通过买入和卖出绿证过程中的价值增值实现投资收益，从而使得绿证成为市场投资的工具。随着绿证市场交易的成功，绿证市场体系逐渐建立。

承担配额义务的电力企业，既可以通过自己建厂生产清洁能源电力而获得绿证（当清洁能源电力成本低于证书价格时），也可以通过购买其他可再生能源电力生产者的额外绿证（当生产可再生能源电力成本高于证书价格时）来完成政府规定的配额义务。对于可再生能源电力生产者来说，实施配额制并允许绿证交易时，清洁能源发电企业利润由两个方面构成：一个是通过电力上网价格出售可再生能源电力以获得销售利润；另一个则是通过在证书市场上出售绿证来获利。建立了可再生能源认证系统之后，证书的可交易性打破了可再生能源发电交易的地域限制，使得绿证可以销售到任何有需求的地域。

（3）绿证交易政策能够增加社会福利

在配额是可以交易的情况下，总的任务能有效率地分配，绿证的交换能够以一种有效率的方式达到配额的要求，电力企业的边际生产成本就会趋于一致。通过可再生能源发电量和绿证的相互转化，可以鼓励可再生能源优势企业生产的积极性，也可以使可再生能源劣势企业寻到一条成本更低的途径来完成配额任务，避免了由于强制配额导致规模过小而引起资源利用不充分，优化了可再生能源电力生产资源的配置。同时，这种灵活的政策还会激励可再生能源的生产者进入市场。

如果可以进行绿证交换的话，每个供给者都必须生产所要求的数量的可再生能源，并且为可再生能源的生产支付额外的成本，或者购买可再生能源电力。如图5–5，在相同的配额额度 Q_1 的要求下，B 企业达标的成本要更

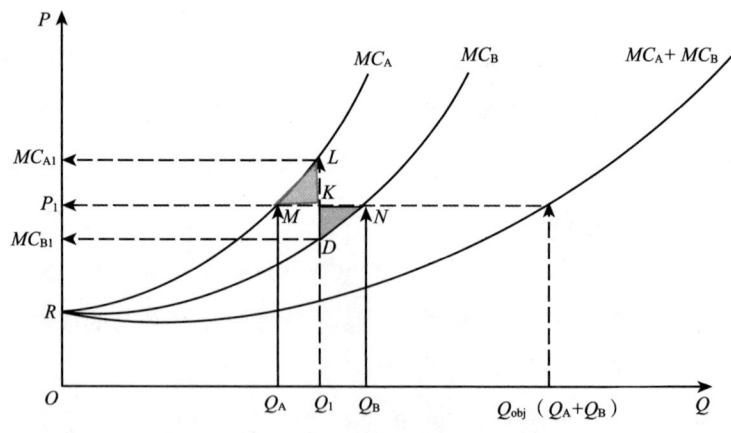

图5–5　绿证交易政策的影响

低，即 $MC_{A1} > MC_{B1}$。在 MC_A 曲线上，超过 M 点之后，发电的边际成本高于绿证的价格，因此 A 企业倾向于最高接受以面积为 Q_AQ_1LM 的价钱，购买 B 企业超额完成的可再生能源发电量（$Q_B - Q_1$），A 企业的产量就会减少到 Q_A。为了达到 Q_1 的目标，以均衡价格 P_1 来购买绿证，A 企业实际支付的总价为 Q_AQ_1KM 的面积，从而通过交易，获得了面积为 LKM 的消费者剩余。

同理，在 MC_B 曲线上，在 N 点之前，发电的边际成本低于绿证的价格，因此 B 企业就要增加其产量到 Q_B，然后在市场上以价格 P_1 来出售其多余的绿证。B 企业可承受的最低的价格是 Q_BQ_1DN 的面积，出售其超额完成的可再生能源的发电量（$Q_B - Q_1$），因为最终交易绿证的价格为 P_1，所以 B 企业实际得到的总价为面积 Q_BQ_1KN，从而通过交易，获得了面积为 DKN 的生产者剩余，这就是绿证的出售者可以获得的租金。这主要来自于他们之中有一部分具有当地资源条件方面的优势或者在他们在配额之外有低成本的优势。

在实行可交易的绿证政策的情况下，既能达到生产数量为 Q_{obj}（Q_{obj} = $QA + QB$）的可再生能源电力的目标，又能通过使得各生产者边际生产成本相等的途径，达到降低总生产成本的目标。与没有采用灵活的政策，而仅仅规定配额（将他们的可再生能源的产量束缚在 Q_1）相比，绿证交易政策会使得交易双方企业都获益，所以通过交易，社会福利的增加值为消费者剩余和生产者剩余两者的面积之和（LKM 及 DKN 的和）。

（4）绿证交易政策能够降低可再生能源电力产业总成本

在假设没有惩罚政策的情况下，采用绿证交易政策，那么在没有引入绿证交易政策而仅仅实行单纯的配额制的情况下，可再生能源发电的总成本为"$RLQ_1O + RDQ_1O$"。引入绿证交易政策之后，总成本变为"$RMQ_AO + RNQ_BO$"。

当绿证交易市场达到均衡状态的时候，可再生能源发电总量恰好达到规定的配额目标，此时 $Q_A + Q_B = 2Q_1$。绿证的供给等于需求，即 $Q_BQ_1KN =$

Q_AQ_1KM。因为 $Q_{obj} = 2Q_1$，$Q_{obj} = Q_A + Q_B$，可以推导出 $Q_1 - Q_A = Q_B - Q_1$，在均衡状态即 Q_1 点平分 Q_AQ_B。

所以，成本差为：

$$(RLQ_1O + RDQ_1O) - (RMQ_AO + RNQ_BO) = MLQ_1Q_A - NDQ_1Q_B = LKM + DKN$$

由此可见，绿证会在市场机制的调节下达到使可再生能源发电总成本下降的效果。而绿证市场均衡时所减少的发电总成本，正好等于社会福利的增加值，为消费者剩余和生产者剩余两者的面积之和（LKM 及 DKN 的和）。

但从国际情况来看，经过多年的实践，可再生能源证书政策已成为可再生能源配额制政策的一种通用配套政策。通过绿证交易政策，合格的发电企业可以通过出售证书而获得额外收益，直接促进了可再生能源发电企业发电潜力的提高。供电企业可以在完成自身义务的同时，通过证书的买卖获益，从而进一步推动可再生能源电力的开发。其他企业或者个人可以通过自愿的方式购买绿证，作为其节能量或荣誉证书，从而调动全民参与可再生能源开发的积极性。证书系统既是支撑责任主体实现配额义务的手段，也是一种重要的利益协调和义务指标平衡机制，可以激励责任主体消纳更多的可再生能源电力，平衡不同地区配额指标差异。通过绿证审核可以掌握可再生能源电力产业配额义务完成情况，能够增加配额完成的灵活性，保证配额义务承担者按时完成配额指标。

（5）绿证交易政策能够降低财政补贴压力

建立可再生能源绿证交易政策。为减少可再生能源对中央财政补贴资金的需求，能源发展"十三五"规划提出通过设立燃煤发电企业及售电企业的非水电可再生能源配额指标，要求燃煤发电企业或售电企业通过购买绿证作为完成可再生能源配额义务的证明，通过绿证市场化交易补偿新能源发电的环境效益和社会效益。这项工作可与国家开展的碳交易市场相对接，降低可再生能源电力财政直补的强度，解决"十三五"期间可再生能源发展的资金不足问题。

5.6 中国绿证交易政策存在的主要问题

5.6.1 市场交易活跃度有待提升

中国绿色电力证书认购交易平台的数据显示，截至 2017 年 10 月底，绿证的认购者共有 1 576 名，共认购 21 257 个绿证。但是截至 2017 年 10 月底，仅有 800 多万个绿证被核发，绿证购买量仅占核发量的 0.26%。根据绿证认购平台的数据统计，这 2 万多个被售出的绿证，其中，企业购买量约占比 90%，个人购买量占比约 10%。从绿电购买量超 10 万千瓦时的企业数据发现，新能源企业购买量占到了 79%，非新能源企业的购买量只占到了 21%。从购买者企业的性质看，国有企业、事业单位对购买绿证的参与度明显不足。绿证购买量超过 10 万千瓦时的企业中，国有企业、事业单位占比仅为 6%，民营企业占 94%。

5.6.2 交易双方的收益渠道尚需探索

从绿证卖方来看，发电方只能以不高于补贴的价格将绿证出售，其主要的收益在于摆脱对财政补贴的依赖，迅速回款从而优化现金流。从绿证买方来看，购买绿证需要付出额外的成本，目前的绿证认购后不能再次出售，并没有金融属性，不能提供融资渠道，所以只有少数比较前卫的强调环保的大公司，或者以此作为品牌营销战略的公司会购买绿色电力。

5.6.3 对可再生能源电力产业的覆盖面仍需扩大

目前的绿证交易政策中，分布式光伏的发电量不包括在其中，但是从光伏行业的发展趋势来看，分布式光伏将成为未来光伏发电的主流模式。绿证交易政策未实现对分布式光伏的覆盖，与产业的发展趋势相背离，在一定程度上对相关企业形成错误的引导。

5.6.4　与碳交易政策的关系急需明确

对于在生产端已经开发成 CDM（清洁发展机制）或者 CCER 的项目，同样可以申请绿证，买走绿证的公司如果计算这部分减排量，将会造成重复计算。同时，由于各种政策的存在，可再生能源多次交易，企业需要进行不同的认证、核查、检查，造成了行政负担。

5.7　对中国绿证交易政策的完善

5.7.1　发挥绿证交易政策的强制约束效力，有效缓解新能源财政补贴资金缺口

根据中国新能源产业的发展状况，科学制定可再生能源电力产业增长总体目标，并将其细化至各省、各地区和各电力企业，明确供电商供应绿色能源的比例指标。以中国新能源财政补贴资金缺口为基准，合理确认绿色电力证书的强制购买数量，盘活绿证交易市场，发挥该政策的强制约束效力。建立公正有效的监管体系，明确具体的惩罚措施，在不能完成规定数量的配额考核指标且不履行交易的情况下，应由政府部门牵头成立第三方监管委员会，按照标准额度的罚金对不能完成配额指标考核的发电企业进行惩罚。同时，对未完成指标的发电企业，可参照本期未完成绿证配额指标对应的电量占本期本单位总发电量的比重，核减其下一期计划发电量，并在参与电力交易时给予一定限制。

5.7.2 明确与碳排放交易政策的关系，充分衔接各政策优势

主管部门在顶层政策设计时对绿证和碳排放交易政策的边界做出明确限定，避免两种政策下碳减排量的重复计算问题，减少企业多重履约的负担。将绿证交易政策与碳排放交易政策进行有效衔接，充分利用绿色电力证书的信息属性，精确衡量二氧化碳减排量，并基于此构建多元化、立体化的新能源考核体系。新能源企业在面对绿色电力证书和核证减排量等多种碳减排产品时，可结合产品价格、开发成本、市场接受度及成熟度、需求量、交易活跃性、机会成本等影响因素进行综合选择。

5.7.3 出台绿证交易鼓励政策，形成绿色消费的有效激励

对于非电力的绿证购买企业，予以税收抵免、可再生能源附加减免和投资便利等政策优惠，将绿证交易纳入企业上市环评工作的考虑因素之一，逐步将其推行成为企业社会责任的核心指标之一。对于个人绿证购买者，可通过将绿证购买数据与各主流社交、支付、购物（微信、支付宝、淘宝等）移动应用软件相结合，形成以绿色积分为基础的社交、公益和信用体系，绿证消费者将在更多互联网的应用板块中享有优先权，以此打造绿色时尚。

5.7.4 建立完善的新能源财政数据体系，提升各责任主体收益预期的稳定性

加强对宏观经济、新能源产业及相关技术的研究与预测，提高配额分配的科学性和准确性。以财政部、国家统计局、中国碳排放交易网、中国绿色

电力证书认购交易平台等数据库为基础，建立真实科学、反馈有效、测算精准、互联共享的新能源财政数据体系，对宏观经济状况、中观产业现状和微观市场交易数据进行全方位的统计测算，以此构建新能源财政补贴政策的验证和纠偏机制，在准确判断未来产业趋势的基础上合理降低政策因素的不确定性，实现新能源市场运行和财政政策设计的良性协调发展。

5.7.5 发挥政府和企业的社会影响力，形成全社会绿色消费理念

政府在制定采购清单时，可将采用绿色电力的比例作为同等条件下优先进入采购目录的条件。对于大型企业，可逐步推行"绿色供应链"概念，对其供应商提出绿色电力消费需求，以此提升其品牌的社会价值。对于用能成本占生产成本较低的高技术企业可成为绿证消费的主流，率先实现100%的绿色用能。同时，政府机构和各公益团体也可以加大对绿色消费理念的宣传，使得绿色电力消费尽早成为社会认可的潮流。

第6章

可再生能源电力产业碳交易政策

6.1 碳交易政策含义

6.1.1 碳排放权的概念

碳排放权（Carbon Emission Right）源于《京都议定书》中关于碳排放权交易的三种交易机制，且现在已被人们所熟知。从中国立法层面看，碳排放权的含义在中国法律这一层次中没有，但是行政规章中有规定。2014 年国家发展和改革委员会颁布的《碳排放权交易管理暂行办法》规定："碳排放权是指合法获得的向大气中排放温室气体的权利。"中国地方性法规中也有关于碳排放权的界定，例如《北京市碳排放权交易管理办法（试行）》规定："碳排放权，是指碳排放单位在生产经营活动中直接和间接排放二氧化碳等温室气体的权益。包括二氧化碳排放配额和经审定的碳减排量。"《湖北省碳排放权管理和交易暂行办法》规定："碳排放权是指在满足碳排放总量控制的前提下，企业在生产经营过程中直接或者间接向大气排放二氧化碳的权利。"

从以上法律规定来看，在中国立法层面上，碳排放权是指按照法律规定取得的直接或间接排放二氧化碳等温室气体的权益。该概念包含以下含义：第一，碳排放权的主体是依法取得碳排放权的生产经营者；第二，碳排放权的客体是二氧化碳等温室气体，中国碳排放权交易活动中温室气体包括二氧化碳、氧化亚氮、甲烷、全氟化碳、氢氟碳化物、三氟化氮和六氟化硫；第三，温室气体排放方式包括直接或间接，直接排放是指生产过程及化石燃料燃烧所排放的二氧化碳，间接排放是指外购热、电、冷及蒸汽所排放的二氧化碳；第四，碳排放权是一种特殊的权益。因此，碳排放权指的是作为法律上的权利主体依照法律的规定享有向大自然排放二氧化碳等气体，对环境容量享有的使用、收益的权利。

6.1.2 碳交易的概念

碳排放交易简称碳交易（Carbon Trading），是为促进全球温室气体减排而采用的市场机制，系温室气体排放权交易以及与之相关的金融交易活动的总称。由于二氧化碳在其中占了主导地位，所以称为碳交易，其相关市场则为"碳市场"。碳市场是利用市场手段实现温室气体减排的工具之一，其本质是政府在总量控制的前提下将排放权以配额方式发放给各企业。减排成本高的企业可通过购买其他企业富余配额或核证自愿减排量的方式，以最低成本完成减排目标。中国碳市场以配额市场为主，自愿减排市场（CCER）为其补充。在中国碳配额市场中，政府根据碳减排目标制定排放总量，并将配额视情况所需分配给各个控排企业。各参与实体因实际排放量与发放量差距产生盈余或不足，进而产生配额供需，再利用市场化手段对配额进行定价，实现交易流通。例如，《湖北省碳排放权管理和交易暂行办法》规定：碳排放权交易是指碳排放权交易主体在指定交易机构，对依据碳排放权取得的碳排放配额和中国核证自愿减排量（CCER）进行的公开买卖活动。温室气体资源减排量（CCER）是配额的一种补充机制，对于实际碳排放量高于配额的企业，可通过购买 CCER 抵消企业部分实际排放量，实现履约。这一做法始于《京都议定书》中设定的"清洁发展机制（CDM）"，鼓励发展中经济体碳减排，并可以向发达经济体的碳市场出售获利。

同股票和债券市场一样，碳市场亦分为一级市场和二级市场。其中，一级市场是发行市场，二级市场是交易市场。一级市场创造碳排放权配额和项目减排量两类基础碳资产（碳信用）。碳配额的产生主要通过免费分配和拍卖两种途径；项目减排量的产生则需根据相应方法学完成项目审定、监测核证、项目备案和减排量签发等一系列复杂的程序。当碳配额或项目减排量完成在注册登记簿的注册程序后，就变成了其持有机构能正式交易、履约和使用的碳资产。

二级市场是碳资产现货和碳金融衍生产品交易流转的市场,亦是整个碳市场的枢纽。二级市场又分为场内交易市场和场外交易市场(OTC)两部分。场内交易是指在集中的交易场所(如经认可的交易所或电子交易平台)进行的碳资产交易,这种交易具有固定的交易场所和交易时间、公开透明的交易规则,是一种规范化、有组织的交易形式,交易价格主要通过竞价等方式确定。场外交易又称为柜台交易,指在交易场所以外进行的各种碳资产交易活动,采取非竞价的交易方式,价格由交易双方协商确定。二级市场通过场内或场外的交易,能够汇聚相关市场主体和各类资产,从而发现交易对方,发现价格,以及完成货银的交付清算等。此外,二级市场还可以通过引入各类碳金融交易产品及服务,提高市场流动性,为参与者提供对冲风险和套期保值的途径,如图 6-1 所示。

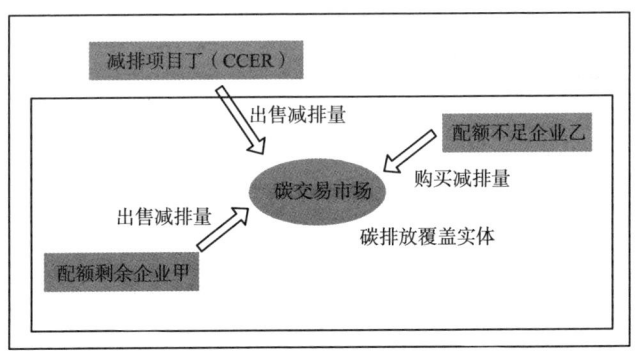

图 6-1 碳交易市场结构图

6.2 碳交易价格的确定模型

6.2.1 碳交易目标的确定

2009 年 12 月 7 至 18 日,192 个国家的谈判代表在丹麦首都哥本哈根召开峰会,作为《联合国气候变化框架公约》第 15 次缔约方会议暨《京都议定书》第 15 次缔约方会议,商讨《京都议定书》一期承诺到期后的后续方案,即 2012~2020 年的全球减排协议。会上,中国也提出了相应的自愿减排目标,即到 2020 年中国的单位 GDP 二氧化碳排放比 2005 年下降 40%~45%,这一碳排放强度指标的约束成为中国衡量减排成效的重要指标之一。

曾经有学者根据预测模型预测出到 2020 年中国的 GDP 数值和碳排放强度指标,分别为 55 275.64 亿元和 1.996966 吨 CO_2/万元。在此将中国的国内生产总值 GDP 表示为 Y,CO_2 排放量表示为 E(Emission),单位 GDP 的 CO_2 的排放量,即排放强度表示为 I(Intensity),则有以下公式 (6-1) 到 (6-5):

$$I = \frac{E}{Y} \quad (6-1)$$

$$I_c = I_0(1 - d) \quad (6-2)$$

$$E_c = Y_f \cdot I_c \quad (6-3)$$

$$E_f = Y_f \cdot I_f \quad (6-4)$$

$$E_r = E_f - E_c \quad (6-5)$$

公式 (6-2) 中:排放强度 I 等于排放量 E 与国内生产总值 Y 的比值,公式 (6-3) 中的小字母 c(constraint)表示 2020 年的约束值,0 表示 2005 年的基准值,f(future)表示 2020 年的实际值,r(reduce)表示 2020 年的减排值;因此,在公式 (6-2) 中,I_c 为 2020 年约束的碳排放强度,I_0 为 2005 年的基准碳排放强度(2.9633 吨 CO_2/万元),d 为碳排放强度的下降率(即 40%~45%);公式 (6-3) 中,E_c 为 2020 年约束的二氧化碳排放量,等于 2020 年的 GDP 值 Y_f 与约束的碳排放强度 I_c 的乘积。同理,公式 (6-4) 中,2020 年实际排放值 E_f 等于实际 GDP 值 Y_f 乘以实际的碳排放强度 I_f,则 2020 年 CO_2 的减排量 E_r 则为实际值 E_f 与约束值 E_c 的差额。

根据专家预测的 2020 年的 Y_f 和 I_f,再通过以上公式可以求出 2020 年碳排放量 E_f 为 1 103.83 百万吨 CO_2,I_c = 1.63 - 1.78 吨 CO_2/万元,则 E_c =

900.99 – 982.79 百万吨 CO_2，进而求出 CO_2 的减排量 E_f = 121.04 – 202.84 百万吨 CO_2。由此可知，中国面临的碳减排压力巨大。由于强度减排比绝对量减排更加符合目标导向，同时兼顾了各行业的基准排放强度以及各企业的技术进步程度，包含了多种经济衡量因素，对减排主体来说更加公平，这也是中国目前七大试点中电力行业的主要碳配额分配依据。各减排主体可以根据自身的碳排放强度，结合企业的技术发展水平和减排成本，决定是购买还是卖出碳配额。

6.2.2 碳交易价格的确定

图 6-2 是碳交易市场价格制定的简单示意图，左边第二象限用来推导约束二氧化碳排放量，右边第一象限用来推导碳交易价格。首先看第二象限，由上文分析可知，在约定的约束性指标 I_c（碳排放强度）和 GDP 总值 Y 既定的条件下，$E = Y \cdot I$ 是一条斜率一定的直线，I_c 对应的约束碳排放量为 E_c，也就是这个社会所允许排放的二氧化碳上限。

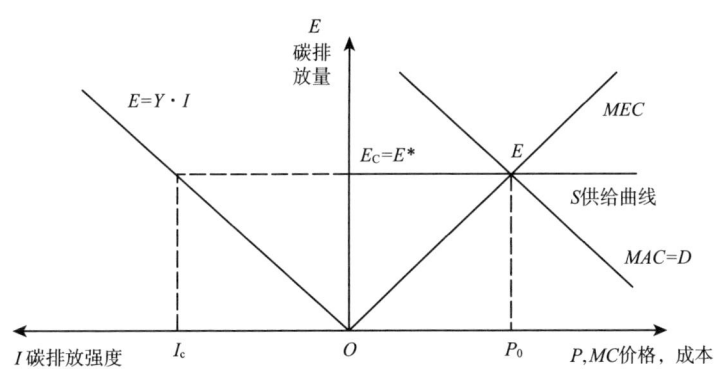

图 6-2 碳交易价格制定的简单示意图

转换到第一象限中，E_c 就是国家对碳排放量的供给量，这个值是不随成本的变化而变化的，因此供给曲线 S 是一条垂直于纵轴的横线。而对于企业而言，根据经济学原理，随着碳排放量的增加，减排一个单位的二氧化碳排放量所需要的成本会降低，图 6-2 中 MAC（Marginal Administrable Cost）为边际治理成本曲线，也就是企业对于碳排放量的需求曲线 D。根据市场经济理论，供给曲线 S 与需求曲线 D 的交点 (P_0, E^*) 就是供求平衡点，P_0 即为碳交易市场中的最优价格。

从相反的角度分析，按照整个社会的视角来看，MEC（Marginal External Cost）为边际外部成本，代表排放一个单位的二氧化碳对整个社会的影响以及社会的治理成本，它是随着二氧化碳排放量的增多而增加的，因此是斜率为正的一条曲线。这也就意味着，随着碳排放的不断增加，对环境的影响越来越大，社会付出的边际代价也相应会越来越大。相应的对企业的惩罚力度也会加大。在 (P_0, E^*) 点的下方，当 $MAC > MEC$，表示企业的减排成本大于社会的惩罚力度时，企业就没有动力提高技术进行减排，反而会增加排放，碳排放只就会向 E 点靠近；在 (P_0, E^*) 点的上方，当 $MAC < MEC$，说明企业的减排成本小于社会的惩罚力度，企业为了避免高代价的惩处，会自发利用各类手段进行减排，碳排放也会向 E 点靠近。因此，只有在 (P_0, E^*) 点时，才是经济发展和市场机制下社会的最优排放水平，也是国家进行碳排放量上限标准制定的依据。

6.2.3 碳交易的实现

从碳交易价格的确定模型中可以看出，企业选择减排还是继续排放都要依据自身边际减排成本（边际治理成本）MAC 的情况，由于每个企业的 MAC 不同，买进碳配额还是卖出碳配额的决定就不同，从而形成碳交易市场的买方和卖方。下面将利用公式进行说明。

根据经济学原理，假设各类减排企业都为理性人，并都是追求利益最大化和成本最小化，那么可以建立以下优化模型，即公式（6-6）到公式（6-9）。目标函数见公式（6-6），目的是求得企业为了满足减排目标所需要付出的最小减排成本。

$$\begin{cases} \min \sum C_i(e) \\ I_C \cdot Y_i \geq \sum (E_{i0} - E_{ir}) \\ s.t. \ E_{i0} \geq E_{ir} \geq 0 \end{cases} \quad (6-6)$$

$$I_C \cdot Y_i = \sum E_{ic}$$

在公式 (6-6) 中，C 为企业的减排成本，e 为企业需要减排的配额，Y 为企业的总产出，I 为企业的碳排放强度，其他指标与 4.3.2 相同。假设碳市场中交易量 (trade) 为 E_t，那么可以得到公式 (6-7)，表示交易量与自身减排量之和恰好等于实际排放量与约束排放量之差。

$$E_t = \sum (E_{i0} - E_{ic} - E_{ir}) \quad (6-7)$$

那么，原始目标函数可以表示为公式 (6-8)，其中 P 为碳交易价格，使成本 C 对自身减排量 E_{ir} 求偏导等于零，可以推导出减排成本达到最小值的最优解，如公式 (6-9) 所示。

$$\min \sum C_i(e) + P(E_{i0} - E_{ic} - E_{ir}) \quad (6-8)$$

$$\begin{cases} \partial C_i(e)/\partial E_{ir} - P = 0 \\ \partial C_i(e)/\partial E_{ir} = P \end{cases} \quad (6-9)$$

因为 $\partial C_i(e)/\partial E_{ir} = MAC$，由公式 (6-9) 可知：当 $MAC = P$ 时，企业实现减排成本最小化 $\min C$。这也就意味着当企业的边际减排成本 MAC 大于碳交易市场的价格时，企业更愿意从市场买碳配额，以满足政府对其碳减排量的强制性要求；若企业的边际减排成本 MAC 小于碳交易市场的价格，从市场购买碳配额的价格就高，不如自己进行减排划算，这时企业会选择提高技术等手段减少碳排放，并争取完成更多的碳交易配额，将多完成的碳减排量进行市场交易，获得碳交易收益。这也就是决定企业是买进还是卖出配额的实质衡量标准与原理，MAC 大的企业购买 MAC 小的企业的碳配额，最终的结果将促使所有企业的边际减排成本都靠近一个统一的值，并且与 P 相等。

当然，对于碳交易是否可在行业间及区域间进行交易的问题，国家已经有了相应规定,目前允许行业间进行交易,但区域间交易还未展开。2017年底,中国已经全面放开碳交易,建立了全国性统一的碳交易市场,交易的区域范围越广泛,就越能促进碳资源的优化配置。碳配额价格应向企业平均减排成本靠拢。配额价格预测短期来看,取决于需求与供给决定,长期来看,碳配额价格应该与企业平均减排成本相近。需求方面取决于每年碳排放的抵消,碳排放单位要为未来储备配额,投资机构购入待未来出售的配额以及政府储备的配额。供给方面取决于政府当期发放的配额总量,历年积累下的多余配额,当期 CCER 的冲击以及政府配额存储池中的数量。长期来看,碳配额价格应该与企业平均减排成本相近。碳交易的原理在于,在控制排放量的碳市场中,减排成本低的、减排空间大的企业可多减排,同时将因减排剩余的碳配额出售给减排成本高的企业,实现获利。因而,碳的价格应该反映一个国家或地区的平均减排成本。虽然业内对中国的减排成本尚未有明确的计算结果,各种研究数据从每吨 20 美元至上百美元不等,当前,碳价远低于平均碳减排成本,未来仍有较大上升空间。

6.3 典型国家的碳交易政策

全球碳交易市场活跃,近三年交易量稳定在 70 亿吨 CO_2 当量以上。从全球碳交易市场的市值和交易量来看,近年来碳交易市场发展迅速,并在 2011 年达到顶峰。2011 年全年碳交易产值达 1 760 亿美元,折合成人民币超过万亿元。尽管受价格下降的影响,2011 年之后碳交易金额出现了一定下滑,但 2014~2016 年其交易额仍稳定在 500 亿美元左右,全年实现的碳交易量也维持在超过 70 亿吨 CO_2 当量的高位,全球碳交易市场前景广阔。

6.3.1 历届气候大会主要成果

20 世纪 80 年代以来,全球气候变暖的现象凸显。19 世纪末,"温室效应"的概念被初次提出；2015年四份独立数据组合表明，2014年是有现代气象记录数据以来135年中最炎热的一年，而北美东部地区已经成为全球少数温度较低的地方。大量排放二氧化碳是气候变暖的重要原因。多方研究表明，人类活动向大气中排放的温室气体是导致全球气候变化的重要原因之一。由于燃烧石化燃料，人类已经将工业革命以来大气中的二氧化碳浓度增加了40%以上。2013年5月，大气中的二氧化碳浓度创下历史新高，首次达到400ppm（百万分之四百）。自此之后，大气中的二氧化碳浓度就一直居高不下，很少低于400ppm的水平。因此，如何控制和减少二氧化碳的排放量，成为控制全球气候变暖局面的重中之重。全球气候变暖导致的海平面上升、冰川消融等问题凸显，碳减排迫在眉睫。1988年成立的政府间气候变化专业委员会（IPCC）于1990年、1995年、2000年、2007年、2014年，先后五次发布了评估报告，并在报告中多次指出：气候变化的影响不仅是明确的，而且还在不断加强。如果任凭全球海平面加速上升和冰川面积加速缩小，后果将不堪设想。削减以二氧化碳为主的温室气体的排放量，延缓全球变暖已迫在眉睫。各国政府合作介入碳减排，历届气候大会推动建立应对气候变化的国际制度框架。20世纪90年代以来，各国政府开始对气候相关事务进行积极介入，国家间协作得到进一步加强。然而，当排放权利实际上同经济发展权利挂钩时，不可避免地会导致全球利益竞争的局面。伴随着艰难的谈判，1992年纲领性文件《联合国气候变化框架公约》在巴西里约热内卢举行的地球首脑会议上通过。公约第一次缔约方会议（COP），即世界气候大会于1995年在德国柏林召开。1997年人类历史上首次以法规的形式限制温室气体排放的《京都议定书》顺利通过，从而构建起了应对气候变化的国际制度框架。历届气候大会主要成果见表6-1。

表6-1 历届气候大会主要成果

时间	气候大会名称	会议地点	主要成果
1995	COP1	德国柏林	第一届世界气候大会召开，通过了工业化国家和发展中国家《共同履行公约的决定》，要求工业化国家和发展中国家"尽可能开展最广泛的合作"

续表

时间	气候大会名称	会议地点	主要成果
1996	COP2	瑞士日内瓦	各国就共同履行公约内容进行讨论
1997	COP3	日本东京	《京都协议书》作为《联合国气候变化框架公约》的补充条款在日本京都通过
1998	COP4	布宜诺斯艾利斯	发展中国家分化为三个集团,一个是易受气候变化影响、自身排放量很小的小岛国联盟,他们自愿承担减排目标;二是期待CDM的国家,期望以此获取外汇收入;三是中国和印度,坚持目前不承诺减排义务
1999	COP5	德国波恩	通过了《联合国气候变化框架公约》附件,细化《联合国气候变化框架公约》内容
2000	COP6	荷兰海牙	谈判形成欧盟–美国–发展中大国(中、印)的三足鼎立之势
2001	COP7	摩洛哥马拉喀什	通过了有关《京都议定书》履约问题的一揽子高级别政治决定,形成马拉喀什协议文件
2002	COP8	印度新德里	会议通过的《德里宣言》强调减少温室气体的排放与可持续发展仍然是各缔约国今后履约的重要任务
2003	COP9	意大利米兰	未取得实质性进展
2004	COP10	布宜诺斯艾利斯	资金机制的谈判艰难,效果甚微
2005	COP11	加拿大蒙特利尔	《京都议定书》正式生效,"蒙特利尔路线图"生效
2006	COP12	肯尼亚内罗毕	达成包括"内罗毕工作计划"在内的几十项决定,以帮助发展中国家提高应对气候变化的能力;在管理"适应基金"的问题上取得一致,将其用于支持发展中国家具体的适应气候变化活动
2007	COP13	印尼巴厘岛	通过了"巴厘岛路线图"
2008	COP14	波兰波兹南	八国集团领导人就温室气体长期减排目标达成一致,并声明寻求与《联合国气候变化框架公约》其他缔约国共同实现到2050年将全球温室气体排放量减少至少一半的长期目标
2009	COP15	丹麦哥本哈根	商讨《京都议定书》一期承诺到期后的后续方案
2010	COP16	墨西哥坎昆	谈判未有实质性进展

续表

时间	气候大会名称	会议地点	主要成果
2011	COP17	南非德班	美国、日本、加拿大以及新西兰不签署《京都协议书》
2012	COP18	卡塔尔多哈	最终就2013年起执行《京都议定书》第十承诺期及第十承诺期以8年为期限达成一致,从法律上确保了《京都议定书》第十承诺期在2013年实施。加拿大、日本、新西兰及俄罗斯明确不参加第十承诺期
2013	COP19	波兰华沙	发达国家再次承认应出资支持发展中国家应对气候变化
2014	COP20	秘鲁利马	就2015年巴黎气候大会协议草案的要素基本达成一致
2015	COP21	法国巴黎	签署《巴黎协定》,为2020年后全球应对气候变化行动做出安排

《联合国气候变化框架公约》设定未来减排进程,承诺大幅降低二氧化碳、甲烷和其他温室气体的排放量。《联合国气候变化框架公约》是一个有法律约束力的公约,将温室气体的浓度稳定在使气候系统免遭破坏的水平上。《联合国气候变化框架公约》对未来数十年的气候变化设定了减排进程。发达国家同意推动资金和技术转让,帮助发展中国家应对气候变化,并承诺采取措施,争取将2000年温室气体排放量降低到1990年的水平。《京都议定书》具体规定了2008年到2012年发达国家的减排目标。《京都议定书》是《联合国气候变化框架公约》的补充条款,规定了发达国家在第一承诺期(2008~2012年)的减排目标,即整体而言发达国家温室气体排放量要在1990年的基础上平均减少5.2%。不过,不同国家有所不同。比如,欧盟作为一个整体要将温室气体排放量削减8%,日本和加拿大各削减6%,而美国削减7%。《巴黎协定》为2020年后全球应对气候变化行动做出安排。《巴黎协定》是继1992年《联合国气候变化框架公约》、1997年《京都议定书》之后,人类历史上应对气候变化的第三个里

程碑式的国际法律文本。《巴黎协定》目标是把全球平均气温升幅控制在工业化前水平以上低于2℃之内,并努力将气温升幅限制在工业化前水平以上1.5℃之内。《巴黎协定》指出,发达国家缔约方应当继续带头,努力实现全经济绝对减排目标,发展中国家缔约方应当继续加强它们的减排措施的实施。鼓励不同国家根据不同的国情,逐渐实现全经济绝对减排或限排目标。尽管美国宣布退出《巴黎协定》,但全球碳减排的决心和进程不会逆转。2017年6月,美国总统特朗普以《巴黎协定》危害美国能源产业,减少国内就业机会等为借口,宣布美国将退出该协定。2015年美国全年二氧化碳排放量为51.7亿吨,是世界第二大温室气体排放国,占当年全球温室气体排放总量的14%。美国退出《巴黎协定》将为全球带来更大的减排压力,提升其他国家的减排成本。但是,美国的行为并不足以逆转全球碳减排的决心和趋势。首先,美国国内对特朗普这一做法仍强烈反对,而美国正式退出仍要等到2020年,届时正逢美国大选,《巴黎协定》必将成为重要议题,不排除美国政府改变退出《巴黎协定》的决定。其次,中国和欧盟执行《巴黎协定》的态度仍然坚决,第十九次中国-欧盟领导人会晤发表联合声明,表达了双方共同捍卫《巴黎协定》历史成果,采取领先能源转型措施,果断回击气候变化带来的负面影响的决心,即使美国最终退出,其他国家共同完成减排目标依旧继续执行。

6.3.2 全球碳交易市场的分类

(1) 京都市场和非京都市场

根据是否接受《京都协定书》辖定,碳交易市场可分为京都市场和非京都市场(见表6-2)。其中,京都市场由基于配额的ET(国际排放贸易)、项目市场CDM(清洁发展机制)、JI(联合履约机制)市场组成,非京都市场则不基于《京都协定》的相关规则,包括VCM(资源减排市场)和一些零散市场。

表6-2　　　　　　　　　　　全球碳交易市场分类

市场类型	机制	内容
京都市场	国际排放贸易机制（ET）	一个发达国家，将其超额完成减排义务的指标，以贸易的方式转让给另外一个未能完成减排义务的发达国家，并同时从转让方的允许排放限额上扣减相应的转让额度（基于配额市场）
	联合履行机制（JI）	发达国家之间通过项目级的合作，其所实现的减排单位（简称ERU），可以转让给另一发达国家缔约方，但是同时必须在转让方的"分配数量"（简称AAU）配额中扣减相应的额度（基于项目市场）
	清洁发展机制（CDM）	发达国家通过提供资金和技术的方式，与发展中国家开展项目级的合作，通过项目所实现的"经核证的减排量"（简称CER），用于发达国家缔约方完成在议定书第三条下的承诺（基于项目市场）
非京都市场	自愿减排碳市场（VCM）	VCM市场是对CDM市场的补充，是在《京都议定书》的清洁发展机制的减排量之外的自发的、公益的、可认证的减排信用额度。为那些前期开发成本过高或其他原因而无法进入CDM开发的碳减排项目提供了途径（基于项目市场）

（2）基于配额的交易和基于项目的交易

根据不同的碳交易标的和中国的法律规定及国际碳排放权交易的实践来看，排放交易政策分为基于配额的交易和基于项目的交易。

第一，配额型交易。碳交易市场的配额型交易，是指在碳总量的管制下对碳减排单位即碳减排额进行的交易，之所以称为配额型交易，是因为在碳交易中碳排放额是由国家或权威机构在确定碳排放总量的前提下进行统一的分配和管理。例如，碳交易机制比较成熟的欧盟国家实行的排放权交易制度中所包含的"欧盟排放配额制"，《京都议定书》中提到的则是有减排任务的国家之间将碳减排量拿到市场上进行的交易。基于配额的交易，遵循"总量控制与交易"的机制，其交易标的是基于总体排放量限制而事先分配的排放权指标或许可。这类的排放交易政策主要有欧盟排放交易政策（EU-ETS）、美国区域温室气体减排行动（RGGI）、新西兰排放交易政策、中国的七个碳交易试点等。

在这种类型的交易中，必须首先由权威机构来确定一定时期碳排放气体的总量，并将总量下的碳配额分配给碳排放单位，也称为碳配额的初始分配。一般来讲，权威机构是指国家碳减排主管部门，例如中国的发展与改革委员会。关于碳配额的初始分配，目前有有偿与无偿两种方式，以免费发放为主。但是，这种初期免费分配碳配额的方式在很多方面存在不足之处，如公平性较低、效率不高。因此，国外的很多学者主张采用拍卖的方法进行碳配额的初始分配。

配额的核算方式有两种：历史核算法和基准核算法。历史核算法通常是指依照控制减排单位历史上的排放数量来确定碳配额，在一般情况下适用在工艺产品等特征比较复杂的生产行业。基准核算法则指的是按照特定行业的基准来确定二氧化碳等气体的排放强度，从而进一步核实确定碳配额，通常情况下适用于产品样式及生产流程比较规模化、标准化的行业。例如：从中国目前的几个碳交易试点市场中已经发布的详细的碳配额计算方法看，火电行业由于其生产流程相似度较高、产品类型比较单一，都使用基准核算法来核实确定碳配额。然而，相比于其他行业（比如化学工业）的产品具有复杂、工艺多样性强等特点，如果使用同一行业核算标准，则会带来不公，因此，这些行业一般使用历史核算法。但是，历史核算法自身又存在一定的不合理的地方，比如，企业的产量暴增或者骤减都有可能对以前的碳排放数据造成很大影响，在这种情况下，企业的实际产能将与碳减排额度不符，而且还会使一些减排节能工作做得非常好的企业相对于那些对污染环境进行粗放式管理企业不占优势。从世界范围看，目前配额型交易在碳排放权交易市场占主流地位，例如欧盟交易市场及中国碳交易市场。

第二，项目型交易。项目型交易是指交易主体把自身减排项目中的碳减排单位拿到市场中进行交易的行为，例如联合履约机制中的排放减量单位、清洁发展机制中的排放减量权证，这两种方式都是在国家间碳减排的合作项目中以期货的方式对碳减排量进行预先买卖。该种项目交易类型主要表现为碳市场中的买方向温室气体控排、减排的项目企业购买碳减排额，这种类型交易在现存的交易市场的表现形式为：联合履约机制下的碳减排单位、清洁发展机制下的核证自愿减排量。而在中国碳交易市场中通常使用的是后者。清洁发展机制中的核证自愿减排量是需要经过非常严格的流程的，包括碳减排项目的开发—审核—注册—监测—核查—核证—签发。从深层次意义上来说，碳减排中的 CDM 项目需要具有可测量性、真实性、明显的减排效果。

基于项目的交易，则采用"基准与信用"的机制，交易标的是某些减排项目产生的温室气体减排信用，是一种事后授信的交易方式。这类排放交易政策主要包括联合履行机制（JI）、清洁发展机制（CDM）以及《京都议定书》政策外的自愿减排碳市场（VCM）。

（3）欧盟和美国的碳排放交易政策

探究国外碳交易市场是如何形成合理的碳配额初始价格的，归纳其经验以期对中国碳交易市场价格形成有所启示。国外规模较大且运行相对成熟的排放交易政策以"欧盟碳排放交易政策"为典型代表，美国进行碳排放交易政策也历经数年，其他碳交易市场虽然也在运行但大多处于摸索阶段。

影响碳配额初始价格的要素很多，但核心要素主要包括配额供给、分配机制与市场潜在供求力量对比。其中，配额的供给涉及减排目标、排放额度确定办法以及配额总量的实际供给，分配机制则涵盖了控排企业数量与配额分配方式等因素，市场潜在供求力量则受到经济增长预期、市场容量、投资者情绪等多方面因素的影响。

①欧盟碳排放交易政策。欧盟碳排放交易政策（EU – ETS）的碳配额市场占据全球碳市场的主导地位。从 2005 年正式运营起，截至 2015 年，共有 31 个国家纳入欧盟排放交易政策框架，其交易总量占全球碳排放交易总量的 80% 左右。欧盟排放交易政策覆盖了欧盟二氧化碳总排放的 50% 和所有温室气体排放的 40%，覆盖对象包括超过 11 000 个发电站和厂房。欧盟排放交易政策分为三个阶段。

在第一和第二阶段，采用"自上而下"的分配方式。欧盟委员会根据"总量控制、负担均分"的原则，依照欧盟整体的减排目标和各成员国的减排承诺，在欧盟内部协调确定各个成员国分担的减排义务。每个欧盟成员国要提交一份国家分配计划（NAP），包含各个设施的排放总量。国家分配计划由欧盟委员会修改审查通过后，排放总量被转化为配额，由各国根据其国家分配计划分配到每个设施。前两个阶段碳配额以免费分配为主（约90%）。在第三阶段，拍卖方式发放比例大幅提升。前两个阶段的实际拍卖量从第一阶段的 300 万吨（占比 0.13%）到第二阶段的 750 万吨（占比 4%），和欧盟期望的 5%~10% 的目标仍有差距，但有偿分配方式已逐渐成形。自 2013 年第三阶段开始力推配额拍卖方式。拍卖方式发放配额比例大幅上升，占配额总量的一半以上。配额上限过高和经济危机冲击导致配额过剩。欧盟碳排放交易政策建立之初，是由各成员国自行设定排放量配额上限的。过高的上限使得 EU-ETS 在 2007 年底第一阶段结束之际，实际二氧化碳排放量比设定的配额还要低 7%。2008 年经济危机以来，欧盟制造业一蹶不振，大批企业减产导致二氧化碳排放量急剧下降。同时，企业还在出售用不完的排放许可权，又增加了配额供应，这使得碳排放配额过剩更加严重，给碳配额价格进一步施加了下行压力。直到 2014 年，整个 EU-ETS 中仍有约 13 亿碳排放许可过剩。如果不对交易政策进行结构性改革，2020 年末过剩配额可能膨胀到 45 亿吨。配额过剩导致 EUA 现货价格低迷。现货市场上，过剩的供应压低了污染者的排放成本，导致配额价格持续下跌。EU-ETS 设计初期，每吨碳排放许可交易价格在 25 到 30 欧元之间，在 2007 年中期曾达到过 35 欧元。随后由于配额过剩，碳排放交易价格直线下滑，最低时一度触及 2.5 欧元，直至 2014 年，碳排放交易价格基本在 4.3 欧元到 5 欧元之间。据能源专家分析，碳价至少要达到每吨 20 欧元才能促使企业实施低碳能源策略。极低的配额价格使生产者以微小代价即可获得大量排放许可，这不仅不利于减排技术的进步，带动新能源的发展，甚至还拉动了煤炭的销量，让整个欧洲的减排系统走到了崩溃的边缘。

为形成合理配额价格，欧盟碳交易政策在确定减排目标的基础上，不断改进和完善机制设计，使市场机制发挥作用，同时体现在减排成本激励企业的减排中。欧盟碳交易政策要素的变化主要体现在以下三方面。

第一，就配额供给而言，减排目标不断推进，配额总量趋紧。配额供给是结合阶段性的控排目标每年发放合理的配额总量。欧盟阶段性一期和二期的排控目标均基于《京都议定书》2012年减排8%的目标，而三期的目标源于2007年3月欧盟政策制定者提出的《2020气候和能源一揽子计划》中设立的"20-20-20"目标（European 20-20-20 Targets），即到2020年的二氧化碳排放量比1990年下降20%，欧盟能源消费20%可再生，且能源使用效率提高20%。一揽子计划中提出从2013年开始将以每年1.74%的速度削减排放权配额的分配总量，到2020年将减少为2005年配额总量的20%。

第二，配额发放总量变化。欧盟碳交易政策中，第一和第二阶段的配额总量期初时由成员国结合欧盟温室气体减排目标与该国企业排放水平制订的减排计划，随后对企业进行额度分配。基于起初的数据难以采集等因素，欧盟第一阶段内由成员国自行制订国家减排计划（National Allocation Plan，NAP）并上报欧盟审核，后来逐渐过渡到由欧盟统一制定。前两阶段内排放总量、标准由欧盟委员会制定，成员国可根据该国具体情况自主调整，因此为保证本国企业的盈利空间，成员国对计划上报数据偏高。到第三阶段，欧盟委员会将统一制定配额，地区差异降低，增强配额发放和监管。

第三，配额发放方式变化，未来将由免费为主变成拍卖为主。目前，配额发放方式包括三种：免费、免费加拍卖、拍卖，前两种是目前主流方式。第一、二阶段，欧盟都以免费发放为主：第一阶段，欧委会规定不超过5%的国家配额总量以拍卖方式发放，25个参与国中，实际只有4个国家采取了拍卖方式；第二阶段，欧委会规定不超过10%的国家配额总量以拍卖方式发放，实际只有6个国家采取此种方式，且最高比例仅为9%。这些安排一方面说明是否采取拍卖方式对于企业和国家的经济发展之间存在着博弈；另一方面说明第一、二阶段免费发放为主的方式的二氧化碳排放配额分配机制目的只是为顺利推行碳交易。企业和国家目标都是经济发展，如果初期强行推行拍卖机制，其增加的成本将会影响企业利润，甚至影响国家经济发展，最终 EUETS 可能会像欧盟碳税一样最终无法实施。因此，在第一和第二个阶段，欧盟主要采取免费方式发放配额，但免费方式存在缺陷：首先，初期企业配额发放自主申报，企业为保证自身利益往往会虚增上报排放量，因此配额发放很可能过量；其次，企业获得过量配额后，会在市场上出售部分配额，最终获得"意外利润"。拍卖方式则可对配额合理分配，因为在分配中企业需要增加成本进行配额购买，所以企业会根据其排放量购买拍卖获取的相应配额，从而不会分配过量。同时，拍卖制度也为二级市场的交易价格提供了参考，进而控制二级市场价格波动。此外，通过配额拍卖，相关机构可获得收入，该部分收入可用于温室气体减排相关技术升级。鉴于以上原因，从第三阶段起，欧盟将逐步加大拍卖方式在配额发放中的比例。

此外，配额初始价格不仅取决于碳交易政策下供给及分配机制，还受市场潜在供求力量的影响。由于碳配额发放总量一定，即供给被确定，而企业排放总量短期内变化也较小，故其弹性较小，如果对配额的需求发生变动，其一级市场价格也可能发生较大波动。EUA 现货价格变化见图 6-3。

EU-ETS 碳市场构成情况见图 6-4。

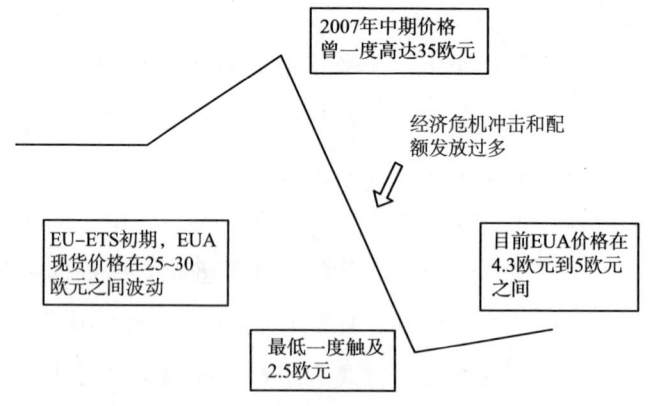

图 6-3 EUA 现货价格变化范围

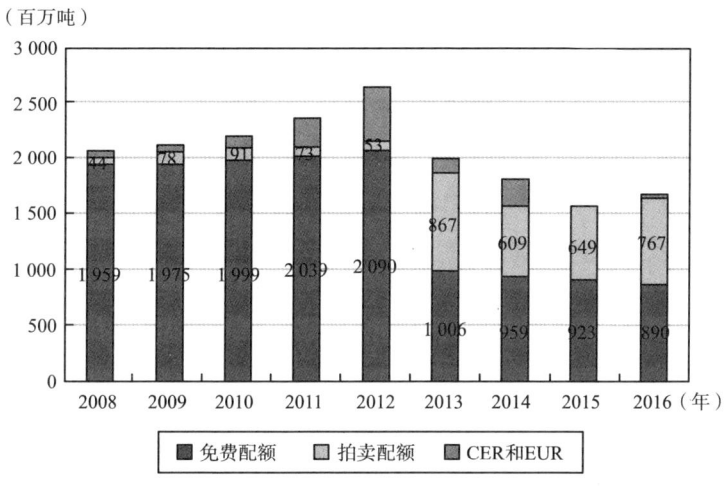

图 6-4　EU-ETS 碳市场构成

EUA 期货价格同样在低位运行。在第一阶段（2005~2007 年），EUA 期货价格在 2006 年 4 月份之前曾一度维持在高位，最高价格曾突破 30 欧元/吨，2006 年 4 月发布报告显示碳排放量低于预期，导致 EUA 期货价格迅速下挫，在 2007 年下半年曾一度低于 0.1 欧元/吨。在第二阶段（2008~2012 年），2008 年底欧洲议会批准"气候行动和可再生能源一揽子计划"，为 2020 年设置了气候和能源目标，同时对 EU-ETS 进行了一系列改革。这一系列改革短暂促进了 EUA 期货价格的上涨，但经济危机的打击很快又导致 EUA 期货价格大幅下跌。进入 2012 年，欧债危机的冲击进一步削减了各国对碳配额的需求，多个国家在市场上出售配额，导致 EUA 期货价格下跌至 10 欧元/吨以下，并持续在低位徘徊。在第三阶段（2013~2020 年），EUA 期货价格依旧处于低位，但欧盟积极寻求对策，试图摆脱这一困境。欧盟碳配额 EUA 交易量较大，但交易额大幅下滑。近年来，EUA 交易量整体呈现增长态势，2013 年和 2014 年交易量均超过 80 亿吨，在全球碳市场中占据主导地位。尽管 EUA 交易量一直增长，但受制于 EUA 价格的持续下滑，EUA 交易额在 2011 年之后出现大幅下滑，2014 年交易额仅为 524.42 亿美元，交易均价仅为 6.3 美元/吨。欧盟逐步削减配额发放和提高拍卖比例。欧盟采用削减配额发放和提升配额中以拍卖方式分配的比重来应对碳价过低带来的危机。在 ETS 进入第三阶段（2013~2020 年）后，欧盟规定，每年发放的碳配额要以 1.74% 的速度递减，而航空业的年排放限额为基准排放量（2004~2006 年均排放量）的 95%。2013 年之后，免费配额的比重大幅下降，拍卖配额的比重迅速提升，企业将主要通过竞拍的方式获得碳配额，政府免费发放配额的方式将在 2030 年前彻底消失。

欧盟碳排放交易政策是目前运行最为成功的交易政策，因此我们有必要对其碳配额初始价格的形成要素进行分析。2013 年 10 月 13 日，欧洲委员会通过了《排放交易指令（Directive 2003/87/EC）》，随后，2005 年 1 月 1 日，欧盟碳排放权交易政策（ET-ETS）正式启动。EU-ETS 经历了三个发展阶段，包括第一阶段（2005~2008 年）、第二阶段（2008~2012 年）和第三阶段（2013~2020 年）。在不断探索和改进调整制度设计中，EU-ETS 已发展成为目前影响最大且最成功的区域性排放交易政策，EU-ETS 三个阶段的市场要素也发生了变化，对比情况如表 6-3 所示。

表 6-3　EU-ETS 市场要素变化在第一、第二、第三个阶段的对比

项目	阶段名称	主要内容
控排目标	第一阶段	欧盟 15 国温室气体排放量在 2012 年降至相当于 1990 年的 92% 的水平；2007 年之前的 12 个新加入的成员国，除塞浦路斯和马耳他，其他 10 个成员国承诺至 2012 年年均排放量减至原来的 94% 或 92%
	第二阶段	欧盟 15 国温室气体排放量在 2012 年降至相当于 1990 年的 92% 的水平；2007 年之前的 12 个新加入的成员国，除塞浦路斯和马耳他，其他 10 个成员国承诺至 2012 年年均排放量减至原来的 94% 或 92%
	第三阶段	2020 年在 2005 年水平上减排 21%
控制气体	第一阶段	仅限于 CO_2
	第二阶段	将控排气体扩大到硝酸制造业的 NO_2
	第三阶段	扩大至硝酸、己二酸（Adipic Acid）和乙醛酸（Glyoxylic Acid）生产中排放的 NO 和铝行业排放的 CF_4

续表

项目	阶段名称	主要内容
排控范围	第一阶段	主要针对高排放行业,包括能源、石油冶炼、钢铁、水泥、陶瓷以及造纸等
	第二阶段	将控排行业的范围扩大到航空业
	第三阶段	再扩大到石油化工、氨和铝行业以及航空行业
管制国家	第一阶段	27个成员国
	第二阶段	27个成员国
	第三阶段	31个成员国
排放配额的确定	第一阶段	成员国自行制订国家减排计划(National Allocation Plan, NAP)并上报欧盟审核
	第二阶段	成员国自行制订国家减排计划(National Allocation Plan, NAP)并上报欧盟审核,对新纳入的航空业,EUETS以2004~2006年该行业平均排放97%作为配额,配额中85%使用"祖父法"分配
	第三阶段	与前两阶段不同,第三阶段起,欧盟将统一制定配额,配额制定标准为减排效率最高的10%的企业平均排放量
配额分配方式	第一阶段	主要配额分配方式为免费,仅4个国家对其总量不超过5%的配额采取拍卖方式,这部分配额共计约300单位,占欧洲0.13%的配额总量
	第二阶段	主要配额发放方式仍为免费,但本期共有6个国家对其总量不超过9%(原则上不超过10%)的配额采取拍卖方式,共计拍卖6 368万EUAs,占欧洲配额总量约3%
	第三阶段	免费分配将逐步过渡为拍卖方式。2013年起,成员国主要电力行业(集中供热、废热发电除外)将全部实行拍卖制度,其他行业拍卖占比将升至20%。预期将在2027年对所有行业的全部配额实行拍卖制度
配额总量	第一阶段	只需完成减排目标8%的45%,总量设定为22.28亿吨CO_2
	第二阶段	缩减配额数量,总量设定为20.98亿吨CO_2
	第三阶段	2013年配额总量设定为20.39亿吨,之后将以2008~2012年各成员国配额均值的1.74%作为标准,逐年下调配额数量至2020年,随后调整下调速度

续表

项目	阶段名称	主要内容
控排企业数量	第一阶段	欧盟27个成员国的11 500家公司，CO_2排放量占欧盟总体排放量的45%以上
	第二阶段	共覆盖个约11400个企业，这些企业的排放量约占欧盟总体排放量的50%左右
	第三阶段	—

资料来源：根据欧盟委员会网站及林建的《碳市场发展》（上海交通大学出版社2013年版）等相关资料汇总。

②美国的排放交易政策。美国未在《京都议定书》上签字，在2010年，美国国家研究委员会发布了"总统气候行动计划"（Presidential Climate Action Project，PCAP），并于2013年正式实施，主要用于减少发电厂的二氧化碳排放。其外，美国境内亦自发形成多个区域性的强制减排协议，以芝加哥气候交易政策成立最早，而区域温室气体减排行动最为典型。美国碳排放交易政策具体见表6-4。

表6-4　　　　　　　　美国碳排放交易政策

交易政策	成立时间	交易对象	参与者	减排目标
区域温室气体行动（RGGI）	2009年	碳配额	美国9个州的能源企业	2018年降至2009年90%的水平
芝加哥气候交易所（CCX）	2003年	碳金融工具CFI	来自十几个行业的400多个会员	2010年降至2003年水平的94%
西部气候倡议（WCI）	2007年	碳配额	美国7个州及加拿大4个省作为成员，还包括13个观察州	2020年降至2005年水平的85%
中西部温室气体减排协议（MGGA）	2007年	碳配额	美国中西部6个州及加拿大Manitoba，还包括美国3个观察州和加拿大1个观察省	2015年起，年均能源利用效率提升2%。至2030年，30%电力来自可再生能源
加州全球气候变暖措施（CGWSA）	2013年	碳配额	加州内占排放总量85%的300余家企业	2013年、2014年，每年在2012年基础上降低2%，此后5年逐年降低3%

芝加哥气候交易所（Chicago Climate Exchange，CCX）成立于2003年，曾是北美唯一的、自愿的、具有法律约束力的温室气体减排和交易系统，其覆盖范围包括北美和巴西。芝加哥气候交易所在总量上进行控制，其参与者包括交易会员、协同会员、登记会员、做市商等。其中，交易会员包括大型企业，如福特、杜邦、摩托罗拉等；也包括政府机构，如奥克兰州政府和芝加哥政府；还包括高校，如加州大学、密歇根州立大学等，这部分会员须服从具有法律效力的减排计划。碳金融工具（Carbon Financial Instrument，CFI）为芝加哥气候交易所中的交易工具，1单位CFI代表100吨二氧化碳。此外，会员提供的经核证减排信用也可以在市场上交易。芝加哥气候交易所发展包括第一阶段（2003~2006年）、第二阶段（2006~2010年）。第一阶段目标为每年相较于此前4年平均排放量降低1%，第二阶段目标是到2010年排放水平降至2000年的94%。通过芝加哥气候交易所政策，美国共计减排6.8亿吨二氧化碳，交易量为1.4亿吨。但由于立法的缺失，从2009年开始，芝加哥气候交易所的交易量和交易价格急剧下降，单位CFI价格低于5美分。随着芝加哥气候交易所官方文件决定终止第三期运行，2010年12月31日芝加哥气候交易所正式关闭。从根本原因上看，碳交易市场需要政府对其进行有力的支持，由于环境问题无法盈利，甚至加深了企业自身负担，完全依靠市场难以支撑碳交易的运行。尽管芝加哥气候交易所的尝试失败了，但其市场运行机制和运行效益也为后来碳交易市场发展提供了有益经验。

区域温室气体行动（The Regional Greenhouse Gas Initiative，RGGI）于2005年成立，其覆盖范围包含美国9个州，从2009年1月1日开始正式运行。其控排对象是共计200多个超过250万瓦的化石能源发电厂，目标是在2018年将这些发电厂的排放量控制在2009年水平的90%。区域温室气体行动在第一阶段（2009~2014年）主要目标是维持现有排放水平；第二阶段（2015~2018年）的主要目标则是每年降低2.5%的二氧化碳排放。区域温室气体行动的履约周期为3年，若控排单位在履约日无法履约，则将受到未履约配额市场价格三倍的罚金。区域温室气体行动由各州政府发放配额，其政策大致为：首先根据该州二氧化碳历史排放量、人口增长速度、经济结构和增长等因素决定配额，然后由各州政府向其境内控排电站发放配额。与欧盟不同的是，其 90% 以上配额采取拍卖方式，且每年按季度共进行四次拍卖，拍卖所得中四分之一以上用于改进能效方面投资。拍卖形式包括单轮、减排或单一价格拍卖，符合参与条件的企业均可参加。但为了保证控排企业能够得到足够的配额，非控排参与拍卖单位在拍卖中能获得的总量需低于拍卖总额的四分之一。区域温室气体行动的拍卖机制为其他地区未来实施买卖机制提供了宝贵经验。

6.4　碳交易政策的运行机制

6.4.1　市场主体

碳交易市场的主体对象是指参与碳交易的企业、机构组织或个人的总和，他们是碳交易市场中碳排放权交易活动的各种微观主体。首先，作为温室气体的主要排放主体，企业是最常见的碳排放权交易主体。如果某些企业强制要求有碳减排任务及目标，且自身不具备碳减排技术或者能力，则必须增加碳排放权的使用量。而具备较好的碳减排技术的企业，将拥有富余的碳排放指标，并且碳排放权成本由于规模效应会相对较低，可将富余的碳排放权放入市场交易。其次，机构组织包括从事环境保护工作的环保组织、为碳排放权的供给者和需求者提供交易所需服务的中介者、以特殊主体的身份直接参与碳市场交易活动的政府机构等也都是碳市场的交易主体。最后，具备碳减排技术或者通过购买获得碳排放权的个人，也能够参与碳市场交易。

目前，国内碳交易机构碳市场交易主体均包括交易会员/自营会员（主要是重点排放单位）和综合类/经纪类会员。例如，对于综合类/经纪类会员，天津碳市场设置的门槛最高，除要求是依法成立的中资控股企业且全国营业网点不少于 20 家外，综合类会员的注册资本不低于 1 亿元人民币，经纪类会员的注册资本不低于 5 000 万元。深圳市场设置的门槛相对最低，对于综合类/经纪类会员均没有注册资本的要求。对于自愿参与碳交易的参与人或其他自营类机构，北京市碳市场设置的门槛最高，注册资金要在 300 万元以上。会员类型包括机构或自然人。其中，对于自然人，北京碳市场要求亦最高，不仅要求金融资产不少于 100 万元人民币，还对交易人户籍做出了一系列限制。其他碳交易机构（重庆除外，要求个人金融资产在 10 万元以上）均对自然人金融资产不作要求。

6.4.2 交易产品

基于强度减排的交易对象与绝对量减排的市场交易对象一样，均以碳排放权为目标。碳排放强度作为约束目标，本身不具有交易的标的物属性。在市场交易中，标的物必须是同质的、没有区别的。因此，碳市场交易对象的强度不是碳强度，仍然是一个碳排放量。在交易的过程中，可以通过碳排放强度和碳排放之间的相互转化，达到交易的目的。碳排放是该协议的一部分，在允许的基础上，应最大限度地减少碳排放。具有高成本的碳排放交易主体通常由于碳减排放技术较高，其单位成本可以减少更多的碳排放量。因此，拥有剩余碳减排权的主体出售给需要碳排放权的主体，市场碳减排成本总体下降。目前碳交易市场仍处于发展初期，故各机构的碳交易产品主要以现货交易为主，仅限于碳排放配额和核证自愿减排量（CCER），以及在此基础上发展的碳金融工具。

（1）碳排放权配额

根据《碳排放权交易管理暂行办法》，在国家发展和改革委员会确定的国家及各省、自治区和直辖市的排放配额总量的基础上，省级国家发展和改革委员会免费或有偿分配给排放单位一定时期内的碳排放额度，即为碳排放配额，也就是该单位在一定时期内可以"合法"排放温室气体的总量，1单位配额相当于1吨二氧化碳当量。碳排放量由省级发展和改革委员会自行监测、报告，以及第三方核查，来确定该企业的实际碳排放量，排放单位根据其经核查认定的碳排放量履行配额清缴义务。如果经确认的实际排放量超过了配额的部分，排放单位需要向有剩余额度的企业购买，多余部分可以出售，也可以在后续年度使用。按照各试点地区的相关规定，如果排放单位未能按时完成配额清缴义务，省级发展和改革委员会将施予罚款等行政处罚，通报公布违法行为或取消该单位的政策支持待遇等。

碳排放权交易，从实质上来讲，就是使企业除了通过实施自主减排措施（节能改造、利用新能源、燃料替换以及制程减排）外，还允许企业通过市场机制来实现减排目标。由政府给总量控制范围内的每个企业发放一定的排放配额，若企业实际排放低于该配额，就可以到市场上把富余配额出售；如果高于该配额，就得到市场上购买不足配额。由此形成了一个碳交易市场，促进企业通过市场机制完成其减排指标。其交易品种有两类。

政府行政主管部门为实施碳排放总量监管的单位，交易人为年排放20 000吨CO_2（或综合能源消费量10 000吨标准煤）及以上单位、年综合能源消费量10 000吨标准煤及以上（水泥、钢铁等需完成淘汰落后产能等任务的行业不受此限制）的新建固定资产投资项目业主、持有核证减排量的单位以及经发展和改革委员会批准的非排放监管企业或其他组织、个人（不同交易试点有不同详细规定）。

（2）基于项目的减排量

基于项目的减排量，即所谓的国家核证自愿减排量（CCER），是指经国家自愿减排管理机构（国家发展和改革委员会）签发的减排量。根据《碳排放权交易管理暂行办法》及各试点地区交易规则，重点排放单位可按照有关规定，使用国家核证自愿减排量抵消其部分经确认的碳排放量。国家核证自愿减排量作为碳交易市场的补充机制，是具有国家公信力的碳资产，可作为国内碳交易试点内控排企业的履约用途，也可以作为企业和个人的自愿减排用途。企业或者个人通过自愿购买碳减排量以减少碳足迹，培养低碳理念，同时帮助环保产业的发展，提高企业的社会责任形象。

基于项目的减排量交易，其作用原理为：对于总量控制范围内的企业，除了可以通过碳交易市场向其他企业购买不足配额外，还可以通过利用额外的控排总量的项目减排量来抵充一定比例的不足的配额。它是一种基于项目的减排量，可作为碳排放权配额交易的补充机制，进入各省碳排放权交易市场等值抵充企业所获存量配额的一定比例。比如，在广东省，水泥、钢铁、陶瓷抵充比例为10%，电力企业抵充比例为5%；为增加补偿机制中的减排供应量，在广东产生自愿减排的项目范围还扩充为三个层次：①根据《温室气体自愿减排交易管理暂行办法》申报的中国温室气体自愿减排项目；②根据《广东林业碳汇项目管理和交易实施办法》申报的广东林业碳汇项目；③根据广东省自愿减排技术委员批准的减排方法学申请的广东自愿减排项目。不同试点中，不同行业的抵充比例和项目范围也会有所不同。

碳配额的分配和履约基本上属于强制性减排措施，而开发和管理核证自愿减排量则属于自愿减排。根据《温室气体自愿减排交易管理暂行办法》及《温室气体自愿减排项目审定与核证指南》，国家核证自愿减排量的生成主要包括以下环节：

①业主按方法学准备项目设计文件（PDD）和申请材料；
②委托经备案的第三方审定机构开展项目审定；
③国家发展和改革委员会对通过审查的项目批准备案；
④业主按照设计文件开展工作，按方法学要求进行监测；
⑤产生减排量后，委托经备案的第三方核证机构开展减排量核证；
⑥国家发展和改革委员会对通过审查的项目减排量备案签发。

一个CCER项目从开发到最终减排量备案，最短需要8个月，从已经完成的项目来看，一般都在10个月以上。

6.4.3 交易价格

任何有序的市场秩序，与形成的均衡价格是分不开的。碳排放权交易市场中的供应商和购买者的供求关系形成碳排放权价格。碳交易在市场化过程中，必须要求碳排放权价格公平。因此，碳排放交易机制应在公平有序的市场交易前提下，利用价格杠杆作用调节市场供求关系，避免市场主体之间的恶性竞争。在一个完全竞争的市场中，碳交易市场的价格等于企业的边际成本。而在不完全竞争市场中，有很多因素会对均衡价格造成影响，如交易成本、市场势力的问题。交易成本的存在使得碳排放的边际成本不等于碳排放的市场价格，从而影响交易效率。而在市场势力的影响下，小部分比较大的企业可以通过自己的交易行为影响碳排放价格，也会影响交易效率。

6.4.4 交易方式

碳市场的交易方式包括场内和场外交易两种。进行场内交易必须建立专业的交易场所。在碳交易的早期阶段，由于交易主体对新型碳交易系统仍在逐步熟悉和适应的过程中，碳交易市场主体较少，直接导致碳排放权交易数量少，碳市场规模势必较小。此时，碳交易行为通常在场外通过谈判的方式进行交易。随着碳交易市场的发展，碳交易管理方式得到普遍认同，新的排碳主体的设立、已有排碳主体经营状况和污染治理技术的变化，将使参与碳交易的主体数量进一步增加，分散的场外交易方式难以满足交易主体的碳交易需求。由此，碳市场的规模逐步扩大，碳交易行为更多的是采取专业交换、贸易交流或集中交易的形式完成，进而逐步形成具备一定规模的碳市场。

目前，中国的碳交易市场存在一级、二级市场交易，其中一级市场是政府提供碳配额给控排企业和单位的，控排企业和单位在配额上若产生结余或者不足，可通过二级市场进行交易。此外，根据碳交易场所的不同，还可以将其分为场内交易和场外交易，在行为人和交易量比较少的情况下，一般会进行场外交易；而当交易量开始增多时，为了信息的高度流通，场内交易平台便逐渐建立起来。

结合当前对碳市场的探索，目前碳金融工具主要分为交易类、融资类、投资类以及保险工具等。依托碳配额及项目减排量两种基础碳资产进行各类碳金融工具的开发，可以帮助市场参与者更有效地管理碳资产。此外，通过多样化的交易方式亦可以提高市场流动性，对冲未来价格波动风险，实现套期保值。

6.4.5　配额初始分配机制

配额的初始分配，是指碳排放交易主管部门通过法定方式将排放配额分配给负有减排义务的主体。配额的初始分配关乎温室气体减排义务主体的积极性以及碳排放交易市场的流动性，因而对碳排放交易政策的有效运作至关重要，涉及配额的取得方式、分配方法、早期减排者的公平待遇、新进企业或设备的公平竞争、政府对碳排放交易市场的宏观调控等问题。

碳排放权配额仅为发给企业一个许可配额量，比如 1 000 万吨，理论上交易可以任何形式完成，只要一方愿意买，一方愿意卖，两方协商定价后就可以交易（即场外交易）。然而，对于碳排放权，这种交易不能仅终止于交易完成，企业完成交易之后，还需要在规定的时间汇报并证明履约情况。而配额在诸多企业之间的自由流通会让汇报和出具履约证明变得复杂，且场外交易可能会使市场价格不透明。所以，类似于证券交易所，碳排放权交易也建立起场内交易平台（即场内交易）。在场内交易中，大部分的交易者会聚集在一起，一同进行信息共享与流通，增加了交易密度。相比于场外交易，场内交易由标准合约约束，价格更加透明。

(1) 取得方式

根据控排单位取得碳排放配额是否支付对价，将配额分配分为有偿分配和无偿分配。从各试点的配额方案来看，中国碳排放配额初始分配方式目前主要采用混合方式：以无偿分配为主，有偿分配为辅。其中，上海、重庆、湖北碳排放配额初始分配则采用无偿分配的方式。

(2) 分配方法

如上所述，目前中国初始分配方式分为无偿分配和有偿分配两种。其中，无偿分配按照分配的参照标准不同又分为基于"祖父法则的分配"（Grandfathering Allocation，GF）和基于"标杆法则的分配"（Bench Markingallocation，BM）。祖父法则即按照控排单位的历史排放量（采用近几年的平均值）确定配额，适用于生产工艺产品特征复杂的行业，其优点在于计算方法比较简单，对数据的要求量小，但其缺点也很明显，比如变相奖励了过去排放量高的企业，对较早采取减排行动的企业有失公平，没有考虑到企业近期的经济发展状况，对于新进入的企业缺乏历史排放数据作为参考。杠杆法即以碳排放强度作为行业基准值，某行业的碳排放量代表某一生产水平的单位活动碳排放量水平，并用来作为碳交易中的配额初始分配参考指标，适用于生产流程及产品样式规模标准化的行业。有偿分配主要分为拍卖和政府定价两种。中国每个碳交易所采取的配额分配方法不尽相同且较为复杂，其中七个试点地区的配额分配方式如下。

天津：天津市的配额分配采取了祖父法则和标杆法则相结合的方式，对电力、热力采取标杆法则进行碳排放配额的初始分配，而对于其他行业则采取祖父法则。在采取祖父法则的同时，天津通过引入绩效系数对早期减排进行鼓励和补偿的做法值得肯定。之所以对电力和热力采取标杆法则，是因为按照实际产能分配和调整配额可以促使排放水平在基准以下的企业改进技术，在减少碳排放的同时减轻该行业的配额压力。

北京：北京碳排放配额的初始分配分为既有设施的碳排放配额分配和新增设施的碳排放的配额分配两种。其中，既有设施的碳排放配额分配根据行业不同分别采取基于祖父法则的分配和基于标杆法则的分配。对于 2013 年 1 月 1 日之前投运的制造业、其他工业和服务企业采取基于祖父法则的分配；对于供热企业（单位）和火力发电企业在 2013 年 1 月 1 日之前已投入运行的排放设施采取基于标杆法则的分配。北京的碳排放配额分配根据不同行业的特点采取了不同的分配方式，具有灵活性和可操作性等优势。但是，基于祖父法则的分配方法并没有考虑早期减排者的配额补偿问题，从而造成早期减排者获得的配额少于未从事早期减排者，有失公平。

上海：上海与天津、北京类似，也采取了祖父法则和标杆法则相结合的分配方法。不同的是上海对适用分配方法的行业部门的划分更加细化。对于电力、航空、机场和港口行业，适用标杆法则；对于工业行业和商场、宾馆、商务办公建筑及铁路站点行业，则适用有区别的祖父法则。其中，对工业行业允许分配配额给新增项目，而对商场、宾馆、商务办公建筑及铁路站点的新增项目没有纳入配额管理。

深圳：深圳的配额分配实质上采取了变通的杠杆法则。深圳为每个参与碳排放交易的管控单位制定目标碳强度，而标杆法则是针对整个行业制定目标碳强度。标杆法则确保了同一部门内的企业公平竞争，深圳的方案则因为注重同一部门内部不同企业特性（如减排潜力、技术水平、减排承诺等）而更加具有灵活性。

广东：广东的碳排放配额虽然也采取祖父法则和标杆法则相结合的方法，但是并未明确两种分配方法的适用范围。此外，基于历史排放的分配方法也没有考虑到早期减排者的配额分配问题。

重庆：重庆的配额分配方案与以上几个试点明显不同，既没有采取标杆法则，也没有采用祖父法则，而是创新地提出了"分配基数+配额调整"的全新思路。重庆的配额分配分为三步，即申报、分配和调整。

湖北：湖北碳排放配额实质采取了祖父法则与变通了的标杆法则相结合的形式。湖北对于电力企业的配额分配分为两个步骤，第一步实际上是祖父法则的应用，第二步的增发配额中的标杆值类似于标杆法则中的部门平均单位发电量的碳排放量。此外，祖父法则的适用也没有考虑到早期减排者的分配问题。

6.4.6 抵消机制与温室气体自愿减排交易

各试点均规定了核证自愿减排的抵消机制，即纳入碳排放交易的单位可以通过购买国家核证自愿减排量抵消其超额温室其他排放。抵消机制的设计进一步扩张了碳排放交易市场对国家核证自愿减排量的需求，进而激励了温室气体自愿减排项目的实施。各地区对于国家核证自愿减排量的抵消能力做出了统一的规定，即1个CCER项目等同于1个配额，可以抵消1吨二氧化碳当量的排放，但各地区对于抵消比例和抵消条件的规定都有所不同，具体如下：

北京：重点排放单位可以使用国家核证自愿减排量抵消其排放量，比例限制为不得高于其当年排放配额的5%，利用京外项目的国家核证自愿减排量抵消排放，不得超过当年其核发配额的2.5%，并且优先使用河北省、天津市等预备级市签署了应对气候变化、生态建设、大气污染治理等相关合作协议地区的国家核证自愿减排量。

上海：纳入配额管理的单位可以利用国家核证自愿减排量抵消碳排放的比例不超过该年度企业通过分配取得的配额的5%，纳入配额管理的单位不得使用其排放边界范围内的国家核证自愿减排量抵消。

天津：纳入碳排放交易的企业可以使用一定比例的国家核证自愿减排量抵消其碳排放量，抵消量不得超过其当年实际碳排放量的10%，国家核证自愿减排量没有地域、项目类型、排放边界等限制。

重庆：纳入企业利用国家核证自愿减排量抵消碳排放的比例不得超过企业审定排放量的8%，对国家核证自愿减排量的来源没有特别限制。

深圳：管控企业使用国家核证自愿减排量抵消碳排放的比例不得超过初始配额的10%，管控企业不得使用其排放边界范围内的国家核证自愿减排量。

广东：控排企业使用国家核证自愿减排量抵消碳排放的比例不得超过初始配额的10%。用于抵消的国家核证自愿减排量至少有70%产生于广东省内的温室气体自愿减排项目；控排企业不得使用其排放边界范围内的国家核证自愿减排量抵消碳排放。

湖北：控排企业使用国家核证自愿减排量抵消碳排放的比例不得超过初始配额的10%，国家核证自愿减排量产生于湖北省行政区域内，控排企业不得使用其排放边界范围内的国家核证自愿减排量抵消。

抵消比例的大小关系到企业减排成本和减排积极性问题，从国内外碳交易实践来看，自愿减排量的成交价格往往低于配额价格。由此，如果抵消比例过大，那么企业就偏向于购买国家核证自愿减排量以抵消其超额排放，从而减排的积极性就会降低；如果抵消比例过小，那么企业就要购买高价配额或者加大减排，从而企业减排成本或压力更大。所以，抵消比例的设置应当均衡考量各种因素。此外，抵消条件越严格，纳入碳交易的企业的减排成本就越大，减排效果就越明显。相较于抵消条件严格的试点而言，抵消条件不作限制的试点内企业的减排成本相对较低，减排效果相对要差。

6.4.7 碳交易机构

碳交易机构的设置对于中国尚不成熟的碳市场的发展十分重要。一方面，碳交易机构（目前主要形式体现为交易所）通过固定的交易场所安排、交易会员资格的把控，以及明确的交易产品和交易规则的设定，能够有效地降低交易的风险；另一方面，碳交易机构作为独立的中介，为碳交易的买卖双方构建了便利的交易机制，从而降低交易成本。此外，碳交易机构还承担着宣传减排政策、撮合碳融资、推动低碳发展的使命。

（1）碳交易试点机构

"十二五"期间，中国开启了七大碳排放权交易试点，与此同时，还规定了企业可以通过国家核准的减排项目在碳交易市场上进行自愿碳交易。碳交易试点和自愿碳交易构成了中国建设全国统一的碳排放市场基础。2009年开始，国家发展改革委员会开始研究温室气体减排和碳交易相关文件。2011年，完成《中国温室气体自愿减排交易活动管理办法（暂行）》，一定程度上指导了中国碳排放权交易活动的开展。当时的交易形式是以项目减排为主要内容，为全国碳交易市场建设提供了经验借鉴，如交易流程、交易框架、市场监管等。从2011年起，中国在北京、上海、天津、重庆、湖北、广东、深圳这7个省市开展碳排放权交易试点，并对应成立了7家碳交易机构，且于2014年全部启动上线交易。根据国家发展和改革委员会提供的统计数据，7个碳交易试点共纳入排放企业和单位超过1 900家，分配的碳排放配额总量合计约12亿吨。截至2017年底，累计成交量突破2亿吨，累计成交金额超过47亿元人民币。中国碳交易试点发展情况见表6-5。

表6-5　　　　　　　　　　中国碳交易试点发展情况

地区	发展情况
北京	北京碳排放交易市场于2013年11月开市，2016年将控排企业的覆盖范围进行了调整，从行政区域内直接与间接排放1万吨（含）以上的单位扩大至直接与间接排放总量5000吨（含）以上的重点排放单位，履约主体由原有543加跃升至945家。北京市碳市场参与主体类型多样，市场开放度大，是首个实现跨区域交易的试点省级地区
上海	上海碳排放权交易市场于2013年11月正式启动，连续4年实现100%履约。目前已纳入了钢铁、电力、化工、建材、纺织、航空、水运、商业宾馆等27个工业和非工业行业的310家重点排放企业参与试点。截至2017年底，上海碳交易市场累计成交总量8 741万吨，累计成交金额逾9亿元，共有600余家企业和机构参与。试点企业实际碳排放总量相比2013年启动时减少约7%
湖北	湖北碳排放交易中心于2014年4月开市，截至2017年底，纳入控排企业共236家。据统计，通过三年多的试点，企业在节能减排上的投入同比增加了38%，排放总量共减少了2 691万吨。60%的企业实现绝对量减排，19%的企业实现了强度减排，控排企业占全省碳排放比重由47%下降到43%。纳入交易的企业主体是湖北省行政区内年综合能源消费量6万吨标煤及以上的工业企业

续表

地区	发展情况
深圳	2010年9月30日作为首个试点,截至2017年12月20日,深圳碳市场配额累计总成交量达2 841.6 吨,总成交额8.76亿元,中国核证自愿减排量(CCER)总成交量1 091.2万吨,总成交额约为1.2亿元。截至2017年,深圳市碳交易管控单位涉及11个行业,达811家
广东	2013年12月19日正式启动交易,截至2017年5月底,累计成交配额5 810.4万吨,总成交金额14.15亿元,分别占全国七个试点的35.4%和36.9%。《广东省2017年度碳排放配额分配实施方案》显示,2017年度纳入碳排放管理和交易范围的行业企业分别是电力、水泥、钢铁、石化、造纸和民航六个行业中,年排放2万吨二氧化碳(或年综合能源消费量1万吨标准煤)及以上的企业,共246家
天津	2013年12月26日正式启动交易。天津市是唯一同时参与了低碳省区和低碳城市、温室气体排放清单编制及区域碳排放权交易试点的直辖市。配额发放方面,除了电力热力行业按照基准法分配配额,其他企业统一采用历史法,再结合企业当年实际产量予以确定。最终,天津市的钢铁、化工、电力热力、石化、油气开采五个行业,以及2009年以来年排放二氧化碳2万吨以上的114家企业或单位成为第一批强制配额交易主体
重庆	2014年6月19日正式启动交易。重庆碳市场2017年交易活跃,碳排放配额累计交易量800余万吨。纳入的排空企业主要集中在电解铝、钛合金、电石、烧碱、水泥、钢铁六个高耗能行业

目前,已获正式备案的国家温室气体自愿减排交易机构(碳交易所)达到9家,包括北京环境交易所、天津排放权交易所、上海环境能源交易所、广州碳排放权交易所、深圳排放权交易所、重庆联合产权交易所、湖北碳排放权交易中心、四川联合环境交易所、福建海峡股权交易中心。其中,最后两家为非试点地区交易机构。9家碳交易机构结合地区实际,在市场政策构建、配额分配和管理、碳排放测量、报告与核查等方面进行了深入探索。2017年12月19日,国家发展和改革委员会组织召开了全国碳排放交易政策启动工作新闻发布会,宣布全国性碳排放权交易政策已完成了总体设计,并正式启动。确定由上海牵头组建碳排放权交易系统,湖北牵头组建注册登记系统,北京、天津、重庆、广东、江苏、福建和深圳共同参与系统建设和运营。关于试点的发展情况如表6-5所示。

从表6-5中国内7个碳交易试点的实践来看,绝大部分试点对于"总量"确定的思路和方式基本是一致的,即"自下而上"地对重点行业、企业进行数据搜集,把握行业企业的实际二氧化碳排放量,进而对覆盖的行业和范围进行界定,从而确定碳交易市场的"配额总量"。关于配额的核定方法,基准法的使用可以补足历史法的劣势,但尺度的把握还存在难度和复杂性,应用方面还局限于电力和供暖行业;拍卖法的尝试仅限于广东和湖北两个试点,被认为是成本效率最高的方式,但初期会加重企业负担,降低国际竞争优势。另外,试点中出现的银行开户、配额发票、企业会计支出、收益税收等具体问题,对于进一步寻求解决之道,全国统一碳交易市场建设将顺碳交易过程中的各个环节具有重要意义。

(2) 试点城市大范围铺开

近年来,低碳城市试点在国内大规模开展,并深刻推动着社会的进步。通过低碳城市试点和智慧城市的融合,逐步建成低碳的智慧社会,不仅涉及产业和能源的转型,而且涉及社会生产效率,甚至全体公民的文明水平。在2010年,国家发展和改革委员会下发《关于开展低碳省区和低碳城市试点工作的通知》,同时确定首批试点名单,包括广东、辽宁、湖北等5省和天津、重庆、深圳等8个城市。2012年,国家发展和改革委员会下发《国家发展和改革委关于开展第二批低碳省区和低碳城市试点工作的通知》,决定在第一批试点的基础上,进一步稳步推进低碳试点示范,并于2012年4月确定第二批低碳试点省区和城市的名单。2017年初,国家发展和改革委员会再次下发《关于开展第三批国家低碳城市试点工作的通知》,确定在45个城市(区、县)开展第三批低碳城市试点。

截至2017年底,中国已确定了29个省区81个城市进行低碳试点,低碳城市试点已经在全国范围内大。其中,深圳是最早一批进行低碳试点的城市之一。近年来,深圳市着力构建绿色低碳经济政策,全面推广绿色建筑、绿色交通,倡导绿色生活方式,以更少的资源、能源消耗,实现更高质量、更可持续的发展。2012~2016年,深圳万元GDP能耗累计下降19.7%,该指标在2017年上半年又进一步下降了5.4%,约为全国平均水平的1/2。万元

GDP 水耗累计下降 30.9%，2018 年上半年又降低了 9.6%，约为全国平均水平的 1/9。深圳的空气质量保持在全国副省级城市的最优水平。

（3）全国碳交易市场的启动

2017 年 12 月，中国政府于 2017 年启动全国碳排放交易政策，全国统一的碳排放权交易市场启动，重点覆盖石化、化工等八大行业的 7 000~8 000 家企业，碳排放量占全国的 40%~50%。根据要求，纳入碳交易政策的单位包括重点排放行业中 2013~2015 年中任意一年综合能源消费总量达到 1 万吨标准煤以上的企业法人单位或独立核算企业单位，对于超过 50 000 千瓦装机的燃煤发电企业而言，年能源消耗量大于 1 万吨标准煤的，都将被纳入交易政策中。

电力行业充当排头兵，更多行业将被纳入。2016 年 6 月，国家发展和改革委员会印发《"十三五"控制温室气体排放工作方案》，明确中国将推动区域性碳排放权交易政策向全国碳排放权交易市场顺利过渡。2017 年 12 月 19 日，经国务院同意，国家发展改革委印发了《全国碳排放权交易市场建设方案（发电行业）》，标志着中国碳排放交易政策完成了总体设计并正式启动。到 2020 年力争建成制度完善、交易活跃、监管严格、公开透明的全国碳排放权交易市场，实现稳定、健康、持续发展。我国将以发电行业为突破口，分基础建设期、模拟运行期、深化完善期三阶段稳步推进碳市场建设工作。一万吨标煤的准入门槛使全国碳市场几乎涵盖了所有主要火电企业。

电力行业是首批纳入碳市场的行业。电力行业采用的是基准线法，在基准线配额分配机制下，对电力行业的影响分两种情况：管理水平高、技术水平高的机组会更有竞争力；管理水平低、技术水平低、处于亚临界地位的机组所受的影响将比较大。随着电力体制改革越来越深入，先进机组获得收益的可能就越来越大。整体而言，对电力行业的负担是均衡的，因为卖出配额将被电力行业自身所吸收，电力行业的总体成本不会上升。从长远看，煤耗将会降低，资源消耗将会下降，成本是下降的。总体看，电力行业成本呈下降趋势，而非上升趋势。落后企业增加的这部分成本，不限制其发电，只是它在发电过程中，发电越多，增加的成本越多，这样就会让它减少发电，由先进企业填补。所以，整体而言不会影响电力行业的稳定供应，还会促进电力行业的清洁发展、稳定发展。在中国碳市场，仅纳入电力行业，也是一个不小的市场。

2017年底全国碳市场正式启动以来，交易政策建设正在加速推进。2018年8月全国碳排放配额总量设定与分配方案目前已经国务院同意，预计有望近期发文。同时，地方也陆续就落实全国碳市场建设方案提出了工作设想，注册登记系统和交易系统建设、历史数据的报送核算与核查、能力建设等工作已经开始。下一步，国家主管部门将加快出台全国碳排放权交易管理暂行条例等一揽子配套政策。

(4) 交易的中介机构

交易的中介机构，是指在碳市场的交易中，为买卖双方提供碳交易所需服务的机构，包括交易所、认证机构、评估机构、仲裁机构等。发达国家的碳交易实践表明，碳交易在交易过程中存在的成本是阻碍交易顺利进行的重要因素之一。所以，减少碳交易成本是碳交易市场培育的一个关键问题。实际上，在碳交易过程中，存在多种交易成本。比如：信息成本，是交易者为了获取潜在的交易对象、碳的供求情况和可能的价格等信息而付出的成本；谈判成本，是指交易双方为了达成交易进行讨价还价而付出的成本。

由此可见，交易成本的降低将有利于碳交易市场的发展。而碳交易市场的中介机构将发挥降低成本的作用。交易所可以为交易主体提供交易信息，能够有效改善交易信息不对称和低效率高成本的状态。认证机构具备项目碳减排的审查及认证能力，能够评估其对环境的改善。交易仲裁机构可以在碳交易纠纷调解和仲裁法的过程中促进碳交易市场的有序进行。此外，随着碳市场的逐步发展，中介机构也可以进一步扩大业务范围，如从事碳交易、碳储存和贷款业务等。目前，世界银行是中国碳排放权交易较大的中介机构之一。

（5）交易规则和政府管理办法

碳排放作为一种特殊商品，如果仅凭市场自由配置资源，可能会存在市场失灵的情况。政府的有效管理是看不见的手，扶持碳市场的健康发展，避免市场失灵。因此，碳交易市场中政府管理职能尤为重要，政府应当在市场政策设计、交易监管和控制方面发挥作用。政府管理应当公平、公正地监测和审核碳排放量。政府首先应当建立完整的环境监测系统，提供可靠的碳排放数据。监测是审核的基础，是对交易后碳排放权的使用情况进行监督管理的必要措施。另外，政府应当有效监督碳交易过程。现阶段，中国已建立了专门的清洁发展机制（CDM）项目管理机构，即国家发展和改革委员会对气候变化政策的协调小组，该部门致力于国内项目的监督检查和清洁发展机制项目的审批。由此可见，政府是碳交易市场的重要构成要素之一，必须充分发挥其对碳交易市场的全过程监督、调控和管理作用，保证市场的健康运行。具体来说，电力工业碳排放交易市场主要由市场交易主体、市场监督、市场管理、市场运行等有关系组成。

一般情况下，交易所都会制定自己的一套交易规则和管理办法，同时，不同交易所对纳入试点范围的行业和重点排放企业的标准均不同，数量也有所不同；对于如何取得排放配额，各试点的规定也各具特色，但大部分执行免费分配为主，未来可适时地推行拍卖等有偿方式。如：上海大部分行业按照"历史排放量分配法"分配配额，部分有条件的行业按照"行业基准线法则"分配配额，而纳入配额管理的单位也可使用一定比例的国家核证自愿减排量（CCER）履行清缴义务。

2007年以来，为积极履行大国责任，中国成立了由国务院总理任组长的应对气候变化及节能减排领导小组，专门负责协调、制定与气候变化有关的政策和措施；在国家发展和改革委员会成立了应对气候变化司，具体负责国内气候变化相关活动的统一协调和管理；各地方政府则在省级发展和改革委员会成立了应对气候变化处，具体负责所辖省内气候变化相关活动的管理。以上三级领导及管理机构的成立和运行，为中国及地方应对气候变化和节能减排政策、法律法规的制定和工作的开展提供了强有力的组织保障。"十二五"以来，国家及地方政府陆续出台了一系列政策和法规，用于指导和规范全国及各地的减排和节能工作，取得了较为显著的成效。

在对碳交易市场的政策扶持方面，2014年，国家发展和改革委员会出台了《单位国内生产总值二氧化碳排放降低目标责任考核评估办法》（发改气候〔2014〕1828号），将国内生产总值二氧化碳排放降低目标细化到各行各业的考核政策中去，使政策落实。同时，2014年7月，中国的碳排放管理标准化技术委员会成立，主要负责各行业中二氧化碳排放的测算方法的制定、国家标准的修订工作，以及碳排放核算、碳捕获和碳中和等工作，为中国开展碳排放权交易市场提供了技术支持。目前，国家发展和改革委员会已经公布了纳入温室气体排放考核政策的十大行业，包括化工、电解铝、钢铁、发电、电网、水泥、陶瓷、镁冶炼、平板玻璃和民航行业，并制定了不同行业相对应的温室气体核算方法，对这些重点行业企业进行监督管理。

（6）国家层面的碳交易市场政策与规范

第一，2015年巴黎气候大会前的碳交易市场政策。从"十二五"规划纲要到十八届三中、五中全会决议，以及《生态文明体制改革总体方案》等，均对建立中国的碳排放权交易制度做出了相应部署，并且体现出中国的碳市场建设主要由国家发展和改革委员会牵头的特征。

2009年11月，国务院决定将"2020年单位国内生产总值二氧化碳比2005年下降40%～45%"作为约束性指标纳入国民经济和社会发展中长期规划。

2010年7月，国家发展和改革委员会下发《关于开展碳排放权交易试点工作的通知》，要求试点的地区积极探索有利于节能减排和低碳产业发展的体制机制，研究运用市场机制推动控制温室气体排放目标的落实。

2010年10月，国务院下发《关于加快培育和发展战略性新兴产业的决定》，提出要建立和完善主要污染物和碳排放交易制度。

2011年8月，国务院下发《"十二五"节能减排综合性工作方案的通知》，提出"开展碳排放交易试点，建立自愿减排机制"。

2011 年 10 月，国家发展和改革委员会印发《关于开展碳排放权交易试点工作的通知》，批准北京、上海、天津、重庆、湖北、广东和深圳七省市开展碳交易试点工作。文件强调各试点地区要着手研究制定碳排放权交易试点管理办法，明确试点的基本规则，测算并确定本地区温室气体排放总量控制目标，研究制定温室气体排放指标分配方案，建立本地区碳排放权交易监管政策和登记注册系统，培育和建设交易平台，做好碳排放权交易试点支撑政策建设，保障试点工作的顺利进行。

2011 年 12 月，国务院制定了《"十二五"控制温室气体排放工作方案的通知》，全面部署控制温室气体排放的重点工作，方案对目标任务做了分解，明确了各地区单位生产总值二氧化碳排放下降指标，提出"探索建立碳排放交易市场"的要求；同年 10 月印发《温室气体自愿减排项目审定与核证指南》，两个规范性文件为自愿减排量（CCER）交易市场搭建起了整体框架，对 CCER 项目减排量从产生到交易的全过程进行了系统规范。

2012 年 11 月，具有里程碑意义的十八大报告要求，积极开展碳排放权交易试点。

2013 年 11 月，十八届三中全会的决议进一步明确要求，推行碳排放权交易制度。

2013 年 6 月到 2014 年 6 月，北京、上海、天津、湖北、广东、深圳、重庆七个试点碳市场建立并开始实质交易。

2014 年 12 月，国家发展和改革委员会公布《碳排放权交易管理暂行办法》，指导推动全国碳市场的建立和发展，明确了全国统一碳排放交易市场的基本框架。

2015 年 9 月，习近平主席在《中美元首气候变化联合声明》中正式宣布，将于 2017 年启动全国碳排放交易政策，覆盖钢铁、电力、化工、建材、造纸和有色金属六个重点工业行业。

第二，2015 年巴黎气候大会后的碳交易市场政策。在 2015 年 12 月召开的巴黎气候大会上,习近平主席重申中国将于2017年建立全国碳交易市场,表明了中国政府将通过建立全国碳交易市场来减少温室气体排放、应对气候变化的决心。2015年巴黎气候大会后国家决策者审时度势,综合考虑自身国情、所处发展阶段以及可持续发展战略等适时推出了若干政策,具体指导推进国内温室气体减排工作。

2016年1月,国家发展和改革委员会办公厅发布《关于切实做好全国碳排放权交易市场启动重点工作的通知》,对全国统一碳市场启动前重点准备工作做了具体部署,旨在协同推进全国碳排放权交易市场建设,确保2017年启动全国碳排放权交易,实施碳排放权交易制度。同年3月,《碳排放权交易管理条例》送审,并被国务院办公厅列入立法计划预备项目。

2016年4月,中国签署《巴黎协定》,承诺将积极做好国内的温室气体减排工作,加强应对气候变化的国际合作,展现了全球气候治理大国的巨大决心与责任担当。

2016年3月,《碳排放权交易管理条例》送审稿已经提交到国务院审议。

2016年8月31日,中国人民银行、财政部、发展改革委等联合印发《关于构建绿色金融政策的指导意见》。意见强调,要发展各类碳金融产品,促进建立全国统一的碳排放权交易市场和有国际影响力的碳定价中心,有序发展碳远期、碳掉期、碳期权、碳租赁、碳债券、碳资产证券化和碳基金等碳金融产品和衍生工具,探索研究碳排放权期货交易。

2016年11月,国务院发布《"十三五"控制温室气体排放工作方案的通知》,明确提出,到2020年,单位国内生产总值二氧化碳排放比2015年下降18%,力争部分重化工业2020年左右实现率先达峰;加强能源碳排放指标控制,实施能源消费总量和强度双控;国有企业、上市公司、纳入碳排放权交易市场的企业要率先公布温室气体排放信息和控排行动措施。碳排放总量得到有效控制。方案强调建立全国碳排放权交易制度,启动运行全国碳排放权交易市场,出台《碳排放权交易管理条例》及有关实施细则,各地区、各部门根据职能分工制定有关配套管理办法,完善碳排放权交易法规政策,2017

年启动全国碳排放权交易市场，到 2020 年力争建成制度完善、交易活跃、监管严格、公开透明的全国碳排放权交易市场，实现稳定、健康、持续发展。

2017 年 3 月底，完成八大行业配额分配方法和基准线、默认值的编制工作。

2017 年 6 月，国家发展和改革委员会办公厅印发了《"十三五"控制温室气体排放工作方案部门分工》的通知。该通知再次明确和要求 2017 年启动全国碳排放权交易市场，到 2020 年力争建成制度完善、交易活跃、监管严格、公开透明的全国碳排放权交易市场。

2017 年 7 月底，启动注册登记系统，启动全国交易系统。

2017 年 12 月，国家发展和改革委员会召开电视电话会议，宣布全国碳市场正式启动，并于 12 月 20 日正式印发了《全国碳排放权交易市场建设方案（发电行业）》的通知。该通知强调，建立碳排放权交易市场，是利用市场机制控制温室气体排放的重大举措，也是深化生态文明体制改革的迫切需要，有利于降低全社会减排成本，有利于推动经济向绿色低碳转型升级。这标志着中国通过市场机制利用经济手段控制和减少碳排放进入了崭新的阶段。

2018 年 4 月，应对气候变化工作职能由国家发展和改革委员会划至新组建的生态环境部。此次动员部署会是生态环境部作为国家应对气候变化主管部门之后，第一次由各地方环境保护部门和发展改革部门共同参加的全国碳市场工作会议。

全国碳市场将经过基础建设、模拟运行后，2020 年左右将正式启动配额现货交易，并在发电行业稳定运行的情况下，逐步扩大市场覆盖范围。中国碳市场目前仍处于探索和完善阶段，在国家碳市场建设初期，政府的引导、监督等必要行政干预对于减少和化解碳市场中存在的盲目性、局限性是不可或缺的。

（7）地方层面的碳交易市场相关政策

特别是北京等 7 家试点单位及福建、四川等地区，结合自身发展情况都先后出台了一系列政策、规定等，有力地支持了当地碳市场的有序运营：

2013~2016年，北京市由人大、政府及国家发展和改革委员会出台的关于碳减排工作的各项政策、规定、通知等就有15项之多，内容涵盖碳排放权交易试点、交易单位、交易管理办法、排放权抵消管理办法、排放总量控制等多个领域和内容。

2013~2017年，天津市也出台了近10个政策、通知等，涵盖碳交易试点工作开展、碳市场交易管理、试点企业配额分配方案以及控制温室气体排放工作实施方案等，为天津市碳市场的稳定运行和节能减排目标的实现提供了政策保障。

2012~2017年，广东省也出台10余个政策、通知及暂行办法等，除了碳交易试点工作实施、碳市场交易管理、配额分配方案之外，还包括自愿减排量使用、盘查、核查报告报送等内容。

6.5 碳交易政策的绩效研究

中国碳排放权交易市场是以区域碳交易试点的形式在全国范围内开展的，虽然碳交易前后借鉴了欧美等发到国家碳交易市场的交易规则、交易理念、交易种类等先进性成功实践经验，但是中国受控排减排任务重、碳交易开始时间较晚等原因的影响，中国七大碳交易试点市场各自尝试了不同的政策思路和分配方法，并于2014年全部启动上线交易。经过3年平稳运行，为全国性碳交易市场的建立提供了丰富的经验，奠定了坚实的基础。

6.5.1 中国碳交易市场起步较晚且区域性分割严重

中国碳交易市场试点工作相对于欧盟碳交易市场和美国碳交易市场较晚，但中国注重在起步阶段稳中有进地开展碳交易有了很大的成效，且在碳交易试点工作的基础之上中国决定2017年在全国范围内全面开启碳交易市场工作,以促使中国在全球温室气体有关碳排放的控排、减排工作目标早日完成。另外,中国目前的七个碳交易试点市场区域性差别较大,这种差别表现在碳交易场所的名称、碳交易的主体以及客体的不统一、碳交易数量以及价格的差异、各个碳交易试点的地方性政策法规的区别等。几年时间内,七个碳交易试点完成了数据摸底、规则制定、企业教育、交易启动、履约清缴、抵消机制使用等全过程,并各自尝试了不同的政策思路和分配方法。

2014年度各个碳市场试点的价格差异较大,波动性也较大;2015年价差逐渐缩小,各市场的价格也逐渐趋于稳定;从2016年开始,价差和波动性都有了重新扩大的趋势。2014~2017年七个碳市场碳价总体上呈下跌趋势,个别地区碳价有所回升。上海、广东、湖北、天津这4个碳市场的碳价在20元/吨附近波动,较为稳定,而北京、深圳这两个碳市场的碳价在40元/吨附近波动,重庆碳市场的碳价波动较大。从七个碳交易试点的2016年度总交易量、最高收盘价格、最低收盘价格和平均收盘价格看出:广东碳市场的总交易量最大,超过了1 319万吨,而最高收盘价格与最低收盘价格之差却是最小的,仅约10元/吨,所以价格波动性较低,说明广东碳市场投资风险是较小的,市场整体相对平稳;湖北碳市场的总交易量位居第二,约1 127万吨,而最高收盘价格与最低收盘价格之差约13元/吨,属于七个碳交易试点中较低的价格水平,也有较低的波动性。由此,我们可以发现,交易量越大,最高收盘价格与最低收盘价格之间的价差越小,就是交易量越大,价格波动性越小,风险越小。

6.5.2 政府政策性支持较大但缺乏统一细化的碳市场规则

碳市场作为碳减排的手段之一,仍待实践检验。世界银行发布的《碳排放交易实践:设计与实施手册》(2016版)指出,所有碳交易政策的构建均在更广泛的政策与法律框架内(包括其他气候变化政策)完成。碳排放总量所覆盖行业中的额外政策可能会抵消、扭曲碳交易政策的影响或其影响力。碳市场要考虑很多政策影响的，不是说闭门造车，设计的时候必须考虑别的政策的影响。从长期来看，纳入更多行业的计划并未改变。

中国碳交易主管单位自中国碳交易试点工作开始以来给予了众多政策性支持，也颁布了碳交易管理办法等法律性文件。从数量上看，这些法律性文件仍然没有对很多细节作出规定；从内容上看，有关碳交易的交易规则以及交易的具体详细流程等也不全面；从法律位阶上看，有关碳交易的办法、通知较多，但还需要出台一部规范全国碳市场交易的法律。

6.5.3　碳交易对二氧化碳的减排效应有待发挥

充分发挥碳市场对控制温室气体排放、降低全社会减排成本的作用。截至 2017 年底，七省市二级市场线上线下共成交配额现货接近 6 740 万吨，较 2016 年交易总量增长约 5.31%；交易额约 11.81 亿元，较 2016 年增长约 13.01%。截至 2017 年底，7 个试点碳市场累计成交量突破 2 亿吨，累计成交金额超过 47 亿元。试点范围内碳排放总量和强度呈现了双降趋势，试点在推动参与企业和试点地区的低碳发展、有效控制二氧化碳排放方面，发挥了积极作用。2018 年到 2019 年，全国碳市场建设将处于基础建设和模拟运行期，暂时不会对发电行业的发电成本产生实际影响。自开市以来，全国各个试点碳市场的成交均价约为 20 元/吨，与测算的边际减排成本相比仍然较低，试点市场的碳配额交易价格尚未充分有效反映火电行业的碳边际减排成本。预计从 2020 年全国碳市场开始配额现货交易以后，碳交易对发电行业控制二氧化碳排放及降低碳减排成本的作用才会逐渐发挥出来。

6.5.4　中国碳交易市场后续发展空间较大

联合国开发计划署发布的《中国碳市场研究报告 2017》称，提出全球碳交易市场还在逐步扩大，到 2020 年，交易总额有望达到 3.5 万亿美元，这个交易规模将超过石油市场占据第一大能源交易地位。其中，中国碳市场将覆盖 40 亿吨二氧化碳，超过欧洲碳市场的两倍，将成为全球最大的碳交易市场。中国作为全球第一大经济体，为担负起大国责任，亦发布了《"十三五"控制温室气体排放工作方案》，要求 2017 年启动全国碳排放权交易市场，全国统一碳市场开启后，配额总量将是七个试点 2014 年度配额总量的 4 倍，全国统一碳市场配额现货交易规模每年将达 40 亿元。衍生品市场交易规模大概是现货规模的 50 倍，以此推算，国内碳交易衍生品市场规模有望达 2 000 亿元，成为中国仅次于证券交易、国债交易之外第三大的大宗商品交易市场。

中国作为温室气体排放量大国，其排放量占全球的 20.09%，中国碳市场整体上已经成为全球第二大碳交易市场，碳排放总量非常大。截至 2017 年底，全国碳交易量中，湖北碳排放权交易中心交易量最大，成交总量 5 216.8 万吨，占比 34.4%；其次是广东碳排放交易所，成交总量 4 059.5 万吨，占比 26.7%；第三的是深圳碳排放交易所，成交总量 2 534.7 万吨，占比 16.7%。全国统一碳排放交易市场启动较晚，尚未有全国统一数据。长期来看，中国碳交易规模将超万亿元。中国政府在《联合国气候变化框架公约》第 20 轮缔约方会议（COP20）上表示，2016 ~ 2020 年中国将把年二氧化碳排放量控制在 100 亿吨以下，并且承诺排放量将在 2030 年左右达到顶峰，每年约为 150 亿吨。如果中国碳市场覆盖行业范围继续扩展并且纳入更多企业，按照 EU - ETS 第三阶段覆盖率目标 60% 来计算，中国未来发放配额总量可达 60 亿 ~ 90 亿吨，以 400% 的预计换手率计算，配额的交易量将攀升至 240 亿 ~ 360 亿吨。为提升企业减排动力，配额发放将日趋收紧，另外，换手率大幅提升必然推动配额价格上涨，按照 100 元/吨的碳价计算，现货市场交易额将介于 2 万亿元至 3 万亿元之间，考虑衍生品市场后，碳市场交易规模甚至会超百万亿元。

中国未来 5 年每年碳交易量将超过 2 亿吨，有望成为全球碳排放权交易第一大市场（见图 6 - 5），这将使得中国的碳交易市场有着广大的发展空间，甚至有望在接下来的时间内超过欧盟碳交易市场,成为全球碳配额交易量最大的国家。中国全新的全国范围内的碳市场将吸引全球所有国家的吸引力,并且碳市场的交易动态也将引领全球碳市场的发展趋向。如此重大的碳交易发展空间决定了中国碳市场急需完善相关的市场交易规则。不断走高的碳交易价格倒逼排放企业技术进步和不断减少碳排放。随着碳排放权交易市场的高速发展,越来越多的投资银行、对冲基金、私募基金以及证券公司等金融机构看中了碳市场的巨大商机。碳市场将出现碳期权、期货、债券、保险等衍生产品,形成碳资产交易、管理的全产业链。

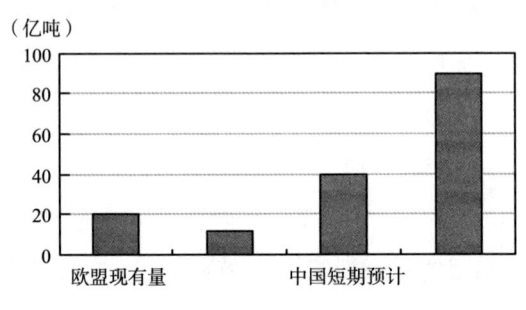

图 6-5 碳交易总量

6.5.5 全国碳市场的启动对促进电力结构优化、电力行业低碳转型作用巨大

通过碳价格导向,能使可再生能源发电技术在经济上更有竞争性,加快可再生能源发电量替代高碳能源发电量。通过碳市场与电力市场接轨,借助智能电网平台,促进电力消费端更多地消化低碳电力,由需求侧促进供给侧的低碳化;通过碳市场的不断完善、扩大,促进散煤转化为电煤的比重,推动实现集中利用、集中治理,在满足了经济社会用电需要和保障能源安全的同时,可有效减少全社会碳排放;通过碳资产运作、碳金融等活动,扩大低碳发展空间。

6.5.6 碳交易政策有利于防范金融风险

目前,全球范围内建立了19个碳交易市场,这些碳市场将负责超过70亿吨的温室气体排放权的交易,其中,比较成熟的是欧盟排放交易系统(EU-ETS),其碳产品交易量和交易额一直占全球总量的3/4以上。中国从2011年起在北京、上海、广东、深圳、天津、重庆、湖北这七个省市开展碳排放权交易试点,并于2014年全部启动上线交易。全国统一碳交易市场的建立,将进一步优化碳市场政策,更好地发挥统一市场的定价交易功能,引领市场健康发展。同时,催生碳交易市场的活性,吸引更多社会资本进入碳金融领域,参与碳排放权及其衍生品的交易和投资、低碳项目开发、碳投融资和碳金融中介活动等,从而促进了碳排放权价格价值回归、平抑市场波动、对冲市场风险。目前,中国已经拥有20余种碳金融产品,随着时间的推移,碳排放权交易市场将会成为海内外投融资资本的聚集地。

将以发电行业为突破口率先在全国开展交易,逐步扩大参与碳市场的行业范围和交易主体范围,增加交易品种,增加市场活跃度,同时防止过度投机和过度金融化,切实防范金融等方面风险。碳排放远期交易已开始试运行,并引入了对冲机制。2016年4月27日,全国首个碳排放权现货交易产品在武汉交易,当日成交量达680余万吨,成交额1.5亿元。与金融市场中远期交易合约相似,签订碳排放权现货远期交易合约的双方同意在未来日期按照固定价格交换碳资产,承诺以当前约定的条件在未来进行交易。担心未来碳资产价格上涨的企业,可以提前买入碳远期现货,并在价格上涨时卖出碳现货远期来与现货市场价格上升的损失进行对冲。2016年12月19日,上海碳配额远期产品上线试运行。试运行首日,SHEAF052017成交量达1 688个(双边)。试运行首日之后至2016年底,远期产品还进行了少量交易,主要品种为SHEAF022017、SHEAF082017、SHEAF112017,累计成交1 804个(双边),即18.0万吨。但截至2017年10月31日,现货远期交易量和交易额仍然占比高。全国配额累计成交 4.06 亿吨，成交总金额达 102.55 亿元。其中，线上公开交易累计成交 9 742 万吨，成交金额 22.59 亿元；大宗及协议转让累计成交 8 300.95 吨，成交金额为 8.36 亿元；现货远期累计成交 2.60 亿吨，成交金额为 62.60 亿元；公开拍卖累计成交 1 912.88 万吨，成交金额为 9 亿元。碳配额现货远期虽然刚刚推出时间不长，但交易量和交易额占比已迅速提升。截至 2017 年 10 月 31 日，现货远期交易量已占配额交易总量的 64%，交易额占总交易金额的 61%，现货远期交易将会扮演更重要的角色。

6.6　碳交易政策存在的主要问题

碳排放权交易市场是通过金融市场机制有效促进二氧化碳等温室气体减排，从而实现经济与生态环境的协调可持续发展的。中国目前碳排放交易试点和全国碳排放交易已经取得初步性进展，但也存在一些问题，比如中国碳交易市场立法政策不完善、中国碳交易市场机构的规制不足、碳交易活跃度较差、市场流动性较弱、市场有效性普遍较差等，产生这些问题的原因是中国碳排放交易市场还处于起步阶段，市场机制等仍需健全，且各试点市场过于分散，交易无法在全国范围内流通，降低了市场流动性和市场效率。从目前主要试点的运行情况来看，全国碳交易市场规则存在一些共性的问题和不足，主要表现在以下方面。

6.6.1　碳金融意识不强

从目前来看，中国整体上对 CDM 项目、CCER 项目以及碳金融产品的认识不足。有一部分已经开展绿色信贷等一系列碳金融业务的金融机构，对其认识还存在问题，它们认为绿色信贷的实施，不过只是为了帮助树立比较好的社会形象，在其实际的运行中产生的经济效益是非常小的。

6.6.2 政策法规层面的问题

目前，中国针对大气污染治理的一系列法律法规多是围绕如二氧化硫等有毒废气而展开的，对二氧化碳等温室气体的排放约束和相关标准更多地只从政策层面进行管理。自 2002 年 6 月中国颁布《清洁生产法》以来，中国相继颁布实施了《清洁发展机制项目运行管理办法》《中国清洁发展机制国家指南（修订版）》《应对气候变化国家方案》《节能减排综合性工作方案》《循环经济促进法》等法律法规，初步形成了碳交易和节能减排的法律框架政策，但是以上法律法规比较宏观，系统性不够，且缺乏可操作性。例如，作为中国清洁发展机制项目交易的纲领性文件，《清洁发展机制项目运行管理办法》只涵盖了 CDM 项目国内申请的各个阶段，如果在碳交易中本国企业与国外买家出现纠纷，只能按照国外买家所在国家或地区的法律法规来进行纠纷处理，无法充分保障本国企业的利益。此外，随着基于配额的节能减排交易的不断增加，《清洁发展机制项目运行管理办法》也无法满足交易类型多样化的需求。可以说，防治温室气体法律法规政策的不健全，一方面降低了中国整个节能减排体制的效力；另一方面由于没有明确温室气体排放权交易规则、交易方式、纠纷调解方式等问题，也使政府相关管理部门难以有效履行监管职责。

（1）碳交易市场规制立法不完善

从国际经验上来看，一个成功并且成熟的碳排放权交易市场需要完善的、配套的法律法规以及碳交易政策。碳排放权交易市场比较成熟的国家碳交易方面的法律地位都较高，如美国的碳交易是以州法律的形式呈现，澳大利亚则是以国家法律的形式呈现，欧盟则是以欧盟和各国的法律形式呈现，而中国的碳交易立法在全国层面上还停留在"办法""通知"等规章层面，各个交易试点法律位阶最高的则属于地方人大制定的地方性法规，碳交易方面的政策数量明显超越了法，法律位阶明显不高。碳排放权交易制度无论是从广义上还是从狭义上都包含很多具体的制度，诸如配额分配制度、碳交易及登记平台、履约机制、中长短期减排目标、价格调控、法律制度、市场监管制度等。国家统一碳排放权交易市场需要重点考虑提高碳交易立法的法律位阶问题，因为在全国碳交易市场之内，只有具有了统一的法律法规才能保障碳交易市场的正常运行。

七个碳交易试点中，只有北京和深圳出台了人大立法，其余地区均以政府规章形式对交易规则做出了规定，法律位阶较低。同时因为各试点区的法令仅在试点地区产生约束力，无法兼顾非试点区及其他地区的实际，对跨区域碳交易具有一定约束，影响了全国碳市场的快速发展。《全国碳排放交易管理条例》作为全国碳市场的基础政策却因立法周期和立法程序等因素的影响，还迟迟未进入执行阶段，不利于碳市场减排目标的实现。

自中国碳排放权交易开始以来，碳交易主管部门在积极建立与之配套的系统的碳排放权交易法律法规及相关制度、技术专项标准等。尤其是在2017年中国要建立全国范围内统一的碳排放权交易市场形势下，有关约束碳交易的全国范围的法律需要尽早出台。另外，中国各个控排减排企业与碳交易有关的基础制度建设也没有到位，还不能很好地适应中国碳市场的相关业务的法律政策的调整。因此，中国碳排放权交易市场如果不出台约束全国范围内参与碳交易主体的法律，控排减排企业或者尚未加入碳市场仍然保持观望态度的企业则很难进一步提高参与的积极性，参与企业内部的积极性也必然受到阻碍，进而会影响整个碳排放权交易市场的业务进展。

（2）各交易所规则对于碳金融交易方面的规定存在许多不完善的地方

第一，碳交易所规则中缺乏对碳交易金融属性的确认，虽然各交易所规则都规定了金融监管部门等相关行政部门可在本部门职责范围内参与碳市场监管，但碳市场主管部门与协管部门之间的协调仅是原则性规定，缺乏针对交易产品、交易方式和交易主体等具体监管职责内容的分配。这就无法充分覆盖和协调对创新碳金融产品、从事碳交易金融服务的中介机构和投资机构等的监管，造成了监管漏洞与合法性冲突。如碳现货远期交易，仅通过国家发展和改革委员会的审核或者备案，缺乏明确的金融监管部门审查、批准程序，其产品的合法性以及监管权限存在疑问。

第二，碳交易所实施的自律管理仅能在一定程度上实现市场参与者合法权益的保障和交易市场的有序运营，但是目前中国的碳交易所并非经过国务院或国务院金融管理部门批准设立从事金融产品交易的交易场所，在金融市场法律规范中没有被确认，因此可能存在碳交易所规则所涉及的金融交易的自律管理规则无法替代金融监管制度的风险。

第三，目前碳交易所管理规则与金融监管规则无法有效衔接与协调，造成了交易产品、交易主体的合法性问题和监管冲突，而监管空白或重叠将最终引起潜在的金融风险。

第四，相对于国家碳金融市场来说，中国碳金融面临各种风险，包括制度风险、政治风险、商业风险和一些不可抗力的风险。针对这些问题，迫切需要一些积极的碳金融工具应运而生来帮助人们尽可能地避免这些风险，同时也更好地拓展金融发展的进程。然而，中国现阶段的碳金融工具创新还没有充分发挥这一作用。

6.6.3　政府监管体制层面的问题

由于种种因素的制约，中国碳交易的政府监管体制仍存在以下问题。

（1）缺乏完善的信用管理制度

《碳排放权交易管理暂行办法》第三十八条只是简单规定："国务院碳交易主管部门和省级碳交易主管部门应建立重点排放单位、核查机构、交易机构和其他从业单位和人员参加碳排放交易的相关行为信用记录，并纳入相关的信用管理政策。"但事实上，碳信用管理规则模糊，实际操作难度大，参与主体并不能从中得出违约履约奖惩的上下幅度标准。针对碳交易的信用管理制度并没有很好地落实，信用管理政策也不完善。碳排放权交易的参与主体能否对市场的稳定性保持信心取决于碳市场的活跃度以及合理的碳价格，而参与主体判断碳市场的标准则取决于信用管理政策的完善度。

信用管理制度不明确，会使得碳交易市场的参与者在违约履约的过程中不具有预测性，进而会大幅度降低碳交易主体参与碳交易的积极性。长此以往，碳交易市场的控排减排功能难以发挥应有的效果，甚至可能会影响碳市场根本。实际上，完善的碳市场信用管理政策是维持整个碳交易过程中的基础要求。因为一个清晰而明确的碳交易信用管理政策会使企业预先了解积极参与控排减排的成本，进而了解加入碳交易能给自身发展带来经济利益。这种碳交易的明确预期会使得参与企业合理调整企业碳减排配额；相反，模糊的信用管理制度会在很大程度上减少碳交易的交易量，由此得出，完善的信用管理政策可能对企业起到正确的碳减排的引导作用。中国碳市场的建设仍然处于发展的初级阶段，更加迫切需要合理的信用管理制度，这样才能使得参与碳交易的企业明确自身承担的社会责任，进而为全国性碳排放权交易市场的公平合理性创造良好的信用环境。

（2）管理对象缺乏

《京都议定书》确立了"共同但有区别责任"，使包括中国在内的广大发展中国家在《京都议定书》第一承诺期不必承担强制减排义务，虽然中国在《国民经济和社会发展"十二五"规划纲要》中明确提出大幅度降低能源消耗强度和二氧化碳排放强度，但是由于缺乏温室气体减排总量控制目标，政府监管体制没有完整意义上的管理对象。当然，需要指出的是，由于中国仍为发展中国家，不仅拥有庞大的人口基数，还处于工业化中期的攻坚阶段，短期内仍难以确立温室气体减排控制总量。

（3）对市场主体缺乏有效监管

随着中国碳排放权交易市场的不断壮大，碳交易参与主体逐渐增多，除了交易双方主体之外的第三方主体也不断壮大。部门间存在职能的交叉重叠，现阶段中国应对气候变化领域的管理部门除了国家应对气候变化领导小组外，还包括国家发展和改革委员会、财政部、环保部、中国气象局、国家统计局等多个部门，管理主体过多使得在实际运行过程中，经常会出现沟通不畅、管理错位和越位的现象。因此，在对碳排放权交易主体的关注中如何对碳交易的交易双方主体、第三方主体进行监管显得格外重要，尤其是对参与碳交易主体的资格审查、交易过程的监管等。

中国碳交易市场主体为重点排放单位以及符合条件的机构和个人，对于重点排放单位即重点行业的监督政策较完善，也有针对重点排放单位的监管方法等，但是对于参与碳交易中的其他机构及个人没有有效监管。一是因为碳交易的中小企业及个人买卖的碳配额、核证自愿减排量较少；二是它们加入碳交易市场中较晚，尚未对之构建监管政策。因此有必要构建良好的监管政策，事关整个碳交易市场的主体信用，甚至关系到碳交易市场能否健康发展。

（4）第三方机构层面的问题

整体而言，中国与碳交易相关的第三方机构尚处于起步阶段，其存在的问题包括以下四个。

第一，从事碳交易的第三方机构数量不多，且缺乏有效监管。目前中国专业从事碳排放交易的金融机构、各类咨询机构、协会商会等第三方机构数量不多，同时存在监管缺位的现象，这不利于良性碳交易市场竞争机制的形成，如中国现阶段碳交易市场中最主要的清洁发展机制项目，由于仅有的《清洁发展机制项目运行管理办法》对清洁发展机制项目申请的第二阶段做出了明确要求，而对清洁发展机制项目涉及的其他阶段和第三方机构没有做出规定，缺乏有效的行业规范和监督管理制度。

第二，缺乏统一管理的格局，易形成管理缺位。目前碳交易市场咨询机构违规操作，扰乱市场秩序的现象时有发生，亟待进行有效的统一管理。

第三，第三方机构独立性欠缺。目前，中国许多与碳交易相关的咨询机构都归属于政府部门或大型国有企业，这在一定程度上影响了其公平性。

第四，专业人才较为缺乏。从事碳交易相关咨询服务，既需要较深厚的经济法律功底，对专业技术和工业过程十分熟悉，也需要较强的英语能力，特别是在项目爆炸式增长的背景下，专业人才的供需矛盾愈发明显，对于碳交易业务来说，对于市场交易和金融领域的要求是比较高的。碳金融、碳交易所需要的专业机构和专业人才不仅要了解国际碳交易的游戏规则，而且需要熟悉国内甚至是各地具体碳权项目交易的规定，能够比较客观地评析客户需求等。从现在来看，综合性的金融机构以及与碳权交易相关的复合型人才是非常少的。

（5）各碳交易所规则缺乏对于违约行为的有效惩罚机制，无法保障顺利履约

政府主导的碳交易活动的目的在于减少企业碳排放对生存环境的破坏，而企业参与碳交易的目的在于实现利益最大化。目的的不完全一致性，将引发企业的道德风险行为，在一定程度上佐证了碳交易惩罚机制存在的必要性。例如，2016年7月24日，天津碳排放市场达到有史以来最低价17元/吨，造成这种低价的原因与天津对于不履约企业的惩罚力度小直接相关。相比于国内其他试点省市，天津对纳入企业不履约行为的惩罚力度较小，根据规定企业仅需负有限期内改正和无法获得优先融资等扶持政策责任，而其他试点省市在此之外还有其他惩罚机制。比如，北京规定企业享有一定的宽限期，宽限期后企业仍不履约将被处以市场价格3~5倍的罚款。由此看出，必要的约束手段是保障碳市场平稳运行的必要措施，应完善各交易规则的惩罚机制。

6.6.4 碳交易市场不完善

中国碳金融发展的潜力非常大，前景广阔，但是其实力与水平却相对落后。

（1）缺乏准入机制，重复建设现象严重

目前，中国各地成立的碳交易所基本都是依托当地产权交易所形成的，虽然各地碳交易所名称都没有明确的"碳交易"字样，但大多带有"环境"二字，其业务定位一般为排污权交易、节能量交易、CDM信息服务、自愿减排量交易以及低碳转型服务等与碳交易紧密相关的领域，所以这些交易所实

质上都属于碳交易所。各地的碳交易所大部分都由当地政府批准成立，缺乏相应的准入机制，一方面，国家发展和改革委员会并不拥有地方碳交易所成立的审批权；另一方面，由于这些碳交易所尚处于产权交易的非金融业务阶段，中国证监会也没有管理权，在地方政府成为碳金融中心和各地产权交易所转型的双重推动下，中国碳交易所大量涌现。大量的重复建设不仅耗费了地方政府大量的资金和精力，还降低了交易规模和效率，不利于统一标准的执行和碳交易产品的对接。

（2）碳排放业务同质化，盈利能力不高

碳排放交易所是碳排放交易的平台，只是碳排放交易所中的一个环节。目前中国大部分碳交易所均处于有平台无市场的亏损状态，以中国最先成立、规模最大的三大碳交易所为例，截至2017年底，除了上海能源环境交易所实现盈利外，北京环境交易所和天津排放权交易所均处于亏损状态。由于多数碳交易所处在微利、亏损在状态下，运营资金压力巨大，各类平台之间的竞争也逐渐激烈。现阶段，中国大部分碳交易所主要进行污染物排放权交易、能效交易和合同能源管理等业务，其主业并不是碳交易，业务同质化的现象十分突出。此外，由于中国尚未推出碳排放强制交易，即便是开展碳交易业务的交易所也只能开展一些简单的碳排放自愿交易，交易量十分有限，且几乎没有收益。

（3）碳交易服务政策不完备

当前，国内的碳交易服务政策整体不完备，而碳交易服务水平比较落后，各个金融机构，尤其是主要银行的碳交易方面的创新动力不足，与国际同行业的交流与合作比较少，而且其碳交易市场所提供的各种专业服务的中介机构比较少，其中仅仅是碳信用的评价机构、碳权交易的审计机构、法律机构、保险机构等也非常少见，在支持减排项目、碳信用的碳基金等资金在国内整体不足。

（4）碳市场实践中客体种类较少

碳交易是以碳权交易、排污权交易以及废弃物交易为主的。碳交易产品的品种比较少，如今中国碳交易主要服务于大气污染、水污染治理以及工艺固废处理等，因为缺乏区域与经济的优势，其在交易过程中缺乏碳交易产品创新，难以满足碳交易市场差异性的投资需求。

虽然中国现行法律规定七种温室气体都可以进行交易，也允许其他碳交易衍生品进入市场，但是中国碳市场中碳交易客体仍然是以二氧化碳为主的现货交易。随着中国碳市场的不断发展，一般碳交易市场除去现货交易，期货交易、金融衍生品也需要纳入并提高交易量。中国目前的碳交易市场并没有全部纳入进来，碳交易客体存在不全面性。另外，诸多碳交易客体之间交换难度很大，在很大程度上增加了碳交易的成本，使得碳交易过程中的风险性加大。中国碳交易市场处在发展的初级阶段，现阶段的主要任务仍然是完成《气候变化框架公约》的碳控排减排承诺，因此导致了中国碳市场实践中交易客体种类较少，范围有限。

目前，中国碳市场上的客体需要历经复杂的碳交易核查认证才能进入碳交易市场中进行交易；碳交易认证程序虽然能够在很大程度上增加不同碳交易机制内的公平公正性，然而却使得碳交易市场上的客体分割严重、各个交易试点客体不一致，进而影响了中国在全国范围内建立统一碳市场的进程。因此，现在需要完善碳排放权交易客体制度，使得完善后的碳交易客体制度能够满足碳市场的发展需要。

(5) 碳交易政策设计不合理

在碳交易市场规则设计、交易技术保障、交易平台网络支持上不够规范，对碳资产开发与管理、碳排查等咨询服务的认知度不高，加上平台的信息发布不系统，时效性又比较差，大大影响了碳交易市场的发展。中国碳排放权交易政策因为还处于试点阶段，尚未形成一个设计完善、统一的碳排放权交易政策，因此，距离中国早日实现环境政策的目标相去甚远。各碳交易所立足本区域发展实际，设计了独具特色的碳交易机制，包括配额分配机制、履约机制、存储和抵消机制。机制和规则的差异导致了各地方交易市场发展的不均衡，也增加了各试点之间实现全国统一碳市场的难度。

第一，非统一的碳交易规则在一定程度上提高了"碳泄露"和寻租行为发生的概率。扰乱碳市场正常运行秩序。例如上海是唯一同时推出三年配额的试点，为全国试点中交易品种最多的碳市场。由于上海允许配额的跨年结转，未清缴的年度配额跨年后在这里依旧可以用于市场交易和未来两年的配额履约，导致在其他试点履约截至期间（交易量最为活跃时期）的7月、8月，上海却会出现连续交易量为零的情形。另外，重庆特有的配额总量控制制度，允许企业实行配额申报，企业自主决定配额数量，政府只承担总量控制，亦导致了交易量持续为零的情况的出现。其次，与碳交易发展相适应的规则的变化，同样易引起交易变动。广州碳交易中心在9月底出现交易价格新低，这种状况的出现是基于广东省碳交易规则逐渐适应国际规则的发展趋势。中国在碳交易试点阶段配额以免费分配为主，有偿分配为辅，但根据国际惯例，随着碳交易的发展、碳规则的完善，有偿竞价将成为配额获得的主要方式，广东省9月有偿竞价交易价为26元/吨，成交价则统一择取竞买成功者当中的最低申报价，造成交易价格新低。根据《北京碳市场年度报告2016》，截至2016年底，七省市试点碳市场累计成交量1.6亿吨，累计成交额近25亿元，2016年碳市场成交均价从37.3元/吨（北京市）到11.7元/吨（上海市）不等，成交量相差较大。不同试点地区是相对独立的，很难对此进行比较。

另外，通过观察各试点地区的交易，各试点地区差别很大，包括交易量的多少、交易价格的高低、交易门槛的高低、市场活跃度、政策法规是否完善、配额的交易方法等方面都存在诸多差异，因此这也促使中国碳交易主管部门决心在2017年成立全国统一的碳交易市场。

中国碳交易市场通常使用两种交易方法："祖父原则"和"行业基准原则"。这两种交易方法也各有所长，专家学者也为此争论不一，使得中国七个交易试点并没有在交易方法上统一。除此之外，即使交易方法明确后，该种配额交易方法能否起到鼓励企业参与碳交易热情的作用是尚未可知。但是中国目前的七个碳交易试点并没有对碳配额的发放时间、发放配额属于哪年度、配额的有效期限、配额数量何时调整等做出统一规定。目前，中国七个碳市场在诸如碳核算、碳核查、碳操作、碳技术等方面存在地域性差别，并且各个碳市场公布的有关核查机构的名单也不完全相同，这使得碳交易数据的一致性、可靠度、准确性严重受损。尽管《碳排放权交易管理暂行办法》已经对碳交易的"度量衡"做出了规定，但是中国碳排放权交易的主管部门以及参与主体仍然在碳交易核算报告、碳监测计划方面存在诸多不一致性。

第二，碳交易所先于碳交易政策。由于缺乏系统的碳交易市场运行法规制度，中国碳交易所陷入了形式大于实际的困境。一方面，中国尚未推出碳排放强制交易，与强制碳交易密切相关的制度法规更是几乎没有，使各地在碳交易所建设的过程中缺乏明确的约束标准，无法为碳交易所的建设运行提供约束和保障；另一方面，碳交易市场建设的支撑政策也严重滞后，既没有统一的政策标准、交易制度、具体程序，也没有明确的第三方核查机构。建立健全减排的政府管理和监管体制需要具备一系列主客观条件，但由于受中国的国情以及国际社会统一应对气候变化态度的不明朗等因素的制约，中国建立健全减排监管体制面临不少困难。

第三，各碳交易所仍未建立基于市场的价格机制。价格受诸多因素影响，碳交易的非市场化严重。国内碳交易市场中比较大的问题是，碳价波动较大，时高时低，影响市场有效性及透明公开程度。目前，各交易所碳排放权交易的完成仍以政府为主导，市场参与程度较低，市场调节作用较弱，政府的决策成为企业行动、碳交易市场变动的导向。因此，无法形成真正的市场价格，导致定价机制的缺失，从而造成碳价的不合理波动。市场的透明度较低，企业无法预知碳产品价格的变动，导致控排企业和投资者对碳交易市场的信心不足，大部分碳交易市场表现出流动性低、活跃度弱的特征。

（6）针对碳排配额交易没有就具体标准和方法做出具有可操作性的具体规定

配额的分配问题是，一旦出现配额超发，会导致碳价走低，从而使整体碳交易的有效性大打折扣。如果在全国统一配额分配标准之上，就通过其他方式解决地区差异性。全国统一的碳市场需要一套兼顾公平和效率的省际碳排放权配额分配方案,全国碳市场配额分配一定是全国统一标准。碳排放初始配额的分配非常关键,如果配额分配偏紧,就会给地区经济发展带来较大的成本负担;相反,如果配额偏松,就会降低减排动力。因此,各个地区的碳排放分配总量要综合考虑各个地区的实际发展情况,既不能带来过高的成本负担,同时又能形成各地区减排的内在动力。从试点情况来看,各地区在经济发展水平、产业结构、技术水平、能耗和碳排放强度、能源资源禀赋等方面都存在较大差异,导致减排成本和潜力的不同。

中国在设计未来碳配额分配方案时,需准确估测未来各省区的碳排放需求量,在全国统一分配标准的基础上,通过财政转移和其他方式扶持等途径解决地区发展的差异性问题。碳市场覆盖范围应与地方产业结构和经济发展水平相适应。之前,各试点碳市场覆盖范围基本遵循"抓大放小"和"循序渐进"的原则,前期纳入的都是重点排放和重点耗能单位,随着试点运行参与方的日益成熟,特别是随着企业对碳市场的接受程度的提高,纳入行业日益增多,纳入门槛也逐步降低。在通过碳市场实行碳约束的过程中,应为区域性高碳支柱产业预留转型空间,避免过度损害地方经济发展。七试点行业覆盖范围和配额分配方式见表6-6。

表6-6 七试点行业覆盖范围和配额分配方式

试点地区	气体	行业	配额分配方式
深圳	二氧化碳	1. 电力、水务、燃气、制造业等26个行业 2. 公共建筑 3. 交通领域	采取无偿和有偿分配两种形式,无偿分配不得低于配额总量的90%
上海	二氧化碳	1. 钢铁、化工、电力等 2. 非工业行业:宾馆、商场、港口、机场、航空等	试点期间采取免费方式
北京	二氧化碳	电力、热力、水泥、石化、其他工业及服务业	管理办法未明确规定

续表

试点地区	气体	行业	配额分配方式
广东	二氧化碳	电力、热力、水泥、石化、其他工业及服务业	部分免费发放、部分有偿发放
天津	二氧化碳	钢铁、化工、电力、热力、石化、油气开采等重点排放行业和民用建筑领域	以免费发放为主，以拍卖或固定价格出售等有偿发放为辅
湖北	二氧化碳	电力、钢铁、水泥、化工等12个行业	企业年度碳排放初始配额和企业新增预留配额，无偿分配
重庆	6种温室气体	电解铝、铁合金、电石、烧碱、水泥、钢铁6个高耗能行业	2015年以前免费发放

目前，交易所规则都仅对分配方法做了原则性规定，同时各交易所对于碳排放配额的初始分配方面存在分配方法和标准不统一，公平性有待进一步提升。碳排放配额的分配方法和标准不统一，对于将来全国碳市场的建立，发起了非常大的挑战。碳排放权作为一种无形的、法律拟制的复合型权利，兼具公法权利和私法权利的双重属性，具有稀缺性的特征。根据科斯定理，权利的初始配置关系到整个碳交易市场效率的实现。在区域总量控制的前提下，进行碳排放权的初始分配需要处理好公平与效率的关系。碳交易市场有一个总量市场，在建立这个总量市场之后，如何找到一个系统的分配模式、在企业之间公平分配碳排放权以何为标准和依据，是目前迫切需要解决的关键问题。

6.7 对中国碳金融政策的完善

碳交易市场的本质便是利用市场手段来实现节能减排资源的优化配置，因此对各级政府管理部门也提出了更高的要求。具体来讲：一方面，各级政府管理部门必须打破计划经济时期的管理模式，认识并尊重市场规律，充分发挥市场在资源配置过程中的作用，让市场工具成为推动节能减排、发展低碳经济的重要手段；另一方面，与传统市场不同，从某种程度上来讲，碳交易市场不仅是一种市场行为，更是一种行政主导行为，碳交易市场的创建、排放总量的确定、配额的分配、碳排放的统计排查以及市场的监督管理等，都需要政府管理部门的积极参与。总体而言，由于碳减排额与一般商品的差异，既需要市场机制发挥作用，又需要政府参与到市场交易的各个环节中，这也意味着，要想实现碳交易市场在中国的快速建设和健康发展，政府有关管理部门必须在碳交易市场建设发展的过程中，发挥引导性作用，着力加强碳金融意识，构建法律和政策保障政策、市场监管政策等。

现阶段，中国碳交易领域的发展存在着诸多挑战，例如，碳交易相关的法律法规不健全、各交易所规则的差异导致各地碳交易市场发展不均衡、碳交易的非市场化严重、尚未形成有效的交易价格机制等。同时碳交易领域更面临着巨大的机遇。在这种情况下，应该加快完善碳交易政策，解决目前碳交易发展中存在的不足和问题，构建健康有序的碳交易政策，从而推动低碳经济的大力发展，突破中国经济发展过程中资源和环境瓶颈性约束，实现可持续发展的目标。

6.7.1 加强碳金融意识

减少碳排放已成为国际社会共识。温室气体的过量排放是全球气候变化的根源，这已成为全球大多数国家的共识，而二氧化碳又是排放最多的温室气体，因而减少碳排放对于缓解气候变化具有非常重要的意义。美国退出"巴黎协定"可能对全球低碳政策的执行造成一定影响，但中国已做出表示：无论其他国家的立场发生了什么样的变化，都将加强国内应对气候变化的行动，认真履行《巴黎协定》。

用经济手段控制二氧化碳排放势在必行。经济手段包括碳交易权排放和碳税两种主要方式。经过几年的地区试点，中国在碳盘查、核查、上报、配额分配、交易及管理、政策准备等各个环节积累了丰富的经验，为全国统一碳市场的建立奠定了良好的基础。碳市场的建立和启动，会对部分行业生产产生影响，也会一定程度上影响中国的经济发展，因而从国家层面来讲，碳交易的启动是比较慎重的，全国统一碳市场也符合可持续发展战略的大势所趋。

长期以来，以资源的高消耗来促进经济增长的观念根深蒂固，粗放型的经济增长方式仍占主导地位。虽然中国节能减排的项目很多，但是许多企业并没有碳交易意识，没有发现碳及其衍生产品的价值，从而造成了资源的浪费。而且中国企业对碳交易了解过少，碳交易是随着国际碳交易市场的兴起而走入中国的，在中国传播的时间较短，国内许多企业还没有认识到其中蕴藏的巨大商机。

6.7.2 建立完善的碳交易法律和政策保障政策

完善相关政策法规和制度设计，完善交易政策、监管政策、市场服务政策，营造一个良好的市场环境和完备的市场交易机制，稳固市场根基，提高市场有效性，更好地发挥市场在碳排放配置方面的作用。使得碳交易的整个流程有法可依。要结合实际，建立与碳交易相关的法律法规政策。

在碳金融的发展过程中，政府应该推动法律与政策的建设。第一就是要加强低碳法制建设，制定强有力的低碳业务方面的奖惩措施；第二是加强碳金融交易政策的培育，不仅要协调绿色信贷业务的相关内容、标准、程序，而且要加大投入，鼓励银行不断创新并有序开展竞争；第三是政府应该加大碳金融的扶持力度，合理布局产业规划，统筹发展碳金融制度，积极扶持绿色信贷；第四是要建立健全碳金融交易机制。尽快出台相关法律，使碳市场中的交易平台、交易形式、交易品种和交易流程等有法可依。完善市场监管，注重政策连续性，设立专门的碳市场监管机构。由发展现状可知，中国碳排放权交易试点自2011年底开始部署到2013年市场启动，在缺乏基础的前提下准备不够充分，大部分试点启动均较为仓促，部分试点在第一年履约期后，频繁修订相关政策和调整交易制度，缺乏政策连续性，不利于形成市场预期。

(1) 建立完善的碳交易法律政策

第一，完善碳交易市场立法。建议完善碳交易市场规则，将碳排放权的法律属性以法律的形式确认，完善碳交易相关的财税制度，增加碳排放权交易市场的交易透明度；在全国范围内统一碳配额的分配标准、不同区域以及不同行业的碳排放的核查办法，出台一部专门的法律对全国范围内的碳市场进行规范化约束管理，使得碳市场交易的各个环节都有法可依。

从中国目前的立法现状来看，碳市场作为新时代的产物，在诸如节能、控排减排、温室气体等领域的法律法规严重缺乏，相比之下，中国现在呼吁的低碳经济的法律滞后性问题较为严重，现在已有的政策性法规由于该领域执行操作困难，标准难以把握，很多环节存在漏洞，因此目前该领域的立法也急需要修订。在全国市场来临之际，可由国务院根据中国目前碳交易试点的实践经验制定相应的部门规章，以便统一全国范围内的碳市场。建议将2014年12月12日由国家发展和改革委员会气候司发布第17号令，即《碳排放权交易管理暂行办法》进行修订，改为《碳排放权交易管理办法》，修订内容需要纳入碳排放各项制度政策，具体包括总量控制、交易制度、考核制度、碳交易补偿制度、奖励与惩罚机制等，这样才能使得中国碳交易的法律法规具有引导、制约、预测作用。

碳交易市场的建立，除了需要国家或区域凝聚共识，利用政策工具大力推动外，还需要制定相关的法律法规来规范碳交易市场的建立和发展。目前，《联合国气候变化框架公约》（UNFCCC）和《京都议定书》是国际气候变化领域最为重要的基础性法规。此外，各国还针对自身实际情况制定了一系列的相关法律法规，如欧盟、英国、德国、美国和加拿大等都制定了相应的法规。自2003年6月开始，欧盟立法委员会出台法令，规定从2005年1月起，欧盟境内的电力、炼油、冶金、水泥、陶瓷、玻璃与造纸等行业的12 000个排放主体，必须获得许可才能进行CO_2等温室气体的排放，即著名的《排污交易计划》。对于主体的进入门槛，欧盟立法委员会也做出了具体细致的规定。

为了顺利适应"排污交易计划"的新要求，英国、德国随后也制定了系统的应对气候变化的法律法规。2008 年 11 月 26 日，为了使本国的排放权交易具备法律效力，英国议会通过了一项名为《气候变化法案》的法规，该法案主要明确了三方面的内容：一是国内排放交易政策的地位；二是使用国际减排信用额的条件；三是碳预算计划的实施路线。德国的排放权交易制度建设要早于英国等其他欧盟国家，始于 2002 年初，2006 年便形成了较为完备的法律法规政策，目前主要包括 2004 年颁布的《温室气体排放许可证交易法》《温室气体排放的国家分配法》等。

此外，在北美地区，美国的加利福尼亚州在 2006 年就立法控制温室气体的排放，随后随着《美国清洁能源与安全法案》在众议院获得批准，共有 17 个州和 684 个市政府制定了区域性的温室气体减排目标。为了达到《京都议定书》第一承诺期的减排目标，2008 年 4 月，加拿大宣布将在大不列颠哥伦比亚省进行《温室气体限排与交易法》的试点工作。该法规的核心内容便是要求温室气体排放量大且无法完成减排目标的企业，必须通过排放权交易来购买相应的排放权额度来抵消其温室气体的排放。

与欧美等发达国家和地区相比，现阶段中国与碳交易相关的法律法规仍存在巨大差距，自 2002 年 6 月中国颁布《清洁生产法》以来，中国相继颁布实施了《清洁发展机制项目运行管理办法》《中国清洁发展机制国家指南（修订版）》《应对气候变化国家方案》《节能减排综合性工作方案》《循环经济促进法》等法律法规，初步形成了碳交易和节能减排的法律框架政策。但是以上法律法规比较宏观，系统性不够，且缺乏可操作性，例如，作为中国清洁发展机制项目交易的纲领性文件《清洁发展机制项目运行管理办法》只涵盖了清洁发展机制（简称 CDM）项目国内申请的各个阶段，如果在碳交易中本国企业与国外买家出现纠纷，就只能按照国外买家所在国家或地区的法律法规来进行纠纷处理，无法充分保障本国企业的利益。因此，中国应在借鉴发达国家碳交易立法经验的基础上，根据现有的碳交易法律法规，制定并完善相关的法律法规政策，如《碳排放权交易管理条例》《碳排放权交易法》等。从立法层面对节能减排的总体目标、管制行业、配额分配方式、运行制度、监测核查方法等做出明确规定，使中国的碳交易市场建设做到有法可依，为其快速、持续和健康发展提供法律支撑。

明确碳排放交易的相关立法。碳交易市场是典型的政策驱动型市场，涉及碳排放权的产权归属问题，只有制定出具有强制约束力的国家碳排放所有权法律法规，才能确保碳交易的公平公正，实现相应的减排目标。可以说，健全的碳交易市场立法是保障碳交易市场健康发展的基本前提。目前，中国尚未制定出国家层面的碳排放交易法律，仅有《清洁发展机制项目运行管理办法》，而且它也属于针对清洁发展机制的专门性管理政策，适用范围有很大的局限性，既不能覆盖清洁发展机制申请到签发的所有环节，也无法对自愿性减排交易发挥约束，法律位阶也不高。未来，应主要从以下几方面着手改善：一是尽快出台专门针对碳排放权交易的法律法规，可将其命名为《中华人民共和国碳排放交易法》，该法需要从法律层面确立碳排放交易的合法性和必要性，就碳排放交易涉及的减排配额分配、监管、交易流程以及交易双方的权利义务做出界定，同时，还要对违反相关权利义务的法律责任和解决方式进行规定，借助于有威慑力的法律制裁手段，对碳排放交易的参与主体形成约束。二是出台与之相配套的法律法规，对中国碳交易排放的具体操作流程进行规定，应在吸取二氧化硫排放交易试点教训的基础上，在进行碳交易市场框架设计时，一方面对与碳排放密切相关的交易制度进行立法建设；另一方面对相关配套政策，如司法解释、实施细则等也给予立法，以增强碳交易法律法规的可操作性，防止法律法规的缺位，因此，应尽快使碳排放交易和碳市场做到有法可依。

第二，设计符合法律规范的碳交易机制。在设计碳交易体制时，应当充分考量现行政策工具和相关法律制度，争取发挥协同效应，制定全面的综合性碳交易法规。只有从法律上将碳排放权的稀缺性、排他性、可交易性明确规定出来，才能使碳交易具有坚定的法律后盾。

①在制定法律政策过程中应注意与其配套规则的规定，碳排放权交易涉及碳排放权的设定、分配与交易，而碳排放权设定与分配实际上同时也被纳入碳排放交易政策的企业设定了履约的义务，即碳排放权的权利主体同时也是碳减排义务的履约主体。碳减排义务对企业来讲是一种负担，根据《立法法》的规定，增加企业负担的行为应当由法律或行政法规加以规定，目前碳排放交易市场的立法位阶低，因此，中国应通过法律或行政法规的方式制定碳排放交易管理条例，融合现有的《碳排放权交易管理暂行办法》和《温室气体自愿减排交易管理暂行办法》，并综合考量各碳排放交易试点的经验和中国的国情。除此之外，还应制定温室气体排放检测、报告和核证等方面的技术规范。

②完善碳排放交易一级市场，建立健全碳排放总量控制制度和碳排放配额初始分配制度。碳排放总量的控制要综合碳排放的历史数据、温室气体减排目标、行业企业的减排能力、经济和社会发展规划等各方面因素。此外，碳排放配额的初始分配应兼顾公平性和效率性的统一。

③建立健全碳排放权二级市场法制，促进碳排放交易政策良性高速运转。完善碳排放交易二级市场，需要做好以下几方面事情：其一，在碳排放交易管理条例中明确规定碳排放配额以及核证自愿减排量的法律属性；其二，制定碳排放配额和核证自愿减排量交易的反不正当竞争及反垄断规则，促进碳排放交易的有序性和流动性。

④完善碳排放交易权的纠纷处理机制，目前《碳排放交易管理暂行办法》仅规定了碳排放单位就核查结果异议向主管部门申诉的权利，并未赋予单位诉权，在碳排放交易的诉讼保障方面存在缺失。其一，对于配额分配纠纷的解决，碳交易主管部门与控排单位间的配额分配关系，实质是一种行政法律关系，对于分配不公的行为，属于具体行政行为，且该行为是由省级以上碳交易主管部门做出的，符合行政复议前置情形。因此，若控排单位对具体行政行为不服时，应当向省级人民政府申请行政复议。对行政复议不服的，

可以提起行政诉讼。其二，对于配额交易纠纷解决，碳交易主体间的配额交易行为实际上是平等主体间的民事合同行为，应受《民法》《合同法》等调节。其三，对于配额清缴是碳交易主管部门与控排单位的配额清缴关系，实质上是不平等主体间的行政合同关系。控排单位过错导致的"能而不履约"或"履约不能"均属违约行为。对此，双方纠纷解决方式应通过和解、调解、仲裁、诉讼多种方式。

（2）建立碳交易政策保障政策

与传统的法律手段相比，政策手段具有操作灵活、效果直接等特性。作为市场机制的有效补充，政策手段在碳交易市场的建设过程中也发挥着重要作用，因此，应积极推动政策保障政策的建设。具体而言：2005年10月，国家发展和改革委员会等四部委联合颁布了《清洁发展机制项目运行管理办法》，以保证碳交易项目活动的有序进行；2012年6月，国家发展和改革委员会颁布了《温室气体自愿减排交易管理暂行办法》。应在以上两项管理办法的基础上，充分利用碳交易项目和自愿减排交易积累的经验，加快制定并出台《温室气体强制减排交易管理办法》，对与强制性碳减排市场密切相关的交易环节、交易制度、交易主体、交易客体做出明确的界定，为强制性碳交易市场的建设发展提供全方位的支撑，避免碳交易流于形式的趋向，发挥强制性碳交易市场促进节能减排的作用，同时为自愿性碳交易市场的发展提供一个可以借鉴的范本。

6.7.3 完善政府碳交易监管机制

从本质上来讲，碳交易市场实际是一种以节能减排为目的的制度安排，要保障这一制度的有效运转，通过碳排放权交易来实现中国节能减排的目标，必须构建切实可行的市场监管政策。现实的经验也表明，如果仅靠市场经济中经济个体的法律，受到逐利性的影响，是无法实现市场效率最佳的。有学者曾提出碳交易市场有效运行的三大关键因素：一是制定出能被管制个体承受的排放标准；二是设立具有权威性的主管机构对碳交易市场实施监测；三是能对碳排放进行持续且准确的核查。

在碳交易市场建设的整个过程中，都需要政府管理部门的监督和管理。从欧美等发达国家碳交易市场的建设经验也可以看出，这些国家在尊重碳交易市场运行机制的前提下，充分发挥政府管理部门的监管作用，通过建立公正、可行、透明、灵活的决策机制以实现碳排放权配额总量的合理控制。作为碳交易市场最重要的监管主体，政府管理部门应积极推动成立排放贸易管理机构，并定期对碳交易的实际运行情况进行监测，对出现的问题和制度不完善的地方进行改正、调整。具体而言，政府管理部门对碳交易市场实施监管可通过以下手段来实现。

（1）建立全国碳交易市场信用管理政策

中国碳排放权交易政策将在全国范围内成立之时，尽快建立与之配套的碳交易信用管理政策迫在眉睫。碳交易的信用管理工作应当由中国环保部门主要负责，因为中国的环境信用政策一直以来都是由环保部门根据《环境保护法》《环境信息公开办法（试行）》《企业事业单位环境信息公开办法》等法律法规来执行的，所以碳交易信用管理政策宜由中国环保部门进行统一管理。中国的环保部可以部门规章的形式出台《碳交易信用管理办法》，该管理办法应当规定企业碳排放量。

交易信用管理政策应采用公开方式，应当及时将企业的碳交易信用信息在政府网站公开发布保证信用信息的时效性。而企业的碳交易信用信息可查询的期限不得少于5年，使得参与到碳交易的买卖双方主体能够查询到对方的碳交易信用记录，以便选择能否可以与对方进行碳配额的买卖。另外，存有不良碳交易信息记录的企业应当为其留有整改的空间，对于积极整改的碳交易企业，中国环保部门验收合格后可以为其正名。

中国的碳交易信用管理政策建立完善之后，还需要建立碳企业的信用评价制度。应当在纳入碳交易信用政策的重点排放单位名单的基础上，逐渐扩大参与碳信用评价的企业范围，使得碳交易所有主体都纳入到碳信用评价政策中；各个碳交易中心的分支机构需要进一步对碳信用的评价方法和评价指标做出细化规定，确保碳信用评价结果公平公正；企业的碳信用信息需要夯实，对于非履约企业须建立诚信保证资金制度，包括信用信息的采集频次、数据来源等。总之，建立全国碳交易信用管理政策有利于中国碳市场的长期稳健发展，有利于提高碳交易主体提高控排减排的真实性，有利于中国碳市场环境政策目标的实现。

（2）扩大碳交易市场客体的范围

中国需要在碳配额和国家核证自愿减排量的基础上继续完善并扩大碳交易客体的种类。中国碳市场在发展初期阶段虽然应当以二氧化碳为主的温室气体作为主要碳交易客体，但待碳市场发展稳健成熟之后可以逐渐纳入其他温室气体种类的交易。中国碳交易客体的核查认证程序需要减少一些不必要的审批环节并降低进入碳市场的门槛。只有碳交易客体的种类扩大，才能吸纳更多的碳交易主体进入碳市场，进而刺激碳市场的活跃度，最终加快中国碳市场稳健发展。另外，建议全国碳市场建成运行之后同时开展碳配额、碳期货、碳金融等客体的交易。

（3）加强对碳交易市场主体的监管

对于中国碳交易的监管机构如何行使监管权，中国立法并没有详细规定，建议在立法中明确规定赋予监管机构对参与碳交易主体的资格资质进行审查监督的权力，并且对碳排放权交易的全过程进行监督监管以维持正常的碳交易秩序。碳交易的卖方主体是将自己合法取得的碳配额通过企业自身的节能减排控排而将结余的碳配额拿到碳市场上进行出卖，买方从碳市场交易平台上根据所需购买相应的碳配额。除了对碳交易双方主体资格进行审查监管之外，还需要对碳配额买卖交易后的有无超额排放或者其他违约行为进行适度监管。

碳排放权交易市场上应该对参与主体采取何种监管模式未能明确体现在法律法规中，目前只知道对于中国核证项目减排量（简称CCER）项目有相应的监管模式，目的是通过"核证控排减排量"实现清洁发展的目的，也可以在碳排放权交易市场上进行交易。中国的环保机关自上至下政策非常完善，新修订的《环境保护法》处罚条款的惩治力度加大了很多，但是中国的环保部门的权力并没有出现在各个碳交易市场的政策法规中，这是个极大的弊端。中国已经2017年建立了全国范围内的碳排放权交易市场，中国的环保部门应当被赋予相应的对交易主体的监督监管的权力，这样才能与碳交易的环境保护目的相符合，才能使中国碳交易市场的监管主体更完善。

应逐步纳入更广泛的市场交易主体，如更多有碳排放交易需求的企业、合格机构和个人投资者等。交易主体的增多，导致交易频度和交易量的提升、市场流动性和市场活力的增强，交易价格也能更好地反映市场的真实供需。当然，在引入更多投资者的同时，也要加强监管，防止过度投机行为。全国碳市场第一阶段只纳入电力一个行业。在中国碳市场初级阶段，拟纳入电力、钢铁、建材、航空、有色、石化、化工、造纸八个行业。但由于碳核查的困难，加上全国碳市场采用的基准线法对技术数据要求高，随后又将八个行业缩减为电力、水泥和电解铝这三个数据较好的行业。为保证全国碳市场能够顺利启动，第一阶段只纳入电力一个行业。之后按照先易后难的原则逐步纳入其他行业，第一阶段只针对二氧化碳这一种温室气体。企业年排放量达到2.6万吨二氧化碳或者年综合能耗达到1万吨标准煤将被纳入考核门槛。

（4）引入第三方核查机构

第三方核查机构是建设碳交易市场的必要前提。实施碳交易有一个重要的基础条件，便是基础数据的获取。现阶段，中国碳交易市场建设的市场环境和数据政策还很薄弱，数据监管缺位比较明显。科斯定理表明，碳交易市场要发挥市场机制，避免公地悲剧，并将外部性内部化，清晰界定产权是关键。碳排放交易市场最大的成本和缺陷就是碳排放额的核定和管控。政府需要的是企业上报的排放数据足够准确，以更贴合实际的计算各行业与各地区的基准线排放量、配额总量。由于缺乏技术人员储备而造成的碳排放配测定及审核力度不够，建议大力推进第三方机构的发展。美国首个强制性碳交易政策（简称RGGI）就通过委托第三方机构从而有效地解决了政府内部技术及专业力量不足等难题。推进第三方机构市场发展可以从以下三个方面着手：①强化市场准入，建立客观并且严格的认证资质标准，允许达到标准的认证企业进入市场；②选择独立的第三方机构进行外部与内部监管，包括定期发布企业碳排放额度的报告与核查结果等；③建立严厉的市场退出机制及流程，将丧失认证资质的企业尽快清理出碳交易市场，以保证交易市场的健康运行。

第一，培育专业服务机构，为在未来的全国性碳交易市场的竞争中争取一席之地。政府或是金融机构应该培育专业服务机构，制定温室气体排放的监测、报告、核查政策。建立第三方专业服务机构，不仅能够有效支持中国碳交易金融市场的实施运行，也能够促进当地服务业发展，有利于带动就业和经济发展，打造绿色经济。

一般而言，第三方核查机构除了是国际、国内管理职能部门外，还是保障碳减排交易真实、合法、有效的最重要屏障。要实现核查结果真实有效，第三方核查机构就必须是与减排项目没有利益牵扯的独立性机构或组织，这样才能保证基础数据的真实可信。在具体的操作过程中，可借鉴欧盟排放交易政策（EU-ETS）和英国排放交易政策（UK-ETS）的做法，即先由企业上报数据，形成碳排放报告，然后由经授权、有资质的独立第三方核查机构进行核查，最终向区域碳交易管理机构出具核查报告。

第二，设立明确的市场监管职能部门。碳交易市场的有效运行，除了需要科学的机制支撑外，还应拥有强而有力的市场监管部门。目前，中国碳交易市场还存在着缺乏监管主体的问题，一方面，作为国内清洁发展机制的主管机构，国家发展和改革委员会气候办公室主要负责清洁发展机制国内申请环节的审核工作，对于清洁发展机制的其他环节缺乏监管职能；另一方面，随着碳交易活动的蓬勃发展，国内涌现出了一大批市场中介机构，但是由于监管主体、规章制度及资质认证法规的缺位，难以对这些市场中介机构形成有效的约束，进而造成市场中介机构水平参差不齐，这也在某种程度上降低了碳交易市场的建设速度。因此，在发展碳交易市场的过程中，需要积极推动碳交易监督管理机构的建设，明确其管理职能。通过碳交易相关制度和实施细则的制定，对碳交易实施的各个环节进行有效管理，监督管制企业和中介机构的市场行为，为确保碳交易市场的健康、稳定、持续发展提供主体支撑。

第三，规范碳金融机构与人员组成。碳权交易和碳金融的发展离不开相关机构与人员水平的提高。首先，政府应该与相关高校、科研院所建立起联合培养机制，针对与碳金融有关的业务开展有较强性的培训；其次是要对现在的从业人员不断加强其低碳经济、低碳金融等知识与技能的培训，而且能够从海内外引进有相关知识背景的专业人士，从而充实碳金融人才的储备。因此，为了加快碳交易市场的建设，应加速培养一批独立、公正的碳交易第三方核查机构及相关从业人员。

（5）完善碳交易监管机制，建立有效的惩戒机制

明确奖惩机制，加大对违规行为的处罚力度。对于碳排放仍不能达标的企业，碳排放交易管理机构应制定系统的处罚机制，对超额碳排放进行处罚。如果试点企业由于产能降低或技术进步等原因，造成实际排放量小于分配配额，就可以出售相应额度的碳排放权获得收益。出售的途径也有三种：一是借助于碳排放交易平台进行出售；二是向实际排放量大于分配配额的企业直接出售；三是出售给自愿市场上的买家。此外，在试点企业中还要积极推进碳排放报告制度的建设，为碳交易市场提供数据基础。碳交易市场的平稳运行和节能减排目标的实现，除了需要科学的监管制度外，还应具备合理的处罚举措。

西方发达国家的一些经验和做法值得我们借鉴，例如，欧盟排放交易政策明确规定，自2005年起，成员国被管制企业的排放总量若超过分配配额量，将面临罚款处罚，被管制企业超量排放每一吨二氧化碳当量，将受到40欧元的处罚，同时为了加强控制被管制企业的排放，又进一步规定，自2008年起，超量排放每一吨二氧化碳当量的罚款将上升至100欧元，并对其次年排放许可配额做出相等数量的抵扣，这一举措无疑对被管制企业的排放行为形成了有力的约束。而新西兰的处罚措施更为严格，一方面，对于故意不履

行或不积极履行减排义务的被管制企业，在处以每一吨二氧化碳当量 60 美元处罚的同时，还要按照 1∶2 的比例向管理部门提交超量排放配额，并且被管制对象还有可能面临组织和个人的刑事追责；另一方面，对于过失性不履行且未违反核心义务的被管制企业，也要被处以相应的罚金，首次为 4 000 美元，之后逐次加倍，即第二次、第三次的罚金分别为 8 000 美元和 12 000 美元。近年来，中国已陆续制定并出台了《水污染防治法》《海洋环境保护法》《放射性污染防治法》和《固体废物污染环境防治法》等法律法规，各级地方政府也出台了配套的处罚举措，但是这些法律法规目前只针对污水、有害气体、有害固体废物等，对于二氧化碳等对人体无明显损害的温室气体，尚无明确的处罚条例。因此，为了保障碳交易市场的顺利运行，实现"十三五"期间中国的节能减排目标，必须针对二氧化碳等温室气体超量排放的行为制定具有可操作性的处罚举措，既可以单独制定针对性的法律法规，也可以在现有的法律法规中增加相关内容，具体来说，有以下几方面举措。

①应建立碳排放登记报告制度。所有取得可交易的排放许可证的实体都必须进行申报登记。

②完善环境管理监测系统。为了提供全面准确的排放数据给企业和环境管理部门，建立排放源连续排放监测系统。建立排放许可证跟踪系统，准确掌握排放源的排放信息和排放许可证信息。

③引入碳交易核证制度。引入合格的核证主体对排放权交易产品进行核证，保证排放权指标的质量。

④建立碳交易监测政策。建立污染源基础数据库信息平台、排放指标有偿分配管理平台、污染源排放量监测核定平台、污染源排放交易账户管理平台等。

⑤建立企业排放台账制度，全面管理参加有偿分配和排放交易政策的污染源，保障碳排放在有效的监控之下。

⑥加大对超标排放行为的查处，加大处罚力度，促使企业自觉减少排放，实现总量控制和环境保护的总体目标。

⑦要及时查处滥用转让权，以及非法转让排放权的买卖行为，规范转让过程中的一些无序现象，确保排放权在二级市场上能够正常交易。

（6）科学制定排放总量，实行有效的控制

可根据国家节能减排的总体目标，基于不同区域经济发展阶段和产业结构特征，将国家总体目标分解成各个区域某一指定污染物的排放控制目标，并进一步将其转化为各个区域内管制行业的排放控制指标，将各个区域各个行业的污染物排放控制在一定目标之内。例如，欧盟排放交易政策（EU-ETS）就给欧盟及其成员国设置了排放的总体控制目标，并转化为一定数量的欧盟排放配额（EUA）来限制区域内各管制企业的污染物排放数量，被管制企业的污染物排放总量不能超过其所分配的配额数量。如果管制企业实际污染物排放数量小于其获得的排放配额，那么就能通过碳交易市场将剩余的排放配额卖给那些排放超额的企业，并从中获得一定的利润，同样，如果管制企业实际污染物排放数量大于其获得的排放配额，为了完成减排任务，避免排放不达标引起的处罚，则需要在碳交易市场中购买相应数量的减排配额。这一做法的优势在于，通过行政手段与市场机制的有效结合，首先对污染物排放总量进行了设定，总体上不会造成碳排放的增加；其次排放总量的控制也会对被管制企业进行约束，使其产生节能减排的动力，从而从总体上保障节能减排目标的顺利实现。

中国在推进碳交易市场建设的过程中，也可借鉴欧盟排放交易政策总量控制的做法。例如，国家相关管理职能部门可根据"十三五"节能减排目标和国内经济发展阶段特征，将碳强度减排目标转化为碳排放总量控制目标，运用免费分配或拍卖配额等方式，同时结合中国各省（自治区、直辖市）的产业结构和经济水平，将配额逐一分配至各省（自治区、直辖市），进而由各省（自治区、直辖市）分配给已确定的被管制企业。在对减排配额进行分配后，中央及各级地方政府还应对节能减排的实际情况进行实时跟踪和监管。

目前，全国碳市场仅仅是制定了框架，整体运营起来还有不少问题需要逐一突破，如控排企业气体排放信息披露制度、第三方核查机构的进入退出与监管等内容、与金融机构如何对接等,还有诸多规则需要建立和完善。碳市场的规模作用还是小的,但是意义是非常大的,至少是开了个头,竖立了一个里程碑。如果信息不公开不透明,会增加交易成本(包括管理的成本),降低市场的信用,会给政府和企业的决策带来不便,导致市场失效。信息的公开、数据的透明,对一个能正常发挥的市场来讲,是至关重要的。而碳市场启动前期不会考虑碳金融衍生品交易,基于严控金融风险的政策背景,碳金融发展的前提是碳市场运行的稳定性和有效性。中国的金融市场、金融监管比较复杂,还处于摸着石头过河的阶段,等到这个市场的框架包括对接金融的框架更有信心之后,再去做更多碳金融是比较现实,也是比较稳妥的。初期,我们应该让这个市场先做起来,然后再去细化修订各项规则。欧盟碳市场一直在尝试和实践中,其实是有所改善的,但也还有很长的路要走。

6.7.4 逐步完善碳交易市场

碳交易市场框架设计的目标,并不仅是单纯为了构建碳交易市场,其根本目标是要以最小的经济和环境成本,在优化配置各类节能减排资源的过程中,充分发挥市场机制的调节作用,最终实现有利于生态环境可持续发展的最佳减排效果,这一目标应符合两方面的要求。一方面要与中国国民经济增长引致的合理碳排放相匹配;另一方面应通过碳交易市场的构建使碳排放权交易价格与减排成本实现均衡。这也意味着,如果能构建出一个切实可行、运行科学的碳交易市场,将在很大程度上弥补中国长期以来环境政策管理工具市场缺乏灵活性的不足,在降低碳排放外部性效应的同时,与其他环境保护举措相互配合,共同促进中国经济社会和资源环境的协调发展。总体而言,中国碳交易市场框架设计的基本目标是构建起以强制性为主、自愿性为辅的跨区域性或全国性碳交易市场,具备三方面的特征:一是能够覆盖国民经济涉及的各个行业;二是除一级市场外,还拥有健全的二级市场,包括碳掉期交易、碳期货、碳基金等金融产品;三是能与国际市场接轨。进一步讲,该碳交易市场还应从四个层面发挥作用：一是构建碳交易价格发现机制，提高发达国家转移碳排放的成本，使碳排放价格能够充分体现其资源环境成本；二是使减排成果真正做到可测量、可报告、可核实，增强中国减排活动的真实性，在全球气候谈判中提升中国的地位；三是促进低碳技术的推广和使用，通过低碳技术的本土化，使低碳技术能广泛地应用于国民经济建设的各个方面；四是促进碳金融的发展，使碳金融成为产业低碳化的重要支撑，并能与国际碳金融市场实现接轨。

全国碳市场的构建，需要充分考虑中国的经济发展阶段、经济结构、能源结构、减排目标、减排成本，充分借鉴七个试点碳市场建设的经验。在覆盖范围、总量设置、配额分配、抵消机制、市场交易和履约机制等关键制度要素的设计上，以减排为目标，以法律为保障，以价格为手段，平衡经济适度高增长和节能减排，平衡不同区域和行业的差异，重视市场流动性，充分发挥价格信号的功能，引导企业以最小成本实现减排目标。对于进一步推进全国碳交易市场建设的建议如下：一是覆盖范围应有重点。全国统一碳市场的初级阶段应该抓大放小，将电力、钢铁、有色、水泥、化工等高耗能、高排放的重点行业强制纳入，有助于全国碳市场起步阶段顺利运行。二是碳排放应该同时包括直接排放和间接排放，以体现电力行业不完全市场的特殊性。

（1）培育市场交易主体，活跃交易并强化竞争

利用多元化投资者的交易行为形成合理价格。首先，加强控排企业碳资产管理意识。实证结果表明，试点控排企业碳资产管理意识不足，经常临到履约期才考虑出售或者购买碳排放权以实现资产管理。作为一种外生政策主导设立的市场，碳交易市场发挥作用的前提是控排企业具有减排意识和碳资产管理能力。因此，应通过培训等多种方式加强遵约企业碳资产管理意识，着力提升控排企业的碳资产管理能力，培养机构等理性投资者。

其次，应对市场进入的标准逐步放开。在早期阶段，可以在配额拍卖中设定允许控排企业购买的比例，而随着市场的平稳运行以及交易规模的逐渐上升，应将允许控排企业购买的比例适当缩小，增加个人与机构投资者允许

购买的数量，为交易主体的多元化创造条件。

最后，应通过各种渠道和方式对大众进行碳交易知识的普及，培育社会低碳环境意识，重塑市场理性交易者。企业是碳交易市场的重要参与主体之一，在碳交易市场建设的初期，各地可根据当地的实际情况，率先在钢铁、化工、水泥、汽车制造、电力、有色金属、玻璃、造纸等高耗能行业中展开试点，将部分企业强制纳入碳交易试点，为下一阶段扩大试点范围积累经验。具体而言，如果试点企业由于产能扩大或其他原因，导致实际排放量大于分配配额，就必须购买相应的碳排放权以抵消其超额的碳排放。购买的途径主要有三种：一是通过碳排放交易平台来进行购买；二是向实际排放量小于分配配额的企业直接购买；三是购买碳基金。

（2）加速推动碳金融衍生品尤其是碳期货产品的设计

由于交易分散、信息不透明等因素的制约，碳排放权现货交易的价格并不能真实反映市场的供求现状，存在一定程度的价格扭曲。具体来讲，碳排放权现货交易的缺陷在于：一方面现货交易的信息不对称，使交易价格与现实供求关系的对应价格存在大幅度的偏差；另一方面，现货交易往往只能显示某一时点供求状况下的单一价格，是一种静态化的价格机制，无法对未来供求关系和交易价格的变化进行反映，缺乏动态性预测的功能。而碳金融衍生品，尤其是碳期货恰恰能对未来供求关系和交易价格的变化做出预期，使碳交易市场得到进一步完善。

首先，由于期货交易一般具备公开化、透明化和主体多元化的特点，这能使市场交易在实现公平化的同时，形成能够真实反映供求现状的价格水平。其次，传统的期货交易往往具备风险规避的特点，碳期货交易也不例外。由于碳排放权交易从本质上来讲也是产权交易，高风险性和高不确定性是其交易的基本特征，因此，市场参与者可以同时借助现货交易和期货交易进行套期保值业务，以降低交易面临的各项风险。最后，要实现碳期货交易，必须要以标准化契约形式对碳排放权做出清晰界定，这将极大地降低相关交易的各项成本，进而推动碳交易市场的良性发展。因此，在中国进行碳交易市场框架设计时，应推动碳金融衍生品，尤其是碳期货产品的设计，使整个市场产品政策更为完善。

(3) 建立全国统一碳交易市场

构建全国性的碳交易市场。要制定统一的行业标准和交易机制，统筹分配碳排放配额指标，尽可能消除各区域试点的差异，整合成为全国统一的市场，做好试点市场与全国市场的衔接和过渡。现阶段，以清洁发展机制项目和自愿性减排交易为基础，中国已发展起了若干区域性碳交易市场，但由于缺乏全国性的碳交易市场政策，交易空间和交易主体一直都比较匮乏。大部分项目只能通过中介结构拿到国际碳市场进行交易。前文已经提到，目前中国企业参与国际碳交易主要有两种渠道：一是直接通过经纪商联系海外的投资者；二是由海外机构充当中间买家，收购中国市场上的清洁发展机制项目，然后包装到国际市场上寻找交易下家。所以中国在碳交易中始终缺乏定价权。国家管理部门应从中国国情出发，整合相关研究机构和大专院校的研究优势，按照国际标准，制定覆盖全国的统一碳交易标准，一方面能为碳交易的额度计算提供具有权威性的标准；另一方面也能更好地与国际碳交易市场实现接轨。

第 21 届联合国气候大会于 2015 年 11 月 30 日～12 月 11 日在巴黎召开，会上习近平主席隆重宣布中国将于 2017 年开始实行全国碳排放权交易市场；2016 年 1 月国家发展和改革委办公厅以发改办气候〔2016〕57 号发布《关于切实做好全国碳排放权交易市场启动重点工作的通知》。该通知明确指出中国要在全国范围内建立碳交易政策，并在 2017 年全面启动全国碳市场交易。部署工作要求：确定全国参与到碳交易过程的企业列表名单，确定第三方碳交易核查机构及人员配备，对纳入全国碳交易企业的碳排放历史进行统一核算。中国已于 2017 年开始推行了全国统一的碳排放权交易市场，碳排放配额先由国家进行统一免费分配，某些省市已先进入碳交易市场，但其他省市也要在排放总量目标的控制下完成相对应的二氧化碳减排量。同时，中国将制定一套适用于全国范围碳交易市场的《碳排放权交易管理办法》，其中应包含几个重点问题：碳交易市场覆盖的行业范围、配额总量的测算与行业分配、行业二氧化碳排放的测算方法与核准规则、交易系统与平台的构建、信息披露、市场监管与调节机制、激励与惩罚机制等。

目前，已经通过七大碳交易市场的建设和运营，搜集了 2 000 余家企业近三年的碳排放数据，弥补了中国碳交易市场中的数据空白，帮助政府部门掌握了关键行业的二氧化碳排放走势，为全国碳交易市场设计提供数据支撑。中国发展和改革委员会拟利用两三年的时间完成全国碳交易市场的规划与设计，除了以上提到的管理办法，还包括辅助机制与配套政策，且有望在之前公布的 10 个行业温室气体核算政策的基础上再增加至少 3 个行业的方法学。

总结七大试点的运营经验，未来还需要进行两个方面的改进：一是全面公开制度的实施规则，包括总的管理办法、核算方法、配套机制、配额分配核算、拍卖等；二是保证碳交易信息及时有效的披露，确保信息的公开性、透明性以及流通性。

全国统一碳市场的发展路径：中央深改组将全国碳交易列为 75 项重大改革事项之一，称之为"务必达成，不可动摇"。全国碳市场建设的基本原则是：

第一，坚持与加快转变经济发展方式相结合。以转方式、调结构、控排放作为碳排放权交易市场建设的出发点和落脚点，更加注重提高发展质量和效益、更加注重节能减排和降碳实效。第二，坚持政府监管与市场主导相结合。发挥市场在碳配额资源配置中的决定性作用，政府做好监管和服务。

全国碳市场建设的主要目标是：通过给参与企业设定排放上限，推行碳配额管理，实现合理控制重点行业温室气体排放；通过建立交易制度，以市场发现排放配额的价格，赋予企业实现减排目标的灵活机制，激励企业有效降低减排成本，切实落实各项控制温室气体排放任务，从而推动转变发展方式，调整经济结构和能源结构，最终实现经济和社会健康持续发展。

中国碳交易机构建设可以分为以下三个阶段：第一阶段（2017～2020 年）为全国碳市场的初期运行阶段。该阶段的主要工作就是尽早出台碳交易方面的法律法规以及相关碳交易分支机构，继续完善碳交易技术标准、配套准则，使得全国碳市场在初期运行阶段正常运作；第二阶段（2020～2025年）为全国碳市场的运行完善阶段。此阶段中国的碳排放权交易政策已经初步建立，该阶段的重要目标应该放在碳交易的进一步调整和深化完善上，应逐渐扩大碳交易参与主体和客体，并做好与国际碳市场接轨等相关工作。第三阶段（2025年以后）为全国碳市场稳健运营阶段。该阶段应当以前两个阶段为基础建立起成熟完善的全国碳排放权交易政策。

（4）中国碳交易政策的合理设计

应协调各地交易所的规则，建立与市场相适应的统一规范政策。规范政策覆盖的内容应包括交易平台规范、配额分配规范、价格调节机制规范、抵消机制规范以及监督管理规范等。在建立规范政策的过程中，不能忽视各地区的客观差异性，应综合考量各地区的特点并予以协调。建议将规范政策分为可统一规则和需差异规则。可统一规则是指在全国碳市场可以实行统一标准，不会基于各区域差异而无法推行的规则。就目前而言，可尝试设立统一规则的事项包括统一交易平台规则、价格限度、遵约机制、抵消机制。这些规则的统一将有利于提高碳交易的效率，降低碳交易成本。需差异规则是基于全国碳市场建立的规则，如果违背区域差异现实，将可能产生与建立全国市场背道而驰的不利后果，所以一些规则应结合地区特点有适当差异，这类规则主要为碳配额总量、碳配额分配。

①建立统一的碳排放交易规则和交易系统。在碳排放交易平台建设方面，各地应依托于现有的环境交易所或排污权交易机构，制定完善的碳排放交易规则和交易系统，在此基础上建设区域性的碳排放交易平台。作为新生的市场类型，碳排放交易平台是一个长期的过程，不可一蹴而就，其发展过程必须要经历分步实施，不断调整步骤。这也意味着，在碳交易市场建设初期，由于难以承受过大的市场风险，也没有健全的市场机制，碳交易平台可只进行碳减排额的现货交易，到碳交易市场发展渐趋稳定后，再将碳排放交易平台的交易产品扩大为碳期货、碳证券、碳基金、碳掉期等碳金融衍生品。在

碳排放交易平台建设的过程中，需要注意两方面的问题：一是必须受到有关机构，如碳排放交易管理机构的严格监管；二是充分考虑与全国甚至国际碳交易市场的接轨问题。

应该注意集中交易与分散交易模式各有利弊。分散交易模式在保证各交易市场设定统一、明确、公开的碳排放核算标准和统一的注册登记系统的前提下，向交易平台引入竞争，有利于提高服务水平和创新动力。然而，如果前提条件得不到保障，则会出现各地争相建设各类交易所的乱象，导致重复建设、浪费资源，也不利于碳市场的有序发展。集中交易模式的优势在于便于统一标准、集中管理，有利于价格发现。然而，集中交易模式因中国碳市场的巨大规模而对交易平台以及交易规则的设计完善提出了非常高的要求。再者，竞争机制的缺乏也不利于促进规则相关服务的优化。随着产业结构与消费结构的改变，需要扩大行业范围。按照现有政策，全国碳市场在初级阶段就覆盖了电力、水泥和电解铝三大行业，并逐步扩大。这些高能耗、高排放的部门往往也是承担转型成本最多、利润受损最严重的部门。最后，随着中国产业结构和消费结构的改变，服务业占比越来越高，服务业能耗和排放占比也相应提高。

可以预期的是，未来，服务业以及大型公共建筑等部门将逐步被纳入碳市场。以碳交易市场试点地区为中心，建立全国性市场，推进跨区域碳排放权交易合作，探索开展跨区域碳排放交易，建设区域性碳市场。配额分配与使用制度是统一制度中重要的部分。不同地区的配额分配要考虑公平和效率，还要考虑区域发展差异的问题。

②中国碳交易价格运行机制设计。中国碳价波动受诸多因素影响，而实证结果表明目前碳交易价格对其影响因素反映不充分，碳价与实体经济各要素价格联动性不强，其实质意义是碳价运行所反映的碳交易市场效率不高，碳价变动没有充分体现出经济动态内在的以及政策调控意图所施加的碳排放成本变化。因此，在推进中国碳交易市场建设时应从两个方面入手：一方面，对市场运行环境进行宏微观治理，提高市场运行效率，促进碳交易市场价格

机制的发挥，从而对企业碳减排形成正向激励；另一方面，重视碳交易价格运行中可能发生的价格突变以及剧烈变动，建立符合中国国情的碳交易价格稳定机制。

(5) 针对碳排配额交易等做出具有可操作性的具体规定

①设定合理的碳排放控制目标。虽然作为发展中国家，中国还无须在国际上承担强制减排义务，但是温室气体的过度排放确实会对生态环境造成严重危害，实现经济与生态环境的协调可持续发展是关乎人类未来命运的重要议题。中国已多次在国际气候大会上对温室气体减排目标做出承诺，构建绿色、低碳、循环的经济政策已成为中国经济发展的重要战略，并坚持将碳交易市场作为实现低碳减排的有效工具，因此健全和完善全国统一的碳排放权交易市场任重而道远。中国碳市场的建设并非一蹴而就，"建设碳市场要做好持久战的准备"。

如果碳交易市场没有一个明确的节能减排或碳排放控制目标，市场需求也将无从谈起，只有制定出明确的节能减排或碳排放控制目标，才能对国家或区域的温室气体排放进行控制，激发企业节能减排并进行碳交易的积极性。当然，在制定出明确的节能减排或碳排放控制目标后，还需要科学地将该目标确定的对应碳减排配额向管制企业分配。这就要求碳交易管理机构在满足《"十三五"控制温室气体排放工作方案》和生态环境保护要求的前提下，确定该区域的环境容量，估算其最大污染物排放量，据此分割出若干可计量的排放权单位。总量设置和配额结构的设计要综合考虑经济增长、技术进步和减排目标，充分考虑经济波动和技术进步的不确定性，设计事后调整机制；其次，要充分考虑行业的减排成本、减排潜力、竞争力、碳泄露等差异，设计不同的行业控排系数。另外，设计3~5年的交易周期，事前确定配额总量及调节措施。

②制定配额分配方式。碳排放权的初始分配方式有三种，分别为免费分配、公开拍卖以及混合分配：

第一，免费分配方式，主要由基于企业的历史排放数据分配和基于企

的现实产量或排放量分配两种方式;

第二,公开拍卖分配方式,是指碳交易管理机构采用适当的拍卖方式对碳排放权进行拍卖,有减排需求的企业可通过公开竞价的方式来购买一定年度的碳排;

第三,混合分配方式,是指政府管理部门首先确定一个免费分配的比例,并将此部分的配额免费供给,其余的配额就通过公开拍卖的形式进行发放,以满足部门有减排压力企业的需求。从理论研究的视角来看,有偿分配是一种最有效率的分配方式,然而,在碳交易市场的实践中,特别是在其发展的开始阶段,如果实行有偿分配,会因为没有足够的缓冲时间,在增加企业成本的同时,挫伤企业参与碳交易的动力和积极性,这亦是欧盟排放交易政策建设初期的做法。鉴于此,现阶段中国发展碳交易市场,也可考虑首先采取免费分配的方式,待时机成熟后,再尝试其他分配机制。需要特别指出的是,在初期免费分配碳减排配额时,既不能分配过多,这样才能保障一定的市场需求,也不能分配过少,增加企业成本,因此,在确定免费分配方式后,如何科学、合理地确定免费分配配额的数量也是十分重要的一点。

碳市场初期配额分配应以免费分配为主,随着碳市场发展逐步提高拍卖比例。在碳交易市场建设后期可以逐步减少免费碳配额的发放,体现碳配额的稀缺性,允许投资机构者参与竞拍,充分调动投资者的积极性。配额分配应以历史法为主,同时应将企业先期减排绩效纳入考虑范围。同时,可在产品分类相对简单的电力和水泥等行业率先使用标杆法。规定交易过程中的配额可以持有或储存一段时间,有利于促进碳市场流动性,形成合理价格。而为了提高流动性,配额总量必须从紧,市场参与者尽量要多元化,交易品种也要多样化,其中包括发展期货、期权等配额衍生品交易。起步价格(初始碳价)不宜过高,应发挥政策的连续性,使投资者对市场和减排政策充满信心。另外,需要加强控排企业碳资产管理培训,严惩违约企业。

鉴于国外碳排放配额交易市场曾经出现的价格剧烈波动教训与经验,中国七个碳交易试点基本完成了配额价格稳定机制设计,但存在差异。基于国际经验及未来形成全国碳市场的展望,从不同试点制度差异现状出发,对统一的价格调控机制可从配额抵消制度、配额跨年预支与存储、政府预留配额、安全阀设计四个方面提出改革设想。

③中国现行配额价格稳定机制。目前中国碳排放配额价格制度包括政府预留配额、核证减排量抵消、配额跨年使用、价格波动区间限定、公开市场业务等。

第一,中国各碳交易试点建立了配额抵消制度,控排对象为自我开发或通过市场购得的中国核证项目减排量(CCER),可用于抵消履约日碳排放配额缺口。CCER 是清洁发展机制(CDM)和中国自愿减排项目市场下的碳排放权品种,而中国七个碳交易试点对国家核证自愿减排量来源及抵消比例均有规定,如北京碳交易试点允许重点控排企业使用 CCER、节能项目碳减排量、林业碳汇项目碳减排量等核定碳减排量抵消年度碳排放,最高为 5%,北京以外 CCER 的抵消额度则为 2.5%。天津市、深圳市、广东省试点对于抵消比例的控制均在 10% 以下,所不同的是前两个试点基于当年实际排放量,而广东省基于上年度实际碳排量。上海市试点规定本市纳入配额管理单位在其排放边界范围内产生的 CCER 不得用于本市配额清缴,湖北省试点则规定排放边界范围外本省区的抵消比例不超过该企业年度碳排放初始配额的 10%。综合来看,七个碳交易试点规定的抵消范围大致在 10% 以内,并且对试点区内和区外有所区别。

第二,在配额跨年存储与预支方面,七个碳交易试点中除湖北外,其余六个试点均允许控排企业将年度结余配额留至后续年度使用。但允许跨期的年限基于各个试点开展交易时间起点不同而存在差别,如北京规定 2013~2015 年配额至 2016 年 6 月 30 日均有效,上海则规定 2013~2015 年配额可跨年度储存使用。目前,七个试点都不允许提前透支"预借"配额。配额跨年存储赋予了控排企业更大的灵活性,在时间上控排企业可以对碳资产进行更长期的有效管理。这样,不仅有利于价格的平稳运行,更有助于企业按照自身经营安排完成减排任务。

第三,在政府预留配额方面,除天津、上海、重庆试点外,其余四个试点均有预留配额,政府在碳排放配额初始分配时预留部分给控排对象,用于新增需求和调节市场供求,如:广东省碳排放配额总量由控排企业配额加上储备配额构成,包括新建项目企业配额和市场调节配额;北京市明确规定将不超过5%的年度配额总量用于对重点控排企业的配额调节以及价格调节;湖北省碳交易试点政府预留的配额上限为配额总量的10%,主要用于市场调控和价格发现,对于后者功能的实现,可用比例上限为政府预留配额的30%;深圳市碳交易试点价格平抑储备配额包括政府主管部门预留配额、新进入者储备配额和主管部门回购的配额,其中主管部门预留的配额为年度配额总量的2%。

第四,在安全阀设计方面,七个试点设定了固定的价格波动区间,并且对价格调控的公开市场操作进行了设计。各地安全阀设置有所不同,大部分地区对每日波动范围进行控制,其波动率在10%~30%;重庆市直接对其价格上下波动区间进行了控制。

④全国碳交易市场下的稳定机制构想。

第一,消除配额抵消区域限制,扩大抵消范围,构建具备弹性的抵消机制。从未来全国性碳排放交易政策角度看,其目标是实现中国境内整体控排成本最小化,借由不同地区差异化的边际减排成本,实现减排成本的最小化。因此,应打破当前区域市场的界线,消除区内区外抵消限制。作为国际碳交易市场CDM项目的最大供给国,中国在开发CCER已具备相当丰富的经验,在目前国家对来自发展中国家的CER是清洁发展机制中经核证的减排量进行限制的时候,中国应该并且可以利用CCER进行减排。基于未来巨大的减排潜力,参照欧盟13.4%的上限,中国碳配额的抵消比例可以比现行的10%更高一些,建议12%~15%。弹性的抵消机制对于调控配额价格有着积极作用,因此应借鉴RGGI的经验,设定具有弹性的抵消占比。当碳交易价格高于警戒值时,可调整抵消占比的可行区间。基于宽松的抵消策略有可能对碳交易市场的配额交易产生"挤出"效应,所以收紧抵消范围和比例是长期的发展趋势。

第二，允许配额跨年度存储，但不允许预支。在配额预支和存储方面，欧盟的经验与教训已经给我们提供了良好的示范，允许存储可以使企业在早期就积极实施减排，而在减排期限还没有给定的情况下，预支可能会导致企业透支未来减排额度而无法完成减排任务。所以，不允许预支配额是未来适宜的制度。

第三，政府预留一定比例配额用于市场价格调节。全国性碳交易市场形成后，交易机制的合理性还有待考验，依然面临诸多不可预知的因素，因此价格可能波动剧烈，更加需要政府进行调控。本书认为需要采取政府预留配额的交易制度以调节市场需求，但预留额度2%~5%为宜。

第四，初期采用固定安全阀，后期逐渐向浮动安全阀过渡，更多采用市场化操作维护安全阀。安全阀机制包括安全阀设置及维持两个方面。就安全阀设置而言，目前国内排放交易试点基本采用类似于股票市场的涨停板制度，而国外排放交易政策普遍采用的模式是设定初始值与增长率。二者相较而言，前者简单易行，而后者能够更大程度地发挥市场信号的功能，因为瞬时或短时间内触发安全阀不能作为价格风险的表征。基于全国性市场运行初期对于合理的均衡价格较难确定，建议初期依然采用固定安全阀进行过渡。而在后期，采用双边安全阀，借鉴RGGI以连续12个月内的平均价格作为安全阀触发标准的经验，进行为期1~2年的试运营，以试运营期间，价格的上下四分位点作为双边安全阈值的初始值，阈值的调整幅度以通货膨胀率为参考，在维护安全阀的问题上，可以采用预留配额、公开市场操作、限价交易等方式。限价交易虽然具有易于操作、价格信号明显的优点，但其有可能对市场机制发挥正常的作用造成阻碍，从而与其通过市场交易达到成本最小化的初衷相违背，因此并非一种最优的制度安排。预留配额通过增加市场供给的渠道维护价格上限，但基于预留数额有限，难以发挥对价格上限的维护能力。因此，比较可行的方案是，在碳市场运行初期可以选择限价交易作为价格双边安全阀的维护举措，而随着市场逐步走向成熟，采用预留配额的方式取代限价交易，可充分发挥市场在资源配置中的作用。

全国碳市场的发展潜力巨大，今后将进一步扩大市场覆盖、行业范围，丰富交易品种和交易方式，充分发挥碳市场在淘汰落后、激励先进、鼓励创新方面的积极作用，鼓励率先进行低碳技术升级的企业通过碳市场获得相应的回报，更好地发挥碳市场在控制温室气体排放中的作用。按照"先易后难、循序渐进"的工作原则，随着市场的逐步完善和各方面条件的不断成熟，全国碳市场的覆盖范围将逐步扩大至其他高耗能、高污染、资源性行业。换句话说，碳排放将纳入越来越多企业的投资运营之中。

从试点到全国碳市场的转变，是利用市场机制达到绿色低碳目标的重大机制创新。待系统运行平稳之后，将加快碳市场建设进程，扩大规模，并适当考虑扩大参与的主体。前提是平稳运行，先把基础打好。在碳排放交易市场在落实《巴黎协定》和推动低碳转型的作用时，过去几年的经验（碳排放的强度和总量双降）表明，碳排放可以成为政策工具，碳市场在实现低碳发展的战略目标方面会发挥重要作用。具体来说，首先，通过适当合理的价格信号，促进企业自主自发减排；其次，全国碳市场促使生产要素的合理流动，促进企业绿色发展的融资成本降低。此外还有其他的附加效益，例如，在环境政策的协同下，环境污染物的减少等。下一步要加快建立完善全国碳市场制度政策。推动出台全国碳排放权交易管理条例，适时发布企业排放报告管理办法、市场交易管理办法、核查机构管理办法等重要配套管理制度。还要推进温室气体自愿减排交易机制改革，创造条件，尽早将国家核证自愿减排量纳入全国碳市场，发挥市场机制对林业碳汇等领域的支持作用。

第7章

可再生能源电力产业绿证交易、碳交易等政策的关联性分析

为了促进可再生能源电力产业的发展，国内对可再生能源电力产业进行电价补贴，根据不同资源区设定不同的标杆电价，其电价都高于当地的燃煤标杆电价。可以明确的一点是，绿证结合配额制，将一定程度上缓解可再生能源电力产业补贴的财政压力。

7.1 可再生能源电力产业配额制政策和电价补贴政策的关联性

可再生能源电力产业配额制是施行绿证交易政策的基础，为了更清晰地理解绿证交易和碳交易政策的关联性，有必要在此先将配额制与电价补贴政策对比。可再生能源电力产业发电成本普遍高于常规化石能源发电成本，通过经济手段难以实现调节可再生能源比率的目标，因此，部分国家采用固定电价制，也叫强制购电法。该政策要求电网企业按照固定的价格收购可再生能源发电商的全部电量，并为该类电能上网提供路径。该政策的核心是确定固定电力价格，价格的确定包括两种方式：一种是以电力供应者供给消费者的消费电价的百分比来确定，如电网公司从可再生能源发电商那里购买可再生能源电力后，对其支付消费者支付电价的一定百分数，这一百分数由政府强制决定；另一种是根据可再生能源电力产业的种类和技术水准等因素，再对可再生能源电力产业发电商成本加一定收益的方式来确定，也就是施行电价补贴政策。

7.1.1 可再生能源电力产业配额制政策与电价补贴政策的区别性

电价补贴政策框架下，政府对发电商的可再生能源发电量没有强制要求。电价补贴政策作为国家法律政策有助于扶持可再生发电行业的发展，可以从国家层面实施，也可在一国的不同地区实施。电价补贴政策和配额制在定义、定位及对象等方面存在区别，如表7-1所示。

表7-1　　　　　　　　电价补贴政策和配额制的区别

区别	电价补贴政策	配额制
定义	国家要求电网公司必须购买可再生能源发电商生产的全部可再生能源电力	国家规定可再生能源电力产业各种技术或者项目所提供的能源在总的能源供应中所要占的比例
定价	国家根据各种可再生能源电力产业发电成本或电力平均价格百分比确定，电价是固定的	完全的市场机制，由市场控制
费用分摊机制	国家根据不同的可再生能源电力产业技术制定电价，以有效地刺激各种可再生能源电力产业的多样化发展和技术进步	充分运用市场机制，降低可再生能源电力产业开发利用的成本，促进与传统常规能源的竞争

7.1.2　可再生能源电力产业配额制政策与电价补贴政策的一致性

可再生能源电力产业配额制政策中罚金 f 的作用和可再生能源电力产业电价补贴政策中补贴 s 的作用是完全一致的，所以罚金 f 可以理解为配额制政策的影子价格。在电力企业追求利润最大化的情况下，绿证的价格应该和单位电力的罚金相等或者稍低一些。同时，可再生能源电力产业配额制政策的惩罚机制的社会福利效果，与可再生能源电力产业电价补贴的福利效果是一样的。

假设政府管制者的目标是实现全社会福利的最大化，则可以构建以下公式（7-1）。

$$W(Q, x_g) = \max_{Q, x_g} \int_0^Q p(s)ds - c(Q - Nx_g) - Nc_g(x_g) + D(Nx_g)$$

（7-1）

公式 (7-1) 中 $Q = N(x + x_g)$ 代表整个电力市场的总电量，$p(s)$ 代表反需求函数，$D(Nx_g)$ 代表可再生能源电力生产所带来的正外部性和所避免的负外部性的货币价值。通过分别对 Q 和 x_g 求一阶导数，可以得到公式 (7-2) 和公式 (7-3)。

$$p[Q] - c = 0 \qquad (7-2)$$

$$Nc - Nc'_g(x_g^*) + ND'(Nx_g^*) = 0 \qquad (7-3)$$

通过公式 (7-2) 和公式 (7-3) 可以得到 Q^* 和 x_g^* 的使全社会福利最大化的最优值。而可再生能源电力的边际成本和边际收益的差额，等于传统能源提供的电力价格和边际成本的差额的时候，才会实现可再生能源电力的最优产量。配额经常被管制机构规定为 $\overline{x_g} = x_g^*$。

根据公式 (7-2) 和公式 (7-3)，可再生能源电力的最优补贴水平为 $s^* = c'_g[x_g^*] - c$，对没有完成可再生能源电力产业配额要求的企业的罚款额度，应为 $f^* = c'_g[x_g^*] - c$。为了满足全社会福利最大化的要求，最优化的电价补贴和配额罚金的水平，会产生相同的可再生能源电力的产出水平，并带来相同的全社会福利结果。因此，电价补贴和配额制政策在本质上是一样的，图 7-1 也同时表明了这个结果。

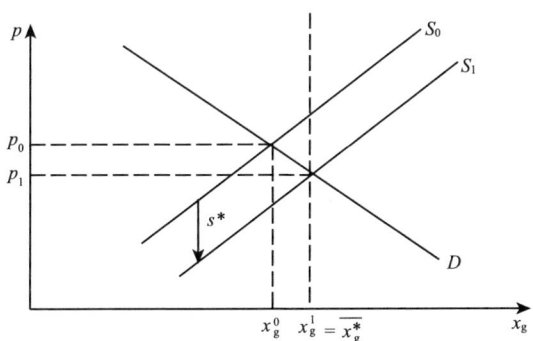

图 7-1 可再生能源电力产业的配额制政策与电价补贴政策的一致性

图 7-1 中 x_g^0 的值是基于可再生能源电力的私人边际成本的供给曲线 S_0 和需求曲线 D 的交点所决定的。而假设 s_1 代表了可再生能源电力创造了额外

社会收益的供给函数,因此 x_g^1 就是可再生能源电力的私人边际成本的供给曲线 s_1 和需求曲线 D 的交点所决定的,可再生能源电量从 x_g^0 变为 x_g^1,而 $x_g^1 > x_g^0$。通过最优的补贴 s^*,与强制性的最优配额水平 $\overline{x_g^*}$,都能够使电力企业生产同样的最有效率的产量 $\overline{x_g^*}$。因此,可再生能源电力产业配额制政策在本质上与可再生能源电力产业电价补贴政策具有一致性,进一步印证了上面公式推导的结果。

综上所述,可再生能源电力产业配额制政策是以国家法律法规的形式,规定了可再生能源电力产业的长远的量化目标。配额制通过引入竞争机制能够有效促进可再生能源电力产业发展;采用全网加价进行可再生能源超常规能源的成本进行分摊,政府无须进行直接财政补贴,仅需对配额政策的实施过程进行监督,对于违反配额制的成员进行处罚,该模式减轻了政府负担。可再生能源电力产业配额制在实施目标和实施手段方面具有一定优势。

但是,中国配额制政策迟迟未能出台。可再生能源电力产业配额制,指政府用法律的形式对可再生能源发电的市场份额做出的强制性的规定。2009年,配额制就已被正式提出,此后经多次公开征集意见,却始终未能出台。

配额制落地之难很大程度在于相关利益方的博弈。当时的大环境是,很多专家普遍认为煤炭是中国能源的顶梁柱,提出约束性目标会增加整体能源成本,可再生能源电力价格没有竞争力,所以配额制政策推出的阻力非常大。配额制带有很强的行政色彩,当时普遍认为可再生能源电力产业配额制与电力市场化改革导向不一致。配额制政策之所以落地艰难是因为地方与中央之间存在博弈。各地政府希望国家给的考核指标越低越好,因为在推行配额制实施过程中需要耗费更多的成本。配额制推出难题还在于覆盖范围广。可再生能源电力产业配额政策包含可再生能源电力发、输、配、用各个环节。配额制推出难题还在于配额义务主体数量众多。各类售电公司(包括电网公司售电部门)及所有电力消费者等多个群体需共同履行配额义务,各省级政府也要承担本区域配额的落实责任,电网企业同样要承担经营区配额组织实施责任。配额制只有在现实执行的过程当中,我们才能知道政策是否存在问题,在哪些方面有问题，届时再进行调整。目前，最关键的是需要配额制尽快出台。可再生能源电力产业配额政策设计起来并不容易，中国的电力市场正在经历复杂的转型过程，中国在设计可再生能源电力产业配额政策时应当十分小心，在一定程度上确保当前政策环境的平稳过渡。

配额制与固定电价补贴政策各有其优势和劣势。在电价补贴政策下，可再生能源电力市场能够获得大规模的发展，不论在容量还是产量上都可以在较短时间内实现大幅度的提升，但政府财政补贴压力巨大的缺点也显而易见。而配额制使得政府职责仅仅限制在制定指标及监督配额制任务完成的状况上，释放了政府的压力，但配额制政策之下绿证价格不稳定、激励机制不完善、地区化差异的问题也是不容忽视的问题。如何抉择两种制度的采用是决策者面临的难题，在可再生能源电力产业发展初期，电价补贴政策明显优于配额制政策，在政府政策大力支持下，政府通过行政指令完成资源配置，可再生能源电力产业迅速扩容。在形成一定的产业规模且市场相对成熟后，市场化的运行模式才是一个成熟稳定的产业所处的环境，此时配额制相对于电价补贴政策的优势便显现出来。中国的可再生能源电力发展轨迹就与此相似，在产业初期，采用电价补贴政策，而在可再生能源电力产业规模较大时开始积极讨论引入市场化的配额制政策。

7.2 可再生能源电力产业绿证交易政策和电价补贴政策的关联性

可再生能源电力具有明显的正外部性，提供可再生能源电力的成本要远远高于提供传统化石能源的成本。通过对可再生能源电力进行补贴的方式，可以促进可再生能源电力产业的快速发展。但是即使是最优化的电价补贴政策也会带来比较大的财政负担，因此很多国家包括中国开始实行绿证交易政策来替代电价补贴政策。绿证交易政策的实行要注意罚金的确定问题，以及保证绿证交易市场的有效平稳运行。下面假设在垄断的市场结构下，分析可再生能源电力产业的电价补贴政策和绿证交易政策，因为可再生能源电力企业大多是具有垄断力量的企业。

7.2.1 垄断条件下可再生能源电力产业的电价补贴政策

可再生能源并不是普通的能源，可再生能源电力产业的额外收益属于正外部性，而这种正外部性本质上是市场失灵的一种。从成本和收益的角度来说，发电企业提供可再生能源电力具有明显的正外部性。可再生能源电力具有公共物品的性质，因为提供可再生能源电力对保护环境有利，有利于减少雾霾的发生。可再生能源电力的特性也具有非排他性和非竞争性，同其他的公共物品的特性是相同的，也就是说，任何私人部门在没有政府干预的情况下都不愿意投资于可再生能源电力产业。同时，在可再生能源电力企业进行技术研发和资源勘探以及产品生产的过程中，具有明显的成本大于收益的特点。而通过政府的干预，具体来说是通过政府补贴，可以解决正外部性的问题。可再生能源电力产业的生产成本明显高于传统的煤电能源的企业，所以如果没有政府人为干预的话，可再生能源电力企业必然处于劣势地位，无法与传统的常规能源的电力企业直接进行竞争，因此要解决可再生能源电力的外部性内部化的问题，政府的补贴就成为必要条件。政府的补贴是政府或者最终的电力消费者给可再生能源电力生产者的一种转移支付形式。

（1）模型的假设条件

首先假设在垄断市场，整个电力市场由几家大企业控制，比如法国的EdF公司是垄断的电力企业，英国的 E. ON 公司控制电力市场22%的份额，德国也有四家最大的电力企业。假设制定电价补贴政策所需要所有的技术、成本和潜力、电力市场价格发展趋势、消费者的偏好等方面的信息是不完全的，且仅仅只有两种方式来生产电力，即化石能源或可再生能源。而化石能源的生产成本一般来说要比可再生能源的生产成本低。因此简单假设在垄断市场结构里的电力企业是以相同成本提供化石能源电力是不合适的，再假设所有电力企业提供可再生能源电力的生产成本也同样是不合适的，因此应假设不同电力企业提供可再生能源电力的生产成本是不同的。具体来说，假设在市场上有两个寡头垄断电力生产者，电力垄断企业 1 和电力垄断企业 2，这两家企业在应用化石燃料方面的技术是相同的，所以成本函数也是相同的，但两家垄断的电力企业生产可再生能源电力的成本是不同的，主要是因为可再生能源电力的提供者采用不同的技术，可能是不同的企业选址引起的，也可能是能源材料的不同质量带来的，或者是采用了不同的绿色能源技术组合。

这里用 p 表示电力的市场价格（包括可再生能源电力和常规化石能源电力在市场上都按照统一价格出售）。x_g 表示可再生能源生产的电力数量，c_g 表示可再生能源的发电成本，x_b 表示依靠传统化石能源生产的电力数量，c_b 表示常规能源电力生产的单位成本函数（为了分析方便，这里假设是不变的）；s 表示给予可再生能源电力企业的单位额外补贴。

为了保证模型尽量简单，假定化石能源和绿色能源的成本函数是线性的，可以表示为 $C_b(x_b) = c_b x_b$，$C_g(x_g) = c_g x_g$，并假定 c_b、c_{1g} 和 c_{2g} 是连续的，假设对于电力企业 1 和企业 2 来说，$c_{1g} > c_{2g}$，且两个企业的边际成本之差也是正连续的，因此企业 1 和企业 2 的边际成本之差可以表示为 $c_{1g} - c_{2g}$。如果消费者对化石能源和可再生能源电力的价格的支付意愿是相同的，则需求函数可以表示为：

$$p(x_{1b}, x_{1g}, x_{2b}, x_{2g}) = \alpha - x_{1b} - x_{1g} - x_{2b} - x_{2g}$$

这里 $\alpha > 0$。

这里假设对可再生能源电力的补贴是一样的，没有考虑不同可再生能源技术的成本的差异性，且补贴也是外生变量。

（2）对不同成本的垄断电力企业 i 和 j 的最优补贴确定模型

对于垄断电力企业 i 和 j 来说，面临下面的最优化问题：

$$\max_{x_{ib},x_{ig}}[(\alpha - x_{ib} - x_{ig} - x_{jb} - x_{jg})(x_{ib} + x_{ig}) + sx_{ig} - c_b x_{ib} - c_{ig} x_{ig}]$$

这里 $i,j = 1,2$，并且 $i \neq j$。

具体根据补贴的额度，可以分为下面三种情况来分析企业的利润最大化的最优决策问题。

① $s < c_{2g} - c_b < c_{1g} - c_b$

这种情况是：如果补贴的数额比可再生能源电力和化石能源电力两者的边际成本之差还要小的话，单位电力的补贴就连有效率的可再生能源电力的发电成本都弥补不了，那么市场就不会提供任何可再生能源电力，即 $x_{1g} = x_{2g} = 0$；而化石能源电力提供量则为古诺均衡解：$x_{1b} = x_{2b} = \dfrac{\alpha - c_b}{3}$。可见，补贴额度太小不利于促进企业提供可再生能源电力。

② $c_{2g} - c_b \leqslant s < c_{1g} - c_b$

这种情况是：如果补贴的数额能够弥补企业 2 的可再生能源电力和化石能源电力两者的边际成本之差，但补贴数额无法弥补效率稍差一些的企业 1 的可再生能源电力和化石能源电力两者的边际成本之差，也就是无法弥补企业 1 提供可再生能源电力在成本方面的劣势。如果企业 1 和企业 2 提供的整个电力产量不变的话，则古诺均衡解仍然是相同的。

第一，如果补贴与企业 2 的可再生能源电力和化石能源电力两者的边际成本之差恰好相等，即 $s = c_{2g} - c_b$，则对于企业 2 来说，提供化石能源电力和可再生能源电力的是无差异的，则可以得到 $x_{1b} = x_{2b} + x_{2g} = \dfrac{\alpha - c_b}{3}$，而企业 1 不会提供可再生能源电力，即 $x_{1g} = 0$。

第二，如果补贴大于企业 2 的可再生能源电力和化石能源电力两者的边际成本之差，即 $s > c_{2g} - c_b$，则企业 2 就不会再提供化石能源电力，即 $x_{2g} = 0$，只会提供可再生能源电力，即 $x_{1b} = x_{2g} = \dfrac{\alpha - c_b}{3}$，同样的，企业 1 不会提供可再生能源电力，即 $x_{1g} = 0$。可见，补贴额度较低同样不利于促进企业提供可再生能源电力。

③ $s \geq c_{1g} - c_b$

这种情况是：如果补贴的数额，完全能够弥补企业 1 和企业 2 的可再生能源电力和化石能源电力两者的边际成本之差，即使对生产效率稍差一些的企业 1 来说，补贴也是足够的。

第一，如果补贴与企业 1 的可再生能源电力和化石能源电力两者的边际成本之差恰好相等，即 $s = c_{1g} - c_b$，则对于企业 1 来说，提供化石能源电力和可再生能源电力的是无差异的。企业 2 提供可再生能源电力更有效率，则可以得到 $x_{2b} = x_{1b} + x_{1g} = \dfrac{\alpha - c_b}{3}$。而企业 2 不会提供可再生能源电力，即 $x_{2b} = 0$。

第二，如果补贴大于企业 1 的可再生能源电力和化石能源电力两者的边际成本之差，即 $s > c_{1g} - c_b$，且还大于企业 2 的可再生能源电力和化石能源电力两者的边际成本之差，则企业的最优决策就是，两家企业都只会提供可再生能源电力，即 $x_{1g} = x_{2g} = \dfrac{\alpha - c_b}{3}$，不会提供任何化石能源电力 $x_{1b} = x_{2b} = 0$。可见，补贴额度过大，会使企业都只提供可再生能源电力，而不愿提供传统化石能源电力，就给国家财政带来过大压力。同时，还应该注意补贴政策的有效率的实行，需要政府管制机构充分掌握技术、成本和潜力、电力市场价格发展趋势、消费者的偏好等信息。但由于电力企业在实际生活中大多是垄断类型的企业，会影响政府管制机构所获得的信息的完全性，影响补贴政策的优化和实行。

7.2.2 垄断条件下可再生能源电力产业绿证交易政策

由于成本方面的原因，可再生能源电力价格一般要高于传统常规能源电力价格。在没有实行绿证交易政策的情况下，一般可再生能源电力产业是通过政府补贴等多种方式来弥补其成本高于常规电力成本的部分，但各国政府对可再生能源电力产业实行的补贴普遍面临很多问题，比如政府缺乏关于可再生能源收益和成本曲线的准确信息，因此合适的补贴数额就很难确定。另外，巨额补贴给政府带来很大的财政压力，因此可再生能源电力产业的理想目标难以达到。而可交易绿证机制能够弥补补贴机制的缺陷，因为其能够保证既定的可再生能源电力产业目标实现。绿证价格是随着市场供求变化自发调整的，不需要政府干预，因此在实行配额制以及可交易绿证交易政策的情况下，可再生能源电力价格将包括常规能源电力价格和绿证价格两部分。可再生能源电力价格的决定直接受绿证价格的决定和变动的影响。

假设绿证可以自由交易，管制者可以决定证书市场的最高和最低价格。从逻辑上讲，绿证的最高价格就是罚金的水平，最低价格则保障了收入的最低水平。通过规定绿证的最高价格和最低价格，为绿证提供了可供参考的价格区间，有利于对可再生能源电力的长期投资和长期购买。这里需要注意在有罚金的情况下，绿证本身市场价格的上限是对不够配额要求的可再生能源电力企业的罚金f。在考虑罚金的情况下，绿证的价格一般不高于单位罚金的额度f，否则，供电企业宁可接受惩罚也不愿意购买证书。

（1）模型的假设条件

仍然假设在垄断市场，假设制定绿证交易的市场和制定电力政策所需的所有技术、成本和潜力、电力市场价格发展趋势、消费者的偏好等方面的信息仍然是不完全的。

假设仍然用p表示电力的市场价格（包括可再生能源电力和化石能源电力在市场上都按照统一价格出售）。$\bar{x}_g$表示对电力企业的可再生能源电力配额要求的发电量，$\tilde{x}_{ig}$是指垄断电力企业i出售或购买的绿证的数量，$\tilde{x}_{jg}$是指垄断电力企业j购买或出售的绿证的数量，x_{ig}表示垄断企业i提供的可再生能源生产的电力，c_{ig}表示提供可再生能源的发电成本，x_{ib}表示传统化石能源提供的电力，c_b表示化石能源电力生产的单位成本函数，而f表示当不能满足配额要求的可再生能源电力时的单位罚金，z表示绿证的交易价格。其他假设与前面相同。

(2) 对不同成本的垄断电力企业 i 和 j 的绿证交易模型

对于垄断电力企业 i 和 j 来说,两个企业的可再生能源电力生产成本不同才是进行绿证交易的基础,所以这里假设两家垄断电力企业 i 和 j,并且两家企业的可再生能源的电力生产成本不同,垄断电力企业的最优化问题为:$\max\limits_{x_{ib}, x_{ig}} [(\alpha - x_{ib} - x_{ig} - x_{jb} - x_{jg})(x_{ib} + x_{ig}) + z|\tilde{x}_{ig} - \tilde{x}_{jg}| - f(\bar{x}_g - x_{ig} - \tilde{x}_{ig}) - c_b x_{ib} - c_{ig} x_{ig}]$

这里 $i, j = 1, 2$ 并且 $i \neq j$,这里两家垄断企业提供的绿证的数量之和不能超过配额的总量。我们假设如果一旦配额的要求能够被满足,则绿证的价格马上就会下降到零,因此对于整个电力行业来说,只要配额的要求能够被满足,就没有电力企业有动力提供更多的可再生能源电力。

同样为了保证模型尽量简单,假设对于电力企业 1 和企业 2 来说,$c_{1g} > c_{2g}$,且两个企业的边际成本之差也是正连续的,因此企业 1 和企业 2 的边际成本之差可以表示为 $c_{1g} - c_{2g}$。于是对于电力企业 1 来说,提供可再生能源电力的数量就在 0 和 $\bar{x}_g$ 之间,而具体的数值还要根据三种因素来决定:罚金 f、可再生能源证书价格 z 以及可再生能源电力和化石能源电力的边际成本之差。具体可以分为以下三种情况。

① $f < c_{2g} - c_b < c_{1g} - c_b$

这种情况是:如果罚金的数额比两个企业的可再生能源电力和化石能源电力两者的边际成本之差还要小,那么这样的惩罚力度无法达到足够的激励作用,两家电力企业都只愿意支付罚款,只提供传统的化石能源电力,$x_{1g} = x_{2g} = 0$;而化石能源电力提供量则为古诺均衡解:$x_{1b} = x_{2b} = \dfrac{\alpha - c_b}{3}$。可见,绿证交易政策的罚金额度不能指定得过低,否则就没有政策效果了。

② $c_{2g} - c_b < f < c_{1g} - c_b$

这种情况是:如果罚金的数额比企业 2 的可再生能源电力和化石能源电力两者的边际成本之差大,但比企业 1 的可再生能源电力和化石能源电力两者的边际成本之差小,则分下面两种情况来具体分析。

第一，如果绿证价格大于罚金，即 $z>f$，对于企业 1 来说更愿意支付罚金，而不从企业 2 那里购买绿证。企业 1 自身不愿意生产可再生能源电力，$x_{1g}=0$，而企业 2 通过自己提供可再生能源电力的方式已满足了配额要求，即 $x_{2g}=\bar{x}_g$。

第二，如果绿证价格小于罚金，即 $z<f$，对于企业 1 来说更愿意购买绿证以满足配额要求，而不愿支付罚金。企业 1 自身不愿意生产可再生能源电力，$x_{1g}=0$，而企业 2 就要生产至少 $2\bar{x}_g$ 的可再生能源电力，即 $x_{2g}=2\bar{x}_g$，才能满足整个产业的配额的要求。可见，绿证价格小于罚金，才能促进可再生能源电力的绿证在市场上进行交易，并满足配额的强制性要求。

③ $c_{1g}-c_b<f$

这种情况是：如果罚金的数额大于企业 1 和企业 2 两家的可再生能源电力和化石能源电力两者的边际成本之差，对生产效率稍差一些的企业 1 来说，则分下面两种情况来具体分析。

第一，如果证书价格小于企业 1 中可再生能源电力和化石能源电力两者的边际成本之差的话，即 $z<c_{1gv}-c_b$，对于企业 1 来说，更愿意购买绿证以满足配额要求，而不愿支付罚金。可见罚金足够大才能促进可再生能源电力的绿证在市场上进行交易，并满足配额的强制性要求。

第二，如果证书价格大于企业 1 可再生能源电力和化石能源电力两者的边际成本之差，即 $z>c_{1g}-c_b$，对于企业 1 来说更愿意自己生产可再生能源电力来满足配额要求，而不愿支付罚金或者购买绿证，即 $x_{1g}=\bar{x}_g$，对于企业 2 来说，更是如此，即 $x_{2g}=\bar{x}_g$。可见罚金足够大，可以促进企业自主提供可再生能源电力的积极性。

通过上述分析，绿证交易政策是对电价补贴的替代性政策，能够实现可再生能源电力产量目标，并减轻政府对可再生能源电力进行补贴的财政负担。可以说，绿证交易政策是充分利用市场机制来发展可再生能源电力产业的政策，在政策实行的过程中应充分注意对不能满足配额要求的电力企业的罚金要设置标准，如果罚金设置得过低，就不能保证促进可再生能源电力产业发展的目标的实现。

7.2.3 中国可再生能源电力产业绿证交易政策对电价补贴政策的替代作用

化石能源发电存在环境污染、健康损害等外部成本，在这些外部成本没有内部化的情况下，可再生能源电力无法与化石能源电力直接竞争，因此，可再生能源电力发展只能靠补贴进行支持，但在政策实践中补贴的最优化往往难以实现，随着中国风能和太阳能的快速发展。"十三五"期间，在经济调整转型、能源需求放缓的背景下，风能和太阳能发展将面临更大的挑战，如并网不足导致弃风、弃光现象严重，缺乏有效机制保障可再生能源的环境效益，电力需求下降，财政资金不足，可再生能源电力全额保障性收购和补贴政策无法落实到位，资金缺口增大。据统计，到2016年底可再生能源电力电价补贴资金累计缺口就已达500多亿元，且补贴到位的周期很长。补贴问题如不能有效解决，将严重影响可再生能源电力投资的积极性，最终影响中国应对气候变化自主承诺减排目标的实现。

为了解决上述问题，2017年2月国家发展改革委、财政部、国家能源局正式发布了《关于试行可再生能源绿色电力证书核发及自愿认购交易制度的通知》，拟在全国范围内试行可再生能源绿色电力证书核发和自愿认购。绿色电力证书交易，同补贴政策一样，也是可再生能源目标引导机制的重要手段之一，包括强制交易和自愿交易两类。此次针对绿证自愿交易政策已做出规定，并于2017年7月1日正式开始认购，认购价格按照不高于证书对应电量的可再生能源电价附加资金补贴金额，由买卖双方自行协商或者通过确定认购价格，例如，风电的标杆电价0.61元/千瓦时，当地化石能源电力标杆电价0.35元/千瓦时，则该风电绿证的最高价为0.61 − 0.35 = 0.26元/千瓦时。截至2018年8月2日，全国绿证资源认购平台的数据显示，目前一共只有1 794名认购者，认购了29 332个绿证。与美国相比，刚刚起步的国内自愿绿证认购还很不活跃，还需要绿色消费理念的进一步普及。关于强制交易，《关于试行可再生能源绿色电力证书核发及自愿认购交易制度的通知》也提到在 2018 年适时推进。

绿证交易可以有效地解决当前补贴资金不足的问题，又利用市场机制实现中国 2020 年可再生能源比例的目标。出台该政策的核心目标是：有利于促进清洁能源高效利用和降低国家财政资金的直接补贴强度。风电、光伏发电企业出售绿色电力证书后，相应的电量不再享受国家可再生能源电价附加资金的补贴，因此，此次绿证自愿交易政策的实施，将起到切实降低国家财政资金直接补贴带来的财政负担的作用。但在实际中如何促进绿证交易政策的最优化实行，还有赖于后续启动的可再生能源电力配额量的考核要求、不满足配额的罚金数额的确定以及绿证强制交易机制等具体规定来实现。

7.3 可再生能源电力产业绿证交易政策和碳交易政策的关联性

从节能减排和保护环境的角度出发，中国政府在联合国气候变化大会上明确承诺"2020 年，中国单位 GDP 二氧化碳排放比 2005 年下降 40%～45%，与此同时到 2020 年中国非化石能源消费比重将达到 15%"。国务院印发的《"十三五"控制温室气体排放工作方案》，又明确提出"大型发电集团单位供电 CO_2 排放控制在 550 克/千瓦时以内"。

7.3.1 中国发电侧不同发电方式的 CO_2 排放情况比较

计算不同发电类型的碳排放强度，要用到煤电、气电等的发电量。中国目前发电侧主要的电源是以火电为主，水电、风电、太阳能发电和核电为辅，而在火力发电中以燃煤为主。根据 2016 年中国全国电力工业统计快报数据，

2016年全国发电量为59 897亿千瓦时，比2015年增长5.2%。从发电类型来看，火电发电量为42 886亿千瓦时，占全国发电量的71.6%；水电发电量为11 807亿千瓦时，占全国发电量的19.7%；核电、并网风电和并网太阳能发电量分别为2 132亿千瓦时、2 410亿千瓦时和662亿千瓦时，占全国发电量的比重分别比2015年提高0.5个、0.8个和0.4个百分点。

电力生产的碳排放，主要来自火电发电中使用的化石燃料燃烧排放的温室气体，包括二氧化碳、甲烷和氧化亚氮等，其中二氧化碳排放占比最大。根据国际清洁能源论坛发布的《2016清洁能源蓝皮书》的数据，中国发电装机容量已超过美国位居世界第一，同时也是世界最大的燃煤发电大国。研究表明，中国的非化石能源发电将继续保持快速增长，其电力、电量占比均不断提升。全国化石能源发电产生CO_2排放量将在2024年左右达到峰值。

风电、太阳能发电、水电和核电等都属于依靠非化石能源发电，尽管这些类型的发电厂在建设、运行和维护的过程中也会产生一定的CO_2，但这些发电方式在发电过程中并不产生CO_2，所以可以简单地假定非化石能源在电力生产的过程中没有CO_2排放。因为可再生能源电力、核电和水电在发电过程中基本不产生CO_2，所以令可再生能源电力、核电和水电的碳排放强度的值为零。结合美国研究环境问题的三大国家级实验室之一的"美国国家环境暴露研究实验室"火电CO_2排放量的数据（见表7－2）。可以计算出2016年中国全国发电行业CO_2排放强度的均值为：65.2%×1 200＋3.25%×942＋3.14%×439＝827克/千瓦时，这距离550克/千瓦时的目标还有很大差距。为了达到减少CO_2排放量的目的，中国采用了多种可再生能源电力产业的管制政策和碳交易等政策，对电力行业进行管制。

表7－2　　　　　中国不同发电方式CO_2排放情况比较

发电方式	中国发电量（亿千瓦时）	占全国发电量的比例（%）	CO_2排放量（克/千瓦时）
火电：燃煤（中国）发电	39 058	65.20	1 200
火电：石油发电	1 947	3.25	942

续表

发电方式	中国发电量 （亿千瓦时）	占全国发电量的 比例（％）	CO_2排放量 （克/千瓦时）
火电：天然气发电	1 881	3.14	439
水电	11 807	19.71	0
核电	2 132	3.56	0
可再生能源电力：风电	2 410	4.02	0
可再生能源电力：太阳能发电	662	1.11	

资料来源：2016 年中国全国电力工业统计快报和美国国家环境暴露研究实验室 National Exposure Research Laboratory（NERL）有关数据整理而得。

7.3.2 可再生能源电力产业的绿证交易和碳交易政策交互作用的理论分析

随着碳交易和可再生能源电力产业绿证的交易应用越来越普遍，不仅分别理解两种政策工具的经济含义非常必要，而且分析这两种政策工具的相互影响也十分重要。如果碳交易和可再生能源电力产业绿证的主要目标都是为了减少 CO_2 的排放量，那么两种管制政策之间的相互抵消性的重叠作用就出现了。

主要分析电力系统的碳交易和绿证交易对经济的影响，而这种经济影响主要是指减少 CO_2 的排放量以及促进可再生能源电力产量的增加。本书分析，在电力市场中已经实行 CO_2 的排放量的配额制的情况下，再引入绿色电力配额交易的影响。其核心的结论是与单独采用碳交易相比，增加的绿证交易政策提高了使用碳强度最强的电力技术（比如燃煤发电）的比重，也就是绿色电力反而增加了 CO_2 排放强度最大的火电的使用。而这种改变的产生是电力技术的成本和收益引起的。但是绿证交易政策被引入之后，CO_2 的排放量最大的火电的使用比例会增加，这和一般的常规理解不同。原因是从一阶导数的作用来看，增加绿色电力的份额会减少火电生产者的利润，进而减少火电生产者的发电量。然而，由于火电的整个排放总量是固定的，则碳排放的价格就会下降，而这对 CO_2 排放强度最大的火电的影响最明显，即与单纯采用 CO_2 配额交易的情况相比，在 CO_2 配额交易和绿证交易同时采用的情况下，一些采用 CO_2 排放强度最大的火电生产者就必须增加产量，具体通过以下模型进行分析。

（1）模型假设

如果电力市场是竞争性的，并且该市场已经采用了碳交易政策，再引入绿证交易政策就会产生如下结果：首先，整体火电产量会降低；其次，在减少的火电产量里，几乎没有 CO_2 的排放量或者 CO_2 的排放量强度较低的；最后，火电里 CO_2 的排放量强度最大的电力（比如燃煤发电）反而会增加。

假设发电市场是封闭的，并且是完全竞争的，有 m 个绿色电力生产者，有 n 个火电生产者。用字母 G 表示绿色电力生产者，用字母 B 表示火电生产者。令 q 表示发电总量（电力消费量），q^B 表示火电企业 B 的总产量，即 $\sum q^i = q^B (i \in B)$。这里 q^G 表示绿色电力企业 G 的总产量，即 $\sum q^i = q^G (i \in G)$。火电生产者的成本函数为 $c(q^i)(i \in B)$，而绿色电力生产者的成本函数为 $c(q^i)(i \in G)$，一般来说，假设成本函数是两次可微的并且是凸性的，成本函数的一阶导数和二阶导数都大于零，即 $c'_{qi} > 0$，且 $c''_{qi} > 0$。i 电力企业的 CO_2 排放量用 e^i 表示，其在电力产量中占一定的比例，即 $e^i = \gamma^i \cdot q^i$，这里 γ^i 表示 i 电力企业 CO_2 的排放量强度。因为绿色电力的生产不产生 CO_2，所以 $\gamma^G = 0$，而绿色电力的 CO_2 的排放量强度 $\gamma^B \geq 0$。令 $p^E = D(q)$ 表示反需求函数，这里的 p^E 表示终端电力使用者的电力价格。

假设政府对整个电力生产部门的 CO_2 的排放总量进行限制，规定不能超过 $\hat{e}$，则 $\sum (\gamma^i \cdot q^i) \leq \hat{e}$。实行碳排放交易的情况下，$\delta$ 表示相应的碳排放的价格。本书要研究，在电力市场中至少有占整个电力 α 份额的绿色电力的情况下，绿证交易政策对电力市场的影响如何。绿证可以采用多种方式，比如采用可交易的绿证政策，或者采用固定电价政策，经常还会与对电力使用者征收的碳税相结合（比如德国）。在我们分析的过程中，我们假设对绿色电力

生产者给予 s 的补贴,并且假设碳排放的上限和绿证的上限都是联系在一起的。

(2) 在碳交易的基础上引入绿证交易对经济影响的模型

火电和绿色电力生产者的利润最大化的问题可以用下面的公式表示:

$$Max[p^E q^i - c(q^i) - \delta \gamma^i q^i] \quad (i \in B) \qquad (7-4)$$

$$Max[(p^E + s)q^i - c(q^i)] \quad (i \in G) \qquad (7-5)$$

一阶求导可以得到:

$$c'_{q^i}(q^i) = p^E - \delta \gamma^i \quad (i \in B) \qquad (7-6)$$

$$c'_{q^i}(q^i) = p^E + s \quad (i \in G) \qquad (7-7)$$

二阶求导可以得到:

$$c''_{q^i}(q^i) = \frac{dp^E - \gamma^i d\delta}{dq^i} \quad (i \in B) \qquad (7-8)$$

$$c''_{q^i}(q^i) = \frac{dp^E + ds}{dq^i} \quad (i \in G) \qquad (7-9)$$

进一步整理可得:

$$c''_{q^i}(q^i)dq^i = dp^E - \gamma^i d\delta \quad (i \in B) \qquad (7-10)$$

$$c''_{q^i}(q^i)dq^i = dp^E + ds \quad (i \in G) \qquad (7-11)$$

这里研究绿证 α 是边际递增的,因为排放量是严格限制的,所以整个排放量并没有受到任何影响,即 $\sum (\gamma^B \cdot dq^i) = 0 (i \in B)$。因此,当一部分火电的生产者减少产量时,另一部分火电生产者就会增加产量。公式 (7-10) 左右两侧都乘以 dq^i,再通过求和可以得到 (7-12) 式:

$$\sum [c''_{q^i}(q^i)(dq^i)^2] = \sum [(dp^E - \gamma^i d\delta)dq^i] = \sum [dp^E dq^i - \gamma^i dq^i d\delta] \qquad (7-12)$$

而 $\sum (\gamma^i \cdot dq^i) = 0(i \in B)$,则 $\sum [c''_{q^i}(q^i)(dq^i)^2] = \sum dp^E dq^i =$

$dp^E dq^B$,而 $c''_{q_i} > 0$,所以 $\sum [c''_{q_i}(q^i)(dq^i)^2] > 0$,所以 $dp^E dq^B > 0$,因此 dp^E 和 dq^B 的符号相同。

如果 $dp^E > 0$,则 $dq^B > 0$,而 $q^B = \alpha q$,又因为 $\alpha > 0$,所以 $dq > 0$。但根据反需求函数 $p^E = D(q)$,这里的 $dq > 0$,则 $dp^E < 0$,这与 $dp^E > 0$ 不相符。

因此 $dp^E < 0$,且 $dq^B < 0$。

根据公式(7-10),$d\delta < 0$,也就是,碳排放的价格下降,否则,所有的火电企业 $dq^i < 0$。如果 g^* 使得 $dp^E - g^* d\delta = 0$,对污染程度较低的火电企业 $g^i < g^*$,则 $dp^E - g^i d\delta < 0$,所以污染程度较低的火电企业的 $dq^i < 0$,也就是说,污染程度较低的火电企业的电力产量在减少;反之,对污染程度较高的火电企业 $g^i > g^*$,$dp^E - g^i d\delta > 0$,所以污染程度较高的火电企业的 $dq^i > 0$,也就是说,污染程度较低的火电企业的电力产量在增加。换句话说,火电污染程度最高的火电技术增加了产量,而污染程度较低的火电技术则减少了产量。此外,因为整个污染的排量不会增加,所以不仅像是核能这样的污染程度接近于零的企业会减少产量,依靠石油和天然气发电这样的对环境的污染程度较低的企业也会减少产量。

对其他促进可再生能源电力生产的政策工具来说,上面的分析结果同样适用。除了绿色电力生产者的补贴政策以及可交易的绿证政策之外,这样的规律对于凡是能降低绿色电力边际成本的政策都适用。其影响是在电力行业已经引入碳交易政策的情况下,如果增加煤电生产会带来降低空气质量和对居民的健康带来损害的负外部性,那么人们就不欢迎引进绿证交易政策。从能源安全和能源结构调整的角度考虑,如果采用燃煤发电能够和进口的能源进行竞争,那么人们就欢迎绿证交易政策。

7.3.3 碳排放交易与拟推出的可再生能源电力产业绿证交易存在相似性和相关性

2017年1月,国家发展改革委、财政部和国家能源局联合发布了《关于试行可再生能源绿色电力证书核发及自愿认购交易制度的通知》，并于 2017 年 7 月 1 日正式启动实施绿证电力证书自愿认购，以建立绿证交易体系，为未来实施可再生能源电力配额考核和绿证强制约束交易打基础。根据该文件，强制约束交易将很快适时启动。绿证体系尤其是约束交易将涉及交易方式、交易价格及组织管理等一系列问题，需要统筹考虑，特别是 2018 年中国全面实施碳排放交易机制，如何建立和实施可再生能源电力产业绿证交易和碳排放交易这两个有利于能源绿色转型和温室气体减排的重要创新机制，实现绿证市场和碳市场的兼容协调发展，是需要深入研究的。总体来看，全国碳排放交易与拟推出的可再生能源电力产业绿证交易政策存在相似性和相关性。

（1）碳交易政策和绿证交易政策的相似性

对比碳交易和绿证交易政策，存在一定的相似性。两者都是在控制目标约束下，通过市场化手段，最终实现化石能源消费的降低和二氧化碳排放的减少。两个政策在一定程度上可以说是相辅相成的，推行绿证，提高可再生能源发电量，将有助于碳交易市场的减排。

第一，能够减少二氧化碳的排放量。如果中国的绿证交易和碳交易共同在市场交易中存在，那么一个可再生能源电力企业的发电项目就可以有两种用途，即二氧化碳减排量和绿证，也就是可以在出售绿证的同时，其可再生能源电量减少的二氧化碳在碳市场当中可以出售。从本质上来说，可再生能源电力产业的绿证交易和碳交易都是通过市场化的手段来减排二氧化碳等温室气体，只不过两者的主要目的有些差异，绿证交易的主要目的是促进可再生能源电力产业的发展，而碳交易的主要目的是为了减少二氧化碳的排放量，较火力发电来说，可再生能源发电产生的碳排放较少，在减排和环保方面可以理解为碳减排体系的小分支。同时，两者具有明显的相似性，比如两者都是通过控制总量来实现的，即事先通过设定好总的绿色电力或碳排放的总量目标，再继续细化绿电配额指标或碳配额的分配目标。绿证交易与碳交易虽然在交易机制、作用机理上存在较大差异，但却是可以并行不悖的两种机制。例如，作为光伏发电企业而言，既可以将经备案的国家核证自愿减排量在碳市场中进行交易,也可以同时申请开具绿证,在绿证认购平台上进行交易,尽管两者的主要目的不同,但实际效果是如果发电企业的可再生能源电力所占的比重上升,就有助于减少二氧化碳的排放量。

第二,全国总量目标和责任主体履约目标都是由国家确定。国家气候主管部门拟根据全国碳排放强度(总量)下降目标、各省经济社会发展阶段和主要排放部门及减排潜力,采取"自上而下"和"自下而上"相结合的方式,确定纳入全国碳交易市场的主体和配额总量。国家能源主管部门根据支撑碳强度和排放下降目标的非化石能源比重目标,设定可再生能源电力产业及非水可再生能源发电量目标,并考虑主要发电技术和企业、各省经济发展阶段和可再生能源电力产业开发利用条件,设定纳入可再生能源电力产业绿证交易的企业主体(发电企业或售电企业)及非水可再生能源电力比重目标、各省可再生能源总量及发电比重目标。这两类目标具有相关性,需要协调制定,也可通过配额指标的上下浮动,最终调节各个企业的配额履行需求,进而影响市场价格。

第三,履行配额要求的方式相类似。对于这两种政策,企业可以选择购买配额或证书的方式履行配额要求,也可以通过减排、生产或购买绿色电力的方式履行配额要求,企业通过衡量这两种方式的成本,通过选择较低的那种方式来满足要求。在此过程中,碳配额价格及可再生能源电力产业绿证价格,将成为左右企业行为的主要因素。

第四,电力企业均为履约责任和交易主体。由于电力产品具有单一性,也是中国重点排放行业,七个碳交易试点和全国碳市场都把电力部门纳入涵盖范围,在一些试点省(市)和目前全国碳市场方案中同时将发电(煤电)企业和电力用户都纳入。目前在已确定的绿证自愿认购机制下,绿证购买方涵盖各类机构和个人,本质上是电力用户。下一步拟推出的可再生能源电力产业绿证交易和履约主体目前尚未确定,一种方式是将煤电企业或化石能源发电企业作为强制责任主体,另一种方式是结合电力体制改革的售电侧放开,将售电企业作为强制责任主体。

第五，可再生能源电力产业项目可产生核证自愿减排量（CCER）。碳排放市场中，交易产品除了配额之外，还包括核证自愿减排量。风电、太阳能发电、生物质能发电项目，在符合"额外性"要求并经适用"方法学"论证后，发电量可作为自愿减排量抵消减排企业的排放配额。但目前碳交易试点普遍规定，CCER 使用比例不得超过当年配额数量的 5%。全国碳排放交易政策与拟推出的可再生能源电力产业绿证交易政策也存在诸多差异性。

（2）碳交易政策和绿证交易政策的差异性

第一，核查难度存在差异。碳排放市场要求严格的核查程序和方法学。对于绿证交易而言，由于电量记录和核查相对容易得多，在施行过程中，起步也更加容易。

第二，覆盖范围有所差别。在碳交易市场中，电力企业可通过购买其他行业的碳配额，达到履约的目的。但在可再生能源电力产业绿证交易市场，发电企业或售电企业只能购买绿色电力生产企业的证书满足要求。

第三，市场价格形成机制不同。碳交易市场可通过拍卖形成一级交易市场价格，与二级市场供需形势共同形成二级市场价格；可再生能源电力产业绿证市场没有竞拍环节，以市场供需形成交易价格。政府均可以通过调整碳配额和绿证总量目标调控市场价格。但碳市场的初期以免费发送配额为主，如广东省 2014 年电力企业的免费配额比例为 95%，只有 5% 的配额需要通过拍卖获得，这种方式极大地影响了碳市场价格，2015~2016 年全国的碳市场价格徘徊在 20~50 元/吨的水平。对于可再生能源电力产业绿证交易政策而言，也可通过设定最低或最高限价的方式，对绿证价格加以约束。

第四，增量减量存在本质区别。碳交易市场是设置"天花板"式的总量约束，再往下分配额度的机制，是确定了碳总量规模基础上的"自上而下"减量分配模式。可再生能源电力产业绿证机制设置了比重指标，履约企业需要通过增加绿证持有量满足要求，绿证的总量存在持续增加的可能。

7.3.4 可再生能源电力产业的绿证交易和碳交易的协同发展政策建议

当前的政策体系下,碳交易和绿证市场之间相互并行,互不影响。对于非发电的控排企业来说,将没有动力购买绿证,未来绿证的主要购买者仍是电力行业,企业需要同时购买绿证和碳配额以完成履约,这将会增加企业负担。未来如果两个市场互相影响,则需要主管部门在顶层政策设计时对于互斥性做出明确限定。针对可再生能源电力产业配额制和碳排放权交易政策的实施,在法律、政策和政策设计等方面提出了相关的政策建议,以期为国家进一步开展全国范围内的绿证交易市场和碳交易市场提供理论与实践参考。促进两个市场共同发展的政策建议主要有以下几点。

(1) 应具体规定火电中的能源结构比例的要求

在碳交易的基础上,引入绿证交易,使得二氧化碳排放量的限制性配额要求更容易达到,这会降低二氧化碳排放的价格,也会增加污染程度较高的煤电技术提供的电力产量,而这与保护环境的初衷相背离。所以,在减少二氧化碳排放量的同时,应具体规定在火电中的煤电的所占比重应逐步降低。

(2) 避免国家对可再生能源电力产业的重复补贴

目前,风电、太阳能发电等可再生能源发电的电价由两部分构成,即脱硫标杆电价和国家补贴。国家补贴是因为可再生能源电力产业的绿色属性。而如果这个绿色属性以绿证的形式存在,未来的可再生能源电价的国家补贴应该逐步取消,避免对可再生能源电力企业的重复补贴。而如果火电厂购买了绿证之后,相应的可再生能源电量在生产过程中没有排放二氧化碳,那么这部分减排量就不能申请碳交易,因为如果这部分减排量能够进行交易的话,就会引起重复计算的问题,相当于给了可再生能源电力企业双重的补贴。

(3) 促进碳市场与电力市场如何实现同步协调发展

全国统一碳市场与现有的交易试点存在重要差别,将给现行的碳排放交易格局带来巨大改变。而新一轮电力体制改革将推动清洁能源优先发电、燃煤机组市场竞争以及用电侧的节能减排，这些措施在促进电力市场化改革的同时，也必将促进电力行业碳减排。在此大背景下，碳市场与电力市场如何实现同步协调发展呢？值得注意的是，如何让碳市场和电力市场更好结合是现在需要研究的重要问题。如果碳交易被限制在一个小的范围，而电量交易却可以在全国范围内进行，那么这两个市场的接轨问题就会突显出来，应厘清碳市场与电力市场的关系，推动两者协调发展。电力市场改革起步阶段将选择几个省作为试点，全国电力市场的建设可能需要一段时间。如果碳市场试点范围与电力市场试点范围不同，那么就可能导致不同省份的发电企业之间、用户之间产生不公平现象，也会导致发电与用户不合理的转移布局。另外，中国电力市场建设中计划与市场将在较长时间内并存，碳市场形成的碳成本除部分能在电力市场中传导外，还需同步考虑基于计划发、用电量的碳价联动机制。碳排放总量限制越高，碳价越高，对电力企业二氧化碳减排的效果就越好，抑制作用就越强；对于碳价的制定，若设定太低，不能够有效促进发电厂商主动减排；若设定太高，虽然减排效果明显，但会破坏市场规律，影响碳资源的社会优化配置，因此政策应该根据本国的实际情况，综合设定碳价。而碳配额的分配和定价均要根据市场情况不断调整。

电力行业是节能低碳减排的重要力量。当前，电力行业面临的主要约束，正从烟尘、二氧化硫、氮氧化物等常规污染物排放控制向碳减排控制转变。常规污染物已经不是电力行业的主要矛盾。面向未来，最核心的是要把碳上升到最高地位。电力行业应以"碳约束"为统领，建立碳市场机制，进行创新的政策设计，使得电力行业能深入参与碳市场交易。在电力市场建设方面，2015年3月15日，中共中央、国务院下发了《关于进一步深化电力体制改革的若干意见》，提出了中国深化电力体制改革的目标、思路和任务，正式开启了新一轮电力体制改革。将推动建立有效竞争的市场结构和市场体系，充分发挥市场在配置资源中的决定性作用，推动电力行业节能减排、转型发展，为开展碳交易创造更好的条件。电改要求发电侧和售电侧同时引入竞争，构建多买方-多卖方电力市场竞争格局，这将形成由市场决定电价的机制，以价格信号引导资源有效开发和合理利用。所以，发电企业、用户等市场主体自主性将增强，其碳市场履约的灵活性也将得到提升。在低碳目标下建设电力市场，通过市场来实现电力行业的绿色低碳发展，这与目前国外大部分国家建设电力市场促进能源低碳和可持续发展的方向是一致的。

总的来说，碳交易与绿证交易政策的并存是电力行业发展的"双刃剑"，虽然生态效益显著，但也会带来一定的市场压力。对于传统发电企业来说，受到碳交易和绿证交易政策的双重约束，企业可通过节能减排措施完成碳减排目标，但面对可再生能源的强制配额及绿色电力的强制交易，企业必须通过购买绿证或开发新能源发电项目以实现目标。对于新能源发电企业来说，暂未被纳入全国碳交易市场，企业无法从碳市场中获利，而目前的绿证市场仅依靠自愿购买致使市场遇冷，大量的绿色电力仍无法及时被消纳。

（4）促进绿证和碳交易市场的协调发展

碳排放权交易政策与其他能源气候政策的融合，比如绿证交易政策的融合，将是下一步的关键。如果当前的电价管制机制保持不变，将很难建立起有效的碳定价影响传导，向电力消费者发送价格信号，最终有损利用市场手段、促进行业减排的设计初衷。总结国内试点成果、借鉴国外有益经验，应进一步加强顶层设计，以碳排放控制目标统领包括节能和可再生能源电力产业等相关领域的政策，避免不同领域政策相互之间的不协调甚至冲突。

国家鼓励可再生能源电力绿证的持有人，按照相关规定参与碳减排交易。目前中国碳市场的设计中并没有考虑绿证，但是绿证交易和碳交易两个体系之间是相互影响的，如果一个火电厂为了达到碳减排配额和绿证两个目标，就可以同时购入碳减排量和绿证。碳交易市场和绿证交易市场在市场范围、价格机制等方面需要进一步协调发展。避免出现碳交易被限制在一个小的区域性范围内，而绿证交易在全国范围内进行或者反之。总之，要促进两个市场的顺利接轨。另外，还需要促进两个市场在总量目标确定、覆盖主体范围、配额分配方法、交易系统对接、交易品种互认等方面进行探索。

当前政策下，碳交易机制和可再生能源电力产业绿证交易政策是相对独立设计和实施的。不少可再生能源电力产业项目在开发端已经开发成 CDM 项目或注册成 CCER 项目，其减排量被开发企业拥有并可能出售。如果绿证交易政策实施，这部分电量同样可以申请绿证，而买走绿证的主体并不能用绿证来证明其降低了碳排放，否则会造成重复计算。因此未来对绿证的颁发和使用需要有更为明确的规定，并统筹考虑其价格约束的设定因素。从长期看，如果全国碳交易市场已较为成熟，总量目标设置和分配方案合理，各地规则逐步统一，参与主体的碳排放数据较为明晰，省级及各地核查与配额清缴工作步入正轨，市场交易足够活跃，特别是可再生能源电力产业绿证可同等被视为碳减排的依据，并从企业碳排放额度中抵减，则绿证交易可与碳交易市场逐步并轨。

（5）保障绿证和碳交易两个市场的平稳运行

可再生能源电力产业配额制通过绿证市场机制可以有效实现电源结构的调整；执行力度越大，最终效果越好（即最终达到稳态的可再生能源电量越高，传统能源电量越低），但两市场越不易达到稳定。因此，政策的实施应当逐步稳健地进行。在碳交易的基础上逐步推广可再生能源电力产业配额交易，争取 2025 年左右基本建立起统筹协调和平稳运行的电力绿色交易体系。坚持市场化方向，需要政府部门建立健全有关法律规定和政策措施，加强事中事后管制，营造一个公平透明的市场环境，激发两个市场参与主体的活力，以保证整个电力市场的平稳运行。绿证交易政策和碳排放权交易政策共同实施之后，电源结构得到优化，可再生能源发电比例得到大幅度提升，有望在 2020 年实现 15% 的配额目标。另外，电力行业中的二氧化碳排放也会得到控制，可有效促进国家碳减排目标的实现。

7.4 中国可再生能源电力产业交叉性政策仍面临诸多不确定性

虽然中国的可再生能源政策未来将向交叉性政策转变，但是这些政策之间仍然存在着相互协调,以及新旧政策之间的衔接等问题。

7.4.1 政策之间的相互协调

(1) 政策之间的交叉、重叠

前文中提到的三种政策有可能会存在一定的交叉、重叠,乃至冲突,详见表7-3。

表7-3　　　　　　三种政策之间的相互关系

政策	配额制、绿证交易政策	电价补贴	碳交易
配额制、绿证交易政策	—	重叠	重叠
固定电价	重叠	—	冲突
碳交易	重叠	冲突	—

第一,矛盾与冲突——碳交易与电价补贴政策。碳交易中抵消机制的使用前提之一是项目要有额外性,即在没有减排量收益的情况下,项目不可行。但是如果因为有了电价补贴,项目具备了经济可行性,这类项目原则上将不再具备开发CCER的条件。

第二,交叉与重叠——配额制、绿证交易政策与固定电价政策。在配额制和绿证交易政策下,企业生产所要求的可再生能源电力属于自身义务,这种情况下再使用电价补贴政策的话会产生交叉和重叠。

第三,交叉与重叠——配额制、绿证交易政策与碳交易机制。配额制配套的绿证交易政策所交易的是可再生能源项目的发电量,碳交易中的抵消机制所交易的是项目的减排量,而计算项目减排量的主要依据就是项目的发电量。因而,这两种政策所交易的标的实质上都是发电量。

(2) 政策的实践选择

当然,上述几种政策之间也并非完全矛盾和对立。多数国家在政策实践选择上会以一种或两种政策为主,但也会有一些国家和地区同时采用更多的政策。根据欧美等主要发达国家的经验:

第一，配额制和电价补贴政策是发达国家主要的可再生能源电力产业政策，并且一般在一定时期内只会偏重于其中的一种政策。

第二，对于碳交易体系中的抵消机制，欧盟（占全球碳市场交易总量的80%以上）主要用于支持发展中国家或经济转型国家，美国区域温室气体减排行动（RGGI）和美国加州碳市场主要用于支持农林项目或非二氧化碳类项目，本国或本地的普通可再生能源电力产业项目通常不会被纳入自身的碳交易体系中。

7.4.2　新旧政策之间的衔接

虽然碳交易或绿证交易政策将成为可再生能源电力产业项目新的盈利方式。但是可再生能源发电企业能否或从多大程度上从中获益，仍存在不确定性。

（1）可再生能源电力产业企业通过CCER获益存在一定的不确定性

首先，项目开发和交易规则将发生重大改变。现有可供开发的CCER项目类型覆盖了生产生活的方方面面，而最易开发的可再生能源发电项目占了较大比例。为防止大量的CCER对配额市场造成冲击，国内的七个碳交易试点不断提高CCER的使用门槛，从时间、地域、类型上做出了诸多限制。尤其是国家发展和改革委员会目前正在针对《温室气体自愿减排交易管理暂行办法》（以下简称《暂行办法》）进行修订，"暂缓受理温室气体自愿减排交易方法学、项目、减排量、审核认证机构、交易备案机构申请"。可以预见的是，修订后的《暂行办法》可能会大幅提高抵消机制的准入门槛，对额外性的要求更加严格，同时从时间的限制上会排除原有备案项目对碳市场的冲击，以维护碳市场的正常和稳定。另外一种可能是将CCER由强制配额市场下的抵消机制重新过渡到最初定位的单纯的自愿性质，这又会造成市场对CCER的需求锐减，CCER大量过剩，价格进一步走低。即使参与交易，CCER的价格也普遍较低。不同于CDM鼎盛时期近百元的减排量价格，国内的 CCER 价格多在 10 元/吨左右。目前国内可再生能源电力企业的减排量收益多数不到营业收入的 1%，对可再生能源发电项目营利性的提高可谓是杯水车薪。

（2）配额制政策仍需解决几大障碍

可以说，中国的配额制政策目前仍在摸索中前进，未来还需要克服若干障碍。一是来自地方政府、电网公司和电力企业的阻力。配额制政策具有强制性特征，如何分配配额、地方和企业是否认可，都会对政策的实施造成障碍。二是考核和奖惩办法尚未建立。《可再生能源电力配额考核办法》始终没有正式发布，如果考核监督机制不到位，企业执行没有动力，政策的落实将成为问题。三是市场成熟度的问题。配额制政策配套的绿证交易政策，需建立在相对成熟的电力交易市场的基础之上，而中国的电力体制改革，以及电力交易市场的建立仍需时日。四是协调问题。在上述政策机制中，配额制政策需要首先考虑与固定电价政策和碳交易政策的衔接关系，也就需要相关政策制定部门之间的协商。

从世界角度来看，无论是电价补贴政策、碳交易政策，还是可再生能源电力产业配额制、绿证交易政策，在运行过程中都会遇到这样那样的问题，各国仍然在实践中探索适合自身国情和发展阶段的政策。中国也将在新的形势下，建立适合本国国情的可再生能源电力产业激励机制。

7.4.3 政策的预期

对中国而言，短期来看，电价补贴政策将逐步被取消，强制性的可再生能源电力产业配额制、绿色证书交易政策将逐步出台。然而，如果随着电价补贴的持续下降，配额制、绿证交易政策等新的激励机制未能有效衔接，可再生能源发电企业的盈利空间有可能会持续受到挤压。中期来看，可再生能源电力产业将实现平价上网，同时，配额制政策或将持续发挥作用。长期来看，随着电力需求放缓，电力基础设施建设基本完成，在环境税/碳税的作用下，可再生能源发电成本与化石燃料发电相当或更低时，配额制或将逐渐退出舞台。

全国统一碳市场将会长期存在，但将以配额交易为主，减排量交易仅为辅助手段。对减排项目的审核将更加突出对额外性的要求，并加强对项目开发时间或减排量产生时间的限制。长期来看，不排除全球碳市场重新建立的可能性，届时通过南南合作，或其他的多边或双边机制，中国企业仍可参与国内乃至国际可再生能源电力产业减排量的交易。对各类政策的预期详见表 7-4。

表 7-4　　　　　　　不同政策机制的阶段性预期

政策机制	近期（5 年以内）	中期（5~10 年）	长期（10~20 年）
电价补贴	逐步取消	平价上网	平价上网
配额制、绿证交易	由自愿到强制	持续发挥作用	逐渐退出
碳交易	突出额外性，加强对时间的限制	持续发挥作用	持续发挥作用

7.4.4　政策建议

基于发达国家的实践经验和教训，结合中国的实际情况，本书对政府提出以下政策建议：一是政策主管部门要加强研究和沟通，使不同的政策之间形成协调互补，避免交叉和重叠，取消相互冲突的政策，给企业以明确的预期；二是尽快明确抵消机制在全国性碳市场中的定位；三是鼓励企业技术创新，同时要考虑到地区差异，分步取消电价补贴，平稳有序实现平价上网；四是要尽快推动强制性配额制度和绿证交易政策的实施和真正发挥作用。

对可再生能源电力企业而言，提出以下建议：一是加强可再生能源发电技术研发和成本管理，降低发电成本，适应不断变化的政策形势；二是强化对国家目前较为鼓励且受限电影响较小的分布式能源和可再生能源供热的技术创新和商业模式创新；三是紧跟市场，加强前期论证，尝试开发并积极推广绿证；四是对待碳市场要客观，要从全局的角度看。减排量开发要突出选择额外性明显的项目；积极参与自愿减排市场，开展碳中和行动，促进 CCER 的消纳；要从宏观和全局的角度，进行广义的碳资产开发和管理，提高低碳竞争水平。五是未雨绸缪，加强对各类重要政策机制的前期研究和跟踪。并在深入研究政策的基本原理以及国外的经验和教训的同时，加强对国内形势的分析。

参考文献

[1] 谢伦裕、张晓兵、孙传旺、郑新业. 中国清洁低碳转型的能源环境政策选择——第二届中国能源与环境经济学者论坛综述［J］. 经济研究，2018，(7)

[2] 韩立群. 当前国际能源转型探析［J］. 国际研究参考，2018，(6)

[3] 黄珺仪. 补贴政策对风电产业发展影响的实证分析［J］. 生态经济，2018，(5)

[4] 王风云. 可再生能源定价机制研究评述［J］. 价格理论与实践，2018，(2)

[5] 孙振清、兰梓睿、唐娜. 我国碳市场信息披露问题研究［J］. 经济体制改革，2018，(71)

[6] 张婕、孙立红、邢贞成. 中国碳排放交易试点市场的价格波动性研究［J］. 价格理论与实践，2018，(3)

[7] 王科、陈沫. 中国碳交易市场回顾与展望［J］. 北京理工大学学报（社会科学版），2018，(3)

[8] 杜建国. 我国全面启动碳交易市场［J］. 生态经济，2018，(3)

[9] 张妍、李玥. 国际碳排放权交易体系研究及对中国的启示［J］. 生态经济，2018，(2)

[10] 张婕、孙立红、邢贞成. 中国碳排放交易市场价格波动性的研究——基于深圳、北京、上海等6个城市试点碳排放市场交易价格的数据分析［J］. 价格理论与实践，2018，(1)

［11］王强、谭忠富、谭清坤、蒲雷. 我国绿色电力证书定价机制研究［J］. 价格理论与实践，2018，（1）

［12］陈志峰. 我国可再生能源绿证交易基础权利探析［J］. 郑州大学学报（哲学社会科学版），2018，（5）

［13］杨光俊、徐振、沈凡卉. 发电行业碳减排及参与碳交易市场的现状分析与展望［J］. 环境保护，2018，（8）

［14］刘平阔、王绵斌、陈斌. 中国发电产业发展有序性：基于省际布局和产业组织的实证研究［J］. 系统工程理论与实践，2018，（6）

［15］黄珺仪. 中国可再生能源产业电价补贴政策绩效研究——基于省际面板数据的实证分析［J］. 价格月刊，2017，（8）

［16］刘强、田川、郑晓奇、陈怡. 中国电力行业碳减排相关政策评价［J］. 资源科学，2017，（12）

［17］赵文会、高姣倩、于金龙、宋亚君. 计及碳交易和绿色证书交易机制的发电权交易模型［J］. 可再生能源，2016，（8）

［18］罗承先. 美国加州的可再生能源配额制及对我国的启示［J］. 中外能源，2016，（12）

［19］时璟丽. "十三五"推进可再生能源发展的战略思考［J］. 环境保护，2016，（5）

［20］赵新刚、王晓永. 基于双边拍卖的可再生能源配额制的绿色证书交易机制设计［J］. 可再生能源，2015，（2）

［21］谭忠富、刘文彦、刘平阔. 绿色证书交易与碳排放权交易对中国电力市场的政策效果［J］. 技术经济，2014，（9）

［22］肖兴志、王伊攀. 政府补贴与企业社会资本投资决策：来自战略性新兴产业的经验证据［J］. 中国工业经济，2014（9）

［23］任东明、陶冶. 我国可再生能源绿色证书交易系统运行模式研究［J］. 中国能源，2013，（7）

［24］吕明元、尤萌萌. 韩国产业结构变迁对经济增长方式转型的影

响——基于能耗碳排放的实证分析 [J]. 世界经济研究, 2013, (7)

[25] 王智勇. 产业结构、城市化与地区经济增长——基于地市级单元的研究 [J]. 产业经济研究, 2013, (5)

[26] 王俊豪等. 中国城市公用事业民营化绩效评价与管制政策研究 [M]. 中国社会科学出版社, 2013

[27] 任东明. 可再生能源配额制政策研究——系统框架与运行机制 [M]. 中国经济出版社, 2013

[28] 史普博著, 宋华琳等译. 美国公用事业的竞争转型: 放松管制与管制契约 [M]. 上海人民出版社, 2012